Zu diesem Buch «Erst seit es Navigationssysteme gibt, ist Voerde überhaupt auffindbar. Man muss gefühlte sechzehnmal die Autobahn wechseln. Und das auf einer Strecke von vielleicht vierzig Kilometern. Noch vor wenigen Jahren führte dies unweigerlich zu ausführlichen Orientierungsfahrten durch das westliche Ruhrgebiet ...
Die Stadt Voerde ist ein aus mehreren Gemeinden zusammengebastelter, nicht unbedingt trostloser, allerdings ebenso wenig tröstlicher Ort, bei dessen Ausgestaltung viel Wert auf die Verwendung von Waschbeton gelegt wurde. Solche Gemeinden gibt es zu Tausenden in unserem kleinen Land. Voerde ist so wenig besonders, dass man es leicht vergessen kann. Und dann gibt es hier aber doch etwas ganz Besonderes.»
Jan Weiler machte sich auf, um sein Land und die Menschen darin kennenzulernen – von oben nach unten, von rechts nach links hat er es sich angeschaut. Seine zufälligen Erlebnisse und Begegnungen hielt er fest, in einem amüsanten und ganz persönlichen Reisetagebuch.

Der Autor Jan Weiler, 1967 in Düsseldorf geboren, arbeitete als Texter in der Werbebranche, absolvierte dann die Deutsche Journalistenschule in München und war viele Jahre Chefredakteur des «Süddeutsche Zeitung Magazins». Heute lebt er als Autor mit seiner Familie in der Nähe von München. Sein erstes Buch «Maria, ihm schmeckt's nicht!» gilt als eines der erfolgreichsten Romandebüts der letzten Jahre, und auch die Fortsetzung «Antonio im Wunderland» (rororo 24263) steht seit vielen Monaten auf der Bestsellerliste. Zuletzt erschien von ihm «Gibt es einen Fußballgott?» (Kindler Verlag).

Jan Weiler
In meinem kleinen Land

Rowohlt Taschenbuch Verlag

3. Auflage Dezember 2006

Originalausgabe
Veröffentlicht im Rowohlt Taschenbuch Verlag,
Reinbek bei Hamburg, Dezember 2006
Copyright © 2006 by Rowohlt Verlag GmbH,
Reinbek bei Hamburg
Alle Rechte vorbehalten
Umschlaggestaltung ZERO Werbeagentur, München
(Foto: Albrecht Fuchs)
Karten im Innenteil Peter Palm, Berlin
Satz aus der Hollander PostScript, InDesign, bei
Pinkuin Satz und Datentechnik, Berlin
Druck und Bindung Druckerei Clausen & Bosse, Leck
Printed in Germany
ISBN 13: 978 3 499 62199 4
ISBN 10: 3 499 62199 1

Für alle Buchhändlerinnen der Welt

Neun Monate Deutschland

Willkommen zu diesem Buch. Ich darf Sie gleich darauf aufmerksam machen, dass Sie sich keinen Reiseführer gekauft haben. Wenn dies Ihre Absicht war, findet die Produkttäuschung wenigstens ganz am Anfang statt. Was Sie in Händen halten, ist ein Reisetagebuch. Und das ist etwas ganz anderes. Es stehen keine Handreichungen für Ausflüge zu Sehenswürdigkeiten drin. Ebenso fehlen Listen mit günstigen Hotels, in denen man ein gutes Frühstück bekommt. Auch Reiserouten für Schnäppchenjäger sind nicht enthalten. Aber was sonst? Eindrücke, Geschichten, Gespräche über und in unserem erstaunlichen kleinen Land.
Ich habe es von September 2005 bis Juni 2006 während einer Lesereise kennengelernt und darüber Buch geführt, indem ich jeden Tag notierte, was passiert war. Dieses Prinzip führt natürlich zu Ungerechtigkeiten, denn man kann fast keinem Ort gerecht werden, indem man dort nur einen Tag verbringt. Das Procedere war täglich gleich: mit dem Zug anreisen, per Taxi oder zu Fuß ins Hotel. Dann spazieren gehen. Etwas essen. Menschen in Theatern, Buchhandlungen oder Kulturzentren vorlesen. Schlafen. Frühstücken. Schreiben. Mit dem Zug wieder abreisen. Auf diese Weise bleibt einem Ort nur eine kurze Zeit, um sich einzuprägen. Es entgeht dem Besucher natürlich so manches. Man übersieht die Schönheit Dortmunds, und leider war ich nicht im Sommer in Speyer, sondern am kältesten Wintertag. Mein Urteil über Itzehoe fällt wahrscheinlich ungerecht aus, jenes über Dresden ist womöglich gemein. Manchmal bekommt man falsche Eindrücke, sieht nicht richtig hin. Ich bitte dafür um Entschuldigung. Andererseits macht gerade das die Reise interessant. Was bleibt beim flüchtigen Kennen-

lernen einer Stadt hängen? Wo sieht man hin, was will man wissen? Und kann man sich in eine Stadt verlieben? Aber ja! Orte sind wie Menschen. Sie haben Charakter, Charme, Ausstrahlung. Oder auch nicht. Sie sind hässlich oder zu klein. Sie sehen grau aus oder alt oder freundlich. Sie grüßen überschwänglich oder gar nicht. Sie wollen dich einladen oder verscheuchen. Davon – und von den Menschen in diesen Orten – handelt dieses Buch.

Komischerweise ist mir die Frage, wo Deutschland am schönsten ist, in diesem Dreivierteljahr kaum gestellt worden. Aber oft bin ich gefragt worden, wo Deutschland denn am schlimmsten sei. So merkwürdig gehen wir Deutsche mit unserem Land um. Eigentlich haben wir es gar nicht verdient. Also: Am schlimmsten war es nirgends. Außerdem setzt sich diese Beurteilung immer aus mehreren Komponenten zusammen. Das schlimmste Hotelzimmer sah ich in Hildesheim, aber da war die Lesung sehr schön. Die merkwürdigste Lesung fand im Kursaal in Wyk auf Föhr statt, aber die Insel ist großartig. Das beste Hotel hatte ich in Regensburg, die schönsten Frauen sah ich in Dresden. Die brutalsten Städte sind Pforzheim und Dortmund, die heimeligsten Bamberg und Lübeck. Das Publikum in Oldenburg ist so einmalig gutgelaunt wie sonst nur in Vellmar, das in Andernach klimpert bei Lesungen gern mit Eiswürfeln, und in Hamburg hat man es schwer. Eckernförde glänzt toll in der Sonne, die Erlanger lachen gerne, in Passau gibt es Studenten und in Jork Äpfel. In Bielefeld haben sie hinterm Bahnhof Junkies, und in Hagen frittiert man die Hot Dogs.
In Hannover war ich albern, in Braunschweig erkältet, in Erkrath verkatert und in Ennepetal gerührt. In Celle ging ich zum Arzt, in Freiburg ins Krankenhaus und fast überall in Kirchen, weil es sie überall gibt und man sie leicht findet. Die Kirchen sind im Norden heller als im Süden. Dafür sind die Städte im Süden reicher als im Norden.

In Bremen gibt es Weltklasse-Currywurst, in Erfurt ein Oktoberfest, in Rottenburg einen Bischof, in Leipzig eine Messe, in Lübeck ein Marzipanmuseum und in Karlsruhe einen Zoo. Thüringen ist wunderschön, der Kraichgau herrlich, Brake klein, Duisburg staubig und Koblenz frostig.

Was ich auch gefragt wurde: Und? Wie sind sie so, die Deutschen? Komische Frage, denn sie wird ja immer von Landsleuten gestellt. Die müssten ja selber wissen, wie sie sind. Trotzdem beantworte ich die Frage gerne, denn die Deutschen sind viel besser als ihr Ruf. Sie sind freundlich. Höflich. Hilfsbereit. Sie haben Humor.
Ich bin nie wirklich schlecht behandelt worden auf meiner Reise. Manchmal drücken sich die Leute einfach schlecht aus. Oder sie denken für einen Moment nicht nach. Oder sie haben den Kopf voll mit anderen Dingen und können gerade nicht höflich sein. Das kann einem überall passieren, nicht nur in Deutschland.
Einmal habe ich in einem IC eine Fahrkarte für den Nahverkehr dabeigehabt. Der Schaffner hat keinen Zuschlag von mir verlangt. Wissen Sie, wieso? Weil die Heizung im Zug nicht funktionierte. In Rostock haben sie extra für mich die Küche wieder aufgemacht, als ich spätabends zurück ins Hotel kam. Eine Taxifahrerin aus Ennepetal hat mich an einem Schneesamstag, als überall das Licht ausging, durchs Chaos gefahren, obwohl man sie woanders noch viel dringender gebraucht hätte.

Übrigens: Es gibt womöglich eine deutsche Mentalität, aber kaum eine regionale. Die Menschen lachen überall an den gleichen Stellen. Es gibt keine sturen Westfalen oder exaltierten Rheinländer oder schwierig zu erobernde Norddeutsche oder dankbare Thüringer. Alles Unsinn. Manchmal lachen die Zuschauer lauter, manchmal leiser, manchmal gibt es Szenenapplaus, manchmal nicht.

Könnten Sie einhundert deutsche Städte aus dem Kopf aufzählen? Ich hätte es nicht gekonnt. Dabei hat unser kleines Land sogar noch viel mehr. Ich habe jedenfalls einhundert gesehen, und die allermeisten haben mir gefallen. Und noch viel mehr als die Städte haben mir die Menschen gefallen, also die Deutschen. Man traut es sich beinahe nicht zu formulieren, aber im Großen und Ganzen haben wir es nicht schlecht getroffen.

Dass dieser Befund so schwerfällt, hat mit meiner Generation zu tun. Wir sind kritisch aufgewachsen: konsumkritisch, religionskritisch, politkritisch, kulturkritisch. Unser Land zu mögen finden wir nationalistisch, unsere Sprache peinlich, den Deutschen an sich unerträglich, besonders im Urlaub. Das ist auch sehr ehrenwert, führt aber zu keiner sonderlich tiefen Identifikation mit unserem Land. Ging mir auch so. Aber es hat sich geändert.

Ob ich etwa nach dieser Reise durch mein Land so etwas wie ein Patriot bin? Nein. Aber mir gefällt es hier. Ich bin ganz und gar nicht stolz darauf, Deutscher zu sein, aber ich bin es gerne, weil mein Land friedlich ist und schön und weil ich die Deutschen mag, nachdem ich ziemlich viele von ihnen getroffen habe.

Die meisten Texte in diesem Buch erschienen zunächst als Weblog im Online-Angebot der ZEIT. Sie wurden anschließend für dieses Buch umgeschrieben und gekürzt. Viel Spaß damit.

Jan Weiler, November 2006

Düsseldorf. Wo denn sonst?
12. September 2005

Am Anfang zufällig in Düsseldorf. Das ist schon etwas Besonderes. Es hätte auch Karlsruhe oder Jena sein können. Aber da bin ich nicht geboren, sondern eben in Düsseldorf, der Landeshauptstadt von Nordrhein-Westfalen. Auch so eine Sache, die sie in Köln nicht haben verwinden können, denn Köln ist größer. Dafür ist Düsseldorf schöner, schön geworden in den vergangenen zehn Jahren. Schön und nahezu schuldenfrei, wie man hört, sobald man das Flugzeug verlassen und Düsseldorfer Boden betreten hat. «Mir geht's super», brüllt einen diese Stadt an.

Düsseldorf hat sich tatsächlich erstaunlich herausgemendelt aus seiner Existenz als sogenannter Schreibtisch des Ruhrgebietes. So nannten die Erwachsenen Düsseldorf, als ich ein Kind war. Man sagte damals, dass im Ruhrgebiet geschuftet und in Düsseldorf verwaltet würde. Düsseldorf, das waren schwere Büromöbel, der Geruch nach Zigarren und der quecksilbrige Rhein, dem man als normal intelligenter Mensch nie zu nahe kam. Darin zu baden hätte bedeutet, in Minutenfrist von Säuren, Laugen, Schwermetallen und scharfem Unrat skelettiert zu werden.
Immerhin war der geschundene Fluss wunderschön anzusehen. Im Sommer konnte er bis zur Fahrrinne austrocknen. Dann entdeckte man vom Ufer aus Plunder, der zu anderen Zeiten hineingeraten war. Im Frühjahr hingegen schwoll der Rhein auf eine beängstigende Breite an, setzte die Schrebergärten von Oberkassel und Lörick unter Wasser, drohte sogar schwappend an den Wiesen leckend den Dämmen und verzog sich doch, ohne großen Schaden anzurichten, nach Holland.

Ich wurde im Stadtteil Flingern geboren, in einem Krankenhaus in der Flurstraße, in dem heute keine Kinder mehr auf die Welt kommen. Es werden jetzt alte Menschen dort behandelt, die unter Depressionen leiden. Das nennt man Geronto-Psychiatrie. Als ich klein war, kamen mir alte Leute viel älter vor als heute.

Der Umstand, dass mit dem Ruhrgebiet viel Industrie in der Nähe lag, mit dem Rhein ein wichtiger Verkehrsweg durch die Stadt führte und die ganze Gegend genau in der Mitte Europas lag (der Osten Europas gehörte bekanntlich nicht zu Europa), machte Düsseldorf attraktiv als Sitz für multinationale Konzerne. Rund um diese Firmen entstanden Hunderte kleine und ein paar riesige, sich selbst als symbiotisch empfindende, von ihren Kunden jedoch oft als parasitär empfundene Werbeagenturen. Diese Putzerfische des Industriezeitalters haben die Stadt in den vergangenen fünfzig Jahren beträchtlich geprägt. Bis heute sind einige der größten Agenturen des Landes in Düsseldorf beheimatet, wo es nach wie vor Kunden gibt, anders als beispielsweise in Berlin.

Und dann kann Düsseldorf auch noch mit der Kunstakademie auftrumpfen. Mit Beuys also. Mit Immendorf. Mit Lüpertz. Und mit seiner Musikszene. Und mit seinem Altbier, seinem Schauspielhaus, seiner Königsallee, seiner blöden herrlichen Altstadt.

Leider muss man an dieser Stelle auch den Fußballclub Fortuna Düsseldorf erwähnen, dessen zielstrebiger Abstieg bis in die vierte Liga von viel Häme besonders der Nachbarstädte begleitet wurde.

Die Fortuna spielte früher im Rheinstadion, einer Betonschale realsozialistischer Anmutung, wie man sie in Bukarest oder Kiew erwarten würde. Ich habe die Stadionwurst als Höhepunkt vieler Spieltage in Erinnerung. Es handelte sich um eine recht lange, rote, würzige Wurst und wurde zumindest der ersten beiden Attribute wegen vom Fan gerne als «Apachen-

pimmel» bestellt. Die Fortuna hatte Ende der siebziger Jahre einigen Erfolg, stieg dann aber immer häufiger ab, irgendwann ohne wieder aufzusteigen. Und dennoch: Fortuna Düsseldorf verfügt auch nach der Sprengung des Rheinstadions über eine schicke und im Gegensatz zu den sportlichen Leistungen des Vereins international konkurrenzfähige Sportstätte mit Cabriodach, die auch hier inzwischen «Arena» heißt und ansonsten den Namen des Hauptsponsors trägt.
Für den Bau der LTU-Arena gab es eigentlich keinen vernünftigen Grund. Zu den unvernünftigen und damit auch wieder sympathischen Gründen zählt der Wunsch der Düsseldorfer, ein super Stadion zu haben. Falls mal eine WM oder Olympische Spiele in die Stadt kommen.

Als ich drei Jahre alt war, zogen wir in einen Vorort von Düsseldorf. Nach Meerbusch. Wenn Düsseldorf der Schreibtisch des Ruhrgebietes ist, dann ist Meerbusch sein Schlafzimmer. Mein Vater verließ gegen halb neun das Haus und kam irgendwann am späten Nachmittag wieder zurück. Dann ging er in den damals noch von winzigen Beeten eingefassten Tennisclub. Nach dem Spiel musste man den Platz mit schweren Matten abziehen. Das durften die Kinder machen und bekamen dafür ein Eis. Zumindest manchmal. Die Erwachsenen verbrachten viel Zeit im Club und saßen nach dem Match in ihren engen kurzen Hosen und Lacoste-Hemden auf der Terrasse des Clubhauses. Die lederumwickelten Griffe der Holzschläger lugten wie steife Schwänze aus Snauwaert-Taschen. Es lag immer Sex in der Luft, deutscher Vorstadtsex, diese unbeschreibliche Siebziger-Jahre-Geilheit. Heute ist die Anlage überwuchert von Efeu und Büschen, die giftige Früchte tragen. Die meisten der Plätze werden nicht mehr bespielt, und die aufgenagelten Kunststofflinien wellen sich. Es gibt schon lange keine von abgeblendeten Autoscheinwerfern beleuchteten Mitternachtsturniere mehr, keine Karnevalspartys, keine

Kinderturniere mit Fanta, keine vom orangefarbenen Boden gefärbten Schuhe.

Es ist kaum ein Plopp mehr zu hören und kaum Stöhnen, selten der rhythmisch speiende Rasensprenger. Die meisten der Gründungsmitglieder sind tot oder spielen Golf. Schlägerköpfe schauen aus Golfsäcken heraus und bekommen ein Mützchen, damit sie nicht frieren oder schmutzig werden.

Das Schöne am Rheinland ist, dass man sich als Besucher sofort herrlich amüsieren kann. Der eigentlich nicht brüllkomische Erwerb von Ohrenpfropfen wird in einer Stadt wie Düsseldorf leicht zu einer surrealen Szene.
Ich im Kaufhaus zu einer Verkäuferin: «Guten Tag, haben Sie Ohropax?» Darauf die Verkäuferin, freundlich, aber sehr überrascht: «Dat issene jute Frage.»
Ich: «Und wie ist die Antwort?»
Verkäuferin, sehr laut: «Elke, ham wir Ohropax?»
Elke: «Dat issene jute Frage.»
Zweiter Versuch im Drogeriemarkt gegenüber. Ich zur Kassiererin: «Guten Tag, haben Sie Ohropax?»
Kassiererin: «Am Ständer, wo die Kondome dranhängen.»
Aha. Am *Ständer* mit den Kondomen. Und als sei diese Antwort nicht schon komisch genug, setzt sie hinzu: «Wo denn sonst?» Diese Gegenfrage bringt mich aus dem Konzept. Ich kann nachts nicht einschlafen deswegen und denke über meinen Wunsch nach, im nächsten Leben als Nase von Nicole Kidman wiedergeboren zu werden. Wenn schon in aller Welt leistungslos berühmt, dann als Nase von Nicole Kidman, denke ich noch und schlafe dann doch ein.

Schließlich die Lesung in einer großen Düsseldorfer Buchhandlung. Sehr schön, meine Babysitterin von vor dreißig Jahren war auch da, sie arbeitet dort. Ich erinnere mich, dass sie Mitte der siebziger Jahre wunderbar roch und ein grünes Mofa

Marke Hercules besaß. Manchmal durfte ich mitfahren. Dann hielt ich sie von hinten fest umklammert und atmete ihren Duft ein. Ich glaube, sie war meine erste Liebe. Ich traue mich aber nicht, an ihr zu riechen, denn das findet sie bestimmt reichlich merkwürdig. Außerdem ist ihr Mann da.

Noch fünf Tage bis zur Bundestagswahl. Wen soll ich nur wählen? Vielleicht Gregor Gysis Linkspartei, denn sein Satz, dass man nicht arm sein müsse, um gegen Armut zu sein, leuchtet mir sehr ein. Er hätte auch sagen können: Man muss nicht reich sein, um für Reichtum zu sein. Der Sozialismus ist nicht nur für arme Leute da. Fescher Dandy.

Voerde. Waschbetown
13. September 2005

Voerde ist bei Dinslaken. Dinslaken ist bei Oberhausen. Oberhausen ist bei Duisburg. Duisburg ist bei Krefeld. Krefeld ist bei Düsseldorf. Nach Voerde zu fahren kommt einem vor, als reise man in das Innere einer Matroschka.
Erst seit es Navigationssysteme gibt, ist Voerde überhaupt auffindbar. Man muss gefühlte sechzehnmal die Autobahn wechseln. Und das auf einer Strecke von vielleicht vierzig Kilometern. Noch vor wenigen Jahren führte dies unweigerlich zu ausführlichen Orientierungsfahrten durch das westliche Ruhrgebiet. Die vielen Geisterfahrermeldungen in der Region handelten wohl von Verzweifelten, die nach Voerde suchten. Gegen diese Theorie spricht nur, dass es kaum Gründe gibt, die für einen Besuch der Stadt Voerde sprechen.
Sie feiert fünfundzwanzigjähriges Bestehen. Es ist ein aus mehreren Gemeinden zusammengebastelter, nicht unbedingt trostloser, allerdings ebenso wenig tröstlicher Ort, bei dessen Ausgestaltung viel Wert auf die Verwendung von Waschbeton gelegt wurde. Solche Gemeinden gibt es zu Tausenden in unserem kleinen Land. Man findet dort immer ein intaktes Vereinsleben vor, dazu Städtepartnerschaftsschilder am Ortseingang und Parkplätze, von denen es nicht weit in die Einkaufsstraße ist. Voerde ist so wenig besonders, dass man es leicht vergessen kann, wenn man gefragt wird, wo man denn in nächster Zeit so hinkommt. Und dann gibt es hier aber doch etwas ganz Besonderes. Etwas so Erinnernswertes, dass es mich noch lange begleiten wird. Die Buchhandlung.
Man bekommt eine Ahnung davon, wie es auch anderorts sein könnte, wenn alle Buchhändler so wären wie hier in Voerde. Das Publikum: Manche sind sehr weit gefahren, um sich in der

warmen Buchhandlung aneinanderzudrängeln. Kuschelstimmung. Herrlicher Abend.

Nur noch vier Tage bis zur Bundestagswahl. Wen soll ich nur wählen? Stoiber vielleicht, also die CSU. Ich wohne ja in Bayern. Stoiber hat gerade die Ostdeutschen beleidigt. Dabei müsste er doch wissen, was jeder weiß, der um Mitmenschen wirbt: Wer ficken will, muss freundlich sein. Andererseits: Die im Osten können ihn ja gar nicht wählen. Und zu den Bayern ist er immer freundlich. Das ist mir sehr unangenehm.

Krefeld. Die Zwischenstadt
14. September 2005

Besonders im Westen unseres kleinen Landes spricht man von Ballungsräumen, wenn man eigentlich meint, dass keiner mehr so richtig durchblickt vor lauter Stadtgrenzen. Ein Reisender wähnt sich in Duisburg, befindet sich aber für einen Moment in Mülheim, um dann in Oberhausen festzustellen, dass das Ortsschild von Bottrop auftaucht, wo man Moers vermutet hat. Hier von einer Ballung zu sprechen, wäre sehr euphemistisch. Vermengungsraum träfe es eher, oder auf Speisekartendeutsch: «Städteeintopf nordrheinischer Art». Gleich daneben befindet sich Krefeld.
Ortsunkundige denken, Krefeld liege im Ruhrgebiet, aber das stimmt nicht und hat wie alles hier in der Gegend mit dem Rhein zu tun, der die Landschaft bei Krefeld schlingernd, aber präzise in «linker Niederrhein» und «Städteeintopf» teilt. Krefeld befindet sich links des Flusses, und selbst, wenn man bloß über eine Rheinbrücke zu fahren braucht, an deren Ende Duisburg beginnt, selbst wenn also ganz nahe etwas Gewaltiges beginnt, das man sogar vom Weltall aus sehen kann, selbst wenn man in Krefeld so gut wie drin ist im glühenden Pott, selbst wenn man schon auf einem normalen Falk-Plan nicht mehr auseinanderhalten kann, wo was beginnt und endet: Krefeld ist irgendwie voll daneben. Im Osten der glühende Pott, im Westen bloß Weiden, Wiesen, Kartoffeläcker und die Ahnung, dass dann irgendwann Holland kommt, was nach kaum fünfundzwanzig Kilometern dann auch der Fall ist.
Krefeld ist auf diese Weise eine Zwischenstadt, gleichsam Tor zur Welt und Tor zum Arsch der Welt, je nachdem, woher man gerade kommt. Früher hatte die Stadt einen gewissen Glanz,

das muss man festhalten. Gustav Mahler führte 1902 seine dritte Symphonie in Krefeld ur auf. Herrlich. Ur auf. Die Stadt war reich und sauber. Die Textilindustriellen ließen sich ihre Villen von Bauhausarchitekten entwerfen. In Krefeld machte man sich die Hände nicht schmutzig wie in Duisburg oder Essen. Das hatte Tradition. Nicht einmal in den Krieg zogen die Krefelder, weil Friedrich der Große seinen Werbern verbot, in der Stadt Rekruten anzuheuern. So edel fand er Krefeld. Leider gibt es inzwischen kaum noch Arbeit, nicht einmal für die, die sich die Hände gerne schmutzig machen würden. Und daher verströmt die Stadt eine gewisse Melancholie, eine Verschlafenheit, die den Besucher zu ständigem Gähnen inspiriert. Immerhin haben sie immer noch einen Zoo und einen leidlich erfolgreichen Eishockey-Club. Die Fußballer aus dem Stadtteil Uerdingen hingegen sind nach dem Rückzug des Bayer-Konzerns innerhalb von wenigen Jahren in die Amateur-Oberliga runtergereicht worden.
Städteplanerisch wirkt Krefeld an einigen Ecken etwas kopflos, was sich übrigens auch im Stadtwappen widerspiegelt. Es zeigt einen Dionysos mit abgeschlagenem Haupt unter dem Arm. Krefeld ist nach dem Abwurf von Brandbomben ein vernarbter Ort, wie es viele in Deutschland gibt. Die schönen Bürgerhäuser, die Parks, die herrschaftlichen Villen irritieren bei der Durchfahrt beinahe mehr als die Zweckbauten, die Umgehungsstraßen, der scheußliche architektonische Pragmatismus der Nachkriegszeit. Eines oder das andere, damit könnte man leben. Aber beides zusammen macht traurig.

In Krefeld eine Lesung abzuhalten, ist für mich nicht einfach, denn meine halbe Familie kommt aus Krefeld. Und meine Schwiegereltern auch, jedenfalls fast. Sie wohnen in einem westlich gelegenen Nachbarstädtchen, und natürlich möchte mein Schwiegervater gerne kommen. Ich sehe der Sache mit gemischten Gefühlen entgegen, denn schließlich mache ich ihn während der Lesung nach. Ich imitiere seine Art zu reden, seine Stimme, sein Lachen. Als guter Schwiegersohn reserviere ich Plätze in der ersten Reihe.

Das Theater, in dem ich lese, war früher eine Schule. Meine Mutter ist hier hingegangen. Damals gab es noch mit dem Lineal auf die Finger. Meine Mutter ist sehr diszipliniert, womöglich hat das mit der rustikalen Erziehung ihrer Generation zu tun. Sie sagte früher oft «The early bird catches the worm» zu mir, was leicht holpernd übersetzt heißt: «Der frühe Vogel fängt den Wurm.» Dieses Lob an den Frühaufsteher fand ich immer schon albern, denn wenn man die Logik des Satzes ernst nimmt, bedeutet er im Umkehrschluss, dass man als Wurm möglichst lange im Bett bleiben sollte, um nicht gefressen zu werden. Ist jetzt nur die Frage, wo man sich gesellschaftlich verortet, bei den Vögeln oder den Würmern.

Tatsächlich kommen meine Schwiegereltern zu der Lesung, und das irritiert mich anfangs schwer. Ich höre meinen Schwiegervater laut lachen, häähää. Und als ich fertig gelesen habe und mich verbeuge, steht er auf, stellt sich zu mir und verbeugt sich tief und würdevoll vor dem verdutzten Publikum.

Viersen. Korn mit Tabasco
15. September 2005

Am nächsten Tag muss ich nach Viersen, einem Ort am Niederrhein, der 70 000 Einwohner und erdgeschichtliche Bedeutung als Wimbledon des Billards hat. Hier finden nämlich die jährlichen Karambolage-Weltmeisterschaften statt. Billard ist im Grenzland zwischen Belgien, Deutschland und Holland sehr verbreitet. Der Sport bezieht einen großen Teil seiner Seriosität aus dem Umstand, dass die Spieler einem gewissen Dresscode unterworfen sind und meistens Fliegen und Westen tragen, mit denen sie aussehen wie flämische Nachtclubkellner.

Auch der Laden, in dem ich abends lese, kommt mir zunächst halbseiden vor. Er liegt an einer stark befahrenen Ausfallstraße und heißt «Conny's Come in». Wenn man so etwas auf seinem Reiseplan liest, wird man unruhig. Das klingt ja doch gefährlich nach Rotlicht. Man stellt sich vor, dass dort gelangweilte Osteuropäerinnen Lapdance machen und sich von niederrheinischen Zuckerrübenbauern Fünf-Euro-Scheine in die Wäsche stecken lassen. Dann gehen die Damen von der Bühne, und der holländische Besitzer kündigt eine Lesung an. Ich erscheine in dem roten Licht, setze mich so wondratschekesk auf einen Barhocker und lese eine Seite. Dann lässt mir der Chef einer Drückerkolonne, der lieber Weiber sehen will, ein Pimm's bringen, und ich gehe von der Bühne. Den Barhocker lasse ich stehen, der wird noch gebraucht, von der nächsten Tänzerin.
Natürlich ist dann alles ganz anders. «Conny's Come in» ist eine kulturelle Institution in der Gegend, wahrscheinlich wichtiger als die meisten städtischen Bühnen im Umkreis, falls es die überhaupt gibt. Früher hieß die ursprünglich gutbürgerliche

Gaststätte mal «Zum deutschen Eck» und diente in der Nazizeit als Versammlungsort der NSDAP. Ein gewisser Conny pachtete das Lokal vor siebenundzwanzig Jahren und baute es immer weiter aus. Heute finden dort auf mehreren Bühnen Lesungen, Jazz-Konzerte und Kabarett-Abende statt, manchmal sogar gleichzeitig.
Junge Leute kommen gerne her. Für sie gibt es eine Getränkekarte, die kaum einen Wunsch offenlässt. Über zwanzig Biere werden serviert, aber auch sehr ulkige Getränke wie «Rostiger Nagel» (Korn mit Tabasco, ein Euro fünfzig) oder «Eierfa» (Eierlikör mit Fanta, zwei Euro). Wer lieber Longdrinks mag, für den gibt es «Amaretto Apfel/Kirsch» (drei Euro) und andere klebrige Köstlichkeiten.

Kaum ist die Lesung vorbei, ertönt laute Jazz-Musik. Auf der Bühne nebenan hat man gewartet, bis ich fertig bin, dann geht die wöchentliche Jam-Session los. Ein wirklich eindrücklicher Ort, so mitten zwischen Kuh- und Trauerweiden.

Noch ein Tag bis zur Wahl. Was soll ich nur wählen? Angela Merkel vielleicht? Ihre Sprache hat so was Formelhaftes. Jedenfalls habe ich bei ihr den Eindruck, dass sie immer schon so geredet hat, auch bei der FDJ. Schön fände ich, wenn sie ihre Ansprachen mit den Worten «Parole Emil!» beenden würde. Aber den Gefallen tut sie uns nicht.

Rostock. Im Auftrag der freien Marktwirtschaft
19. September 2005

Die zweite Woche der Reise führt in den Norden. Wunderbar. Es ist noch ein wenig warm, der verregnete Sommer noch nicht ganz zu Ende. Flug nach Hamburg, weiter nach Rostock. Man gelangt gut mit dem Zug dorthin, einem Regionalzug, der durch Mecklenburg trödelt, mit Berufstätigen an Bord, oder wie man hier wahrscheinlich sagt: Werktätigen. Man unterhält sich eher nicht. Draußen fährt Schwerin vorbei, und wie die Landschaft, so das Leben hier: keine besonderen Vorkommnisse, alles verlässlich flach, manche Orte sehen aus wie gescheiterte Beziehungen.
Früher waren Fahrten mit der Bahn über Land noch melancholische Trips. Man schaute aus dem Fenster, hauchte das Glas an und malte Männchen hinein. Das ist aber aus der Mode. Die meisten Bahnkunden (früher: Reisende) schauen gar nicht mehr aus dem Fenster, sondern auf den Flachbildschirm, den der Anbieter eingebaut hat, um die Menschen zu berieseln. Das kann man auch selber. Ich zerstreue mich mit meinem neuen iPod, den ich extra für diese Reise mit ihren monatelangen Zugfahrten angeschafft habe.
Der Gesamteindruck dieses fraglos wunderbaren Gerätes wird durch die mitgelieferten Ohrhörer getrübt. Die taugen nichts und schmerzen, denn meine Ohren sind nicht dafür geschaffen, dass man etwas hineinsteckt. Die Löcher sind zu klein, kein Fremdkörper hält darin, und die Windungen meiner Ohrmuscheln lassen so etwas wie Tragekomfort ebenfalls kaum zu.
Die iPod-Hörer taten also erst weh und fielen dann heraus, und ich beschloss, dass ich die weißen, statussymbolhaften Ohrstöpsel des iPod durch etwas Uncooles ersetzen musste.

Deshalb hatte ich noch in Krefeld einen Media Markt betreten, um andere Kopfhörer zu kaufen. Der Bursche in der Kopfhörer-Abteilung riet mir zu einem Paar Stöpseln, die man wie Knetgummi in Form drücken müsse, um sie dann ins Ohr zu stopfen, wo sie sich von selber wieder aufplustern würden, um dann einen sagenhaften Bass-Sound zu erzeugen. Er selbst habe auch so welche, sagte er. Das ist normalerweise ein gutes Kriterium dafür, etwas nicht zu kaufen. Ich tat es trotzdem und probierte die Dinger gleich aus.

Ich pfriemelte die Teile in die Ohren und betrachtete mich im Außenspiegel eines Autos. Ich sah, wie die beiden Stöpsel ganz langsam links und rechts aus den Ohren wuchsen, es sah aus, als würden meinen Ohren kleine Sektkorken entweichen. Dann machte es «plopp» (rechts) und dann «plopp» (links), und ich nahm den Mist und ging wieder in den Media Markt, um ihn umzutauschen.

Rostock habe ich schon einmal besucht. Das ist sehr lange her. Ich war damals vierundzwanzig und arbeitete fleißig daran mit, das Beitrittsgebiet von westdeutschen Konsumgütern zu überzeugen, soweit das nicht schon die DDR-Politik erledigt hatte. Ich war damals Werbetexter und interviewte in Rostock auf der Straße auskunftsfreudige Bürger zum Thema Nuss-Nougat-Creme. Die Ergebnisse («erstklassig», «so etwas gab es früher nicht», «herrlich») wurden anschließend in einem Tonstudio geschnitten und als Radiospots gesendet. Wir übernachteten in einem großen Hotel in Warnemünde, von dem man sich zuraunte, es sei komplett verwanzt und die Stasi habe dort jeden Gast ausgehorcht. An der Hotelbar saßen ab zwanzig Uhr Pharmavertreter und Prostituierte.

Einige Zeit später errang die Stadt Rostock weltweite Bekanntheit, weil einige Einwohner des Stadtteils Lichtenhagen den dort in einem Plattenbau untergebrachten Asylbewerbern Molotow-Cocktails durchs Fenster warfen und die Feuerwehr daran hinderten, die hundert Eingeschlossenen zu befreien. Besonders erinnerlich ist dabei das Foto eines Rostockers mit Deutschland-Trikot und vollgepisster Jogginghose, der gerade den Arm zum Hitlergruß hebt. Die Zeitschrift «Titanic» druckte das Bild und schrieb darunter: «Bitte ein bit.» Hat jede Stadt die Einwohner, die sie verdient? Oder ist das nur Zufall und hätte überall sonst genauso passieren können? Wahrscheinlich. Mölln in Schleswig-Holstein ist auch so ein Ort trauriger Berühmtheit. Früher konnten sich Bürgermeister noch damit trösten, dass auch hässliche Bilder mit der Zeit verblassten, aber heutzutage währen sie ewig, sind in alle Zukunft abrufbar. Katastrophenorte bleiben Katastrophenorte und heißen Eschede, Ramstein oder Bad Kleinen, wo der Zug nach Rostock anhält.

Lesung in einer großen Buchhandlung, danach hungrig ins Hotel. Dort ist schon alles dunkel. Ich frage nach, ob es nicht doch noch ein Häppchen gebe, es müsse nicht einmal warm sein. Daraufhin bindet sich eine junge Frau die Kellnerschürze um und knipst das Licht im Essenssaal an. Der Koch, der schon nach Hause wollte, setzt seine Mütze auf und brät mir einen Fisch. Ganz alleine sitze ich im riesigen Hotelrestaurant, wo bereits fürs Frühstück eingedeckt ist. Dabei blättere ich in einem winzigen Büchlein, das ich geschenkt bekommen habe. Das englischsprachige Werk mit dem Titel «County of Rostock» misst bloß fünf mal fünf Zentimeter und stammt noch aus DDR-Zeiten. Es beinhaltet neben einem erbaulichen Vorwort («the area has certainly seen many ups and downs in its history») etwa zweihundert sehr hübsche Farbfotos von Besuchen Erich Honeckers bei der Rostocker FDJ, auch Aufnahmen vom Hafen, von Holzschuhen, einer gutbesuchten Bäckerei, der Jugendweihe, den Märkten und Häusern und Bürgern der Stadt. Die ist wirklich hübsch und unterhält Partnerschaften in der ganzen Welt, eine davon übrigens mit der

Stadt Bremen. Noch aus früheren Zeiten, als dieses Bremen Ausland war. Damals gab es noch keine Nuss-Nougat-Creme und keine Asylanten in Rostock. Merkwürdig, wie am Ende alles zusammenhängt.

Lübeck. Träume von weißen Anzügen
20. September 2005

Lübeck ist so was von zauberhaft! Der Mühlenteich! Die Häuser! Die Geschäfte! Das Marzipan! Zwar steht hier offenbar kein Denkmal *für* Günter Grass, wohl aber eines *von* Günter Grass, im Innenhof des gleichnamigen Hauses. Dann ist ja gut.
Mittags angekommen, mache ich einen Rundgang und esse einen Junkfood-Klassiker: Hühnchen, gebacken mit süßsaurer Soße und Reis. Hmm. Schmeckt, als sei sogar die Soße frittiert. Vor dem Schnellimbiss hält ein dicker Türke Hof. Er ist höchstens zwanzig Jahre alt, benimmt sich aber wie Marlon Brando in «Der Pate». Auf seinen Wink erheben sich seine Begleiter von den weißen Plastikstühlen, die vor dem Laden stehen, und öffnen ihm die Beifahrertür eines violettlackierten Dreier-BMWs. Er steigt ein, die Gang fährt ab. Bevor der Wagen wendet, sieht der Dicke mich aus dem Fenster an und lächelt. Die ganze Inszenierung nur für mich, denn sonst ist niemand zu sehen.

Abends Lesung in einer schönen und großen Buchhandlung. Die Lübecker gelten als schwierig, dies wurde mir vorher zugetragen. Aber meine Furcht vor schweigenden, die Arme vor der Brust kreuzenden Hanseaten erweist sich als unbegründet, die Menschen hier lachen an den richtigen Stellen und sind sehr freundlich. Sie wollen anschließend mehrheitlich nur eine Unterschrift ins Buch, eher keine ausführlichen Widmungen. Am Vortag in Rostock war das anders. Dort bat mich eine junge Frau namens Claudia um Unterschrift und folgenden Satz: «Für Petra zur Erinnerung an unsere gemeinsame Zeit in Perugia.» Dienstleistungsbeflissen und höflich sagte ich:

«Ich hatte aber keine gemeinsame Zeit mit Petra in Perugia.»
Darauf Claudia: «Na und? Aber ich.»
«Dann schreiben Sie doch vielleicht die Widmung», sagte ich. Zack, da war sie schon beleidigt. Ich schlug vor: «Für Petra zur Erinnerung an Perugia und Claudia.»
«Na gut.»

Halb eins im Bett. Noch schnell Guido Westerwelle im Fernsehen getroffen. Die Bundestagswahl ist vorbei. Jetzt muss eine Koalition gefunden werden, und Westerwelle wird nicht müde, seine Ablehnung «dieser SPD» in jedes Mikrophon zu schleudern. Er tut gerade so, als wollten alle unbedingt mit ihm koalieren. Will aber niemand. Möglich, dass die anderen müssen, aber wollen wollen sie deswegen noch lange nicht. Das ist vielleicht die Tragik der FDP.
Vor dem Einschlafen reisen die Gedanken von Westerwelle zu meinem neuen weißen Anzug. Ich habe ihn mir vor ein paar Wochen anlässlich der Einladung zu einer sogenannten Mottoparty («Dress in white!») zugelegt. Ich hasse Mottopartys, und eigentlich soll mir der rechte Hoden abfallen, wenn ich auf einer auftauche. Leider habe ich nicht genug Sozialkontakte, um mich an derartige Beschlüsse halten zu können.
Der weiße Anzug steht mir komischerweise hervorragend – und er hat Nano-Technik. NANO-TECHNIK. Wenn man Flüssigkeit auf den Anzug schüttet, dann perlt sie einfach ab, als habe sie Angst vor dem Anzug. Flüssigkeit – sogar Salatöl – will nicht auf diesen Anzug. Das ist für einen weißen Anzug natürlich praktisch. Als ich ihn also auf der Party trug und erwähnte, dass er NANO-TECHNISIERT sei, schütteten mir den ganzen Abend enthirnte Kumpels Bier und Rotwein auf die Jacke und erfreuten sich am Perl-Effekt, der sich keineswegs abnutzte und übrigens sogar mit Zigarettenasche funktionierte. Ich blieb trocken, sauber und fröhlich und fühlte mich wie eine Kreuzung aus Tom Wolfe und Jean Pütz.

Wyk. Das Husten im Kurgartensaal
21. September 2005

Früh raus, um nach Wyk auf Föhr zu fahren. Föhr ist die Insel südlich von Sylt, neben Amrum und oberhalb von Pellworm. Nordfriesland. Jetzt raten Sie mal, wie lange man mit dem Zug von Lübeck nach Wyk braucht? Da kommen Sie nie drauf. Sechs Stunden und achtunddreißig Minuten. Für einhundertzwanzig Kilometer. Nicht zu glauben. Ohne jemals im Kongo gewesen zu sein, ahne ich, dass die Bahnstrecke von Brazzaville nach Makunda Tsiaki besser ausgebaut ist als das Regionalbahnnetz der Deutschen Bahn in Schleswig-Holstein.
Auf der Fahrt hat man viel Zeit zum Nachdenken. Zum Beispiel darüber, dass wir unser Land nicht genug kennen. Keine Ahnung, ob Engländer alle mal nach Cornwall oder nach Bristol fahren und ob alle Schweden Småland kennen. Jedenfalls glaube ich, dass wir Deutschen uns nicht gut genug in Deutschland auskennen. Ich zum Beispiel habe mehr italienische Städte samt Kirchen und Museen besucht als deutsche, und ich glaube, dass dies bei vielen meiner hochinteressierten und weitgereisten Landsleute genauso ist. Saarbrücken? Hä? Sächsische Schweiz? Öh. Schwäbische Alb? Nä!
Ich hätte dazu einen Vorschlag: Alle Jugendlichen müssten während ihrer Schulzeit insgesamt vier Monate auf Kennenlernreise. Einen Monat in den Osten, einen Monat in den Norden, einen in den Süden und einen Monat in den Westen. Mit Führungen. Eine ganze Reiseindustrie könnte so entstehen, weit über die existierende Jugendherbergskultur hinaus. Am Ende könnte jeder sagen, dass er sein Land mal vom Wattenmeer bis zu den Alpen gesehen hat. Und jeder könnte sich für oder gegen Deutschland entscheiden, weil er es kennt.

Natürlich mache ich diesen Vorschlag nur leise, denn es ist peinlich, daran zu erinnern, dass wir entwicklungsfähige Kenntnisse unseres Landes und unter anderem deshalb kein ausgeprägtes Nationalbewusstsein haben. Man gerät gleich in so eine völkische Ecke. Ich ziehe ihn also zurück, meinen Vorschlag. Entschuldigung. Ich bin sofort wieder ein braver, in den siebziger und achtziger Jahren sozialisierter Deutscher, der sich aus lauter Angst vor übertriebenem Nationalismus nicht darüber beklagt, dass kein Mensch weiß, wo Iserlohn ist. Und ich reihe mich nach diesem Gedankenspiel auch sofort wieder brav in die Phalanx modernistischer deutscher Autoren ein, die reflexartig erklären, dass es keinen Grund gebe, zu wissen, wo Iserlohn liegt, weil man ohnehin nie hinfahren würde.

Schade, dass man immer nur einen Tag bleibt. Das reicht nicht, nicht einmal auf der kleinen Insel Föhr, wo die Orte heißen wie in Asterix-Heften: Wrixum, Boldixum, Oevenum, Midlum. Fünfzehn Kilometer Sandstrand haben die hier. Man bekommt frischen Fisch und rote Wangen und glänzende Augen, denn hier ist alles so schön weiß (Häuser), blau (Himmel), grün (Weiden). Das ergibt zusammen mit den Reetdächern, der Tracht und der gepflegten Einkaufsstraße eine durchaus prachtvoll zu nennende Folklore.
In Wyk auf Föhr übernachte ich im Kurhotel, wo jetzt in der beginnenden Nachsaison vor allem ältere Menschen absteigen. Und was machen die den ganzen Tag in diesem Luftkurort? Na was wohl, husten natürlich. Sie werden von mir aber jetzt kein Seniorenbashing lesen, weil man gegen den Senior von heute kaum mehr etwas haben kann, denn er ist im Regelfall zu jung, um in der Waffen-SS gewesen zu sein. Wenn man heute einen Achtzigjährigen fragt, was er in der Nazizeit gemacht hat, war er in der Regel Schüler oder Flakhelfer. Vor zehn Jahren war das noch anders. Wir Jüngeren müssen uns nun allmählich darauf einstellen, dass die Frage, was der Mann neben uns im

Bus wohl im Dritten Reich gemacht haben mag, nicht mehr Anlass zu düsteren Ahnungen sein kann.

Die Friesen sind freundliche Menschen mit einem großen Talent für den Fremdenverkehr. Es würde mich nicht wundern, wenn Wyk auf Föhr im Oktober abgebaut würde, um dann über Winter eingelagert und erst Ende April wieder auf markierten Flächen installiert zu werden. Die Bewohner von Wyk legen die gestreiften Hemden ebenso ab wie ihren Dialekt und fahren für fünf Monate heim nach Thüringen.
Auch die Sache mit der Ebbe ist ein großes Mysterium. Natürlich haben wir irgendwann gelernt, wie das mit den Gezeiten funktioniert. Mond und so. Jaja. Natürlich alles Lüge. In Wahrheit sind Ebbe und Flut eine Erfindung der nordfriesischen Fremdenverkehrsdirektion. Die Bürgermeister der Inseln wechseln sich wochenweise damit ab, zu einem als Boje getarnten Stöpsel vor Helgoland zu fahren, den sie ziehen, auf dass das Wasser abläuft. Und warum das Ganze? Es sieht erstens spektakulär aus und bedeutet zweitens einen immensen Landgewinn. Man bekommt einfach mehr Gäste unter.
Das Wasser verschwindet also geisterhaft und macht allerhand Sonderbares sichtbar, zum Beispiel kleine Löcher mit gekringelten Sandhaufen, die ich mit dem großen Zeh inspiziere, was aber keinen großen Erkenntnisgewinn zeitigt. Dafür riecht es ungemein gesund auf einem Wattspaziergang.
Man kann unter günstigen Umständen von Föhr nach Amrum laufen. Allerdings sind die Föhrer durchweg der Ansicht, dass sich der Weg nicht lohnt. Ich laufe über das Watt und beobachte Krebse, die ausgezeichnete Tänzer sind, und sammle natürlich Muscheln. So stakst man wie ein Storch im Watt herum und sieht dabei die meiste Zeit nach unten, was ein Anfängerfehler ist, denn irgendwann bilden sich große Pfützen, die man umlaufen muss. Währenddessen vergrößern sich die Pfützen zu kleinen Teichen, dann zu Seen, und urplötzlich steht man mit

käsigen Beinen bis überm Knöchel drin, krempelt die Hosenbeine hoch und wird gewahr, dass es mit der Ebbe so was von vorbei ist. Und dass man es doch recht weit zum Strand hat. Man mäandert in einer komischen Verzweiflung und ohne echte Angst durchs Watt und blickt schließlich, am Ufer angekommen, aufs Meer zurück. Uff. Kleines Abenteuer. Das haben die sich wirklich toll ausgedacht hier.

Abends lese ich im Kurgartensaal und stelle schnell fest, dass die Zuschauer überhaupt nicht wegen mir gekommen sind. Sie würden sich auch eine Vorführung des Börner-V-Hobels ansehen oder einen Flohzirkus oder ein Damen-Rodeo. Aber das gibt es heute nicht. Der große Kursaal hat eine professionelle Bühne und dahinter einen dicken schwarzen Vorhang. Zwischen diesem Vorhang und der Wand sind etwa fünfzig Zentimeter Platz. Und da sitze ich auf einem Stühlchen, das Manuskript auf dem Schoß, und höre dem Herrn zu, der mich auf der Bühne ankündigt.
Es ist stockdunkel hinter der Bühne, und wie der Mann so über mich spricht und spricht (er hat sich wirklich sehr gut vorbereitet), denke ich: So muss das sein, wenn einer lebendig begraben wurde und dann der Predigt zuhört. Irgendwann schließt der Herr und donnert: «Begrüßen Sie nun mit mir: Jan Weiler.» Frenetischer Applaus klingt anders, denke ich, und schlüpfe durch den Schlitz im Vorhang. Geblendet vom Bühnenlicht setze ich mich an das Lesetischlein und stelle fest, dass wir immerhin zu fünfundzwanzig sind. In das karge und von nicht zu viel Erwartung gespeiste Klatschen mischen sich krampfartige Huster. Die Leute sind ja schließlich nicht zum Vergnügen hier.
Ich denke, zur Einleitung muss jetzt einfach ein Witzchen her, um das Eis zu brechen. Also sage ich guten Abend und dass das hier eine Verkaufsveranstaltung sei. «Wir haben draußen im Foyer achtzehnteilige Messersets für Sie, zum Preis von einhun-

dertneunzig Euro. Und die Fähre legt erst wieder ab, wenn die alle weg sind.» In der dritten Reihe sitzt eine Dame, die ihrem Gatten die Hand auf den Arm legt und zischt: «Wir gehen!» Er antwortet mit einem rauen Husten. Nach dieser ebenso schwungvollen wie missglückten Einleitung wird es dann aber noch ein sehr netter Abend.

Am nächsten Morgen mache ich noch einen Wattspaziergang. Diese Luft! Ich wünschte, ich wäre ein alter Mann und könnte das richtig genießen, nach einem langen Leben als beispielsweise Flakhelfer und Konditor.

Osterholz-Scharmbeck.
Meine Nacht als Büfett
22. September 2005

Ich muss heute von Wyk nach Osterholz-Scharmbeck, was bei Bremen und großzügig geschätzt zweihundert Kilometer weiter südlich liegt. Dauert sechseinhalb Stunden. Wenn man unterwegs in den ICE steigt, um schicker zu reisen, dauert es siebeneinhalb Stunden. Herrlich. Man kann stundenlang aus dem Fenster schauen und Butterbrote kauen, Musik hören und Omis betrachten. Wann hat man dafür schon mal Zeit? Eigentlich nie. Ich bin jetzt schon dankbar für diese Reise.
Die Personenfähre, die Touristen und Pendler nach Wyk und wieder zurück an Land nach Dagebüll bringt, ist ein großer eckiger Kahn mit einem zauberhaft angeschmuddelten Restaurant. Es kommt schon mal vor, dass der Kahn bei Ebbe im Watt stecken bleibt. Dann muss man eben warten, bis mindestens eine Handbreit Wasser unterm Kiel ist und sich das Ding wieder aus dem Matsch erhebt.
Ich blättere im Schiffsrestaurant in der eingeschweißten Speisekarte herum und stoße auf folgenden Text, den ich hiermit originalgetreu wiedergebe: «Stellen Sie sich doch mal vor, dass in den 45 Minuten Überfahrt alle Bestellungen aufgenommen, ausgeführt und kassiert werden müssen. Und dabei immer freundlich sein. Na ja, um ganz ehrlich zu sein, gibt es manchmal auch ganz unfreundliche Gäste, die man am besten kielholen sollte, aber die meisten sind so nett wie Sie. Geschworen.» Gebührend eingeschüchtert, bestelle ich ein Brötchen mit Gouda und einen Tee. Ich bin supernett und werde nicht kielgeholt, was wohl auch an dem Trinkgeld liegt, das ich so ängstlich wie großzügig entrichte.

Dann weiter im Zug nach Bremen, von dort nach Osterholz-Scharmbeck, einer kleinen protestantischen Stadt, die zwanzig Kilometer von Bremen entfernt am Teufelsmoor liegt und bis vor einigen Jahren einer amerikanischen Division mit dem passenden Namen «Hell on wheels» als Garnisonsstadt diente.
Ich werde vom Bahnhof abgeholt und zum Hotel gebracht. In dieser sumpfigen Gegend wird Torf gestochen. Früher nannte man die Bewohner dieses Landstriches «Torfköppe». Das ist aber sehr aus der Mode gekommen. Das Hotel wirkt mit seinem dunklen Holz und den stoffbezogenen Wänden sehr englisch. Ich wedle eine September-Mücke von meinem Arm und lege mich aufs Bett. Noch eine Mücke. Na warte, Flügelschwein. Kurzes Nickerchen, auf zur Lesung. Keine besonderen Vorkommnisse.

Kleiner Snack im Hotel, dann aufs Zimmer, wo ich das Licht lösche und auch schon beinahe schlafe, als plötzlich: SSSST an meinem linken Ohr. SSST an meinem rechten Ohr. Ich schlage drauf, erwische das Monster, mache Licht, um nachzusehen, ob sein widerlicher Mückenleib schon voll meines Blutes ist. Und dann wird mir klar, dass es in Osterholz-Scharmbeck heute zwei gutbesuchte Veranstaltungen gab, nämlich meine Lesung sowie den Weltmückenkongress. Stechmücken aus allen Erdteilen haben sich heute im Zimmer elf dieses entzückenden Hotels eingefunden, um über die neuesten Antimückenmittel zu kichern und die Weltherrschaft zu diskutieren. Und ich bin das warme Büfett.
Ich schlage wild um mich, stelle mich fuchtelnd aufs Bett, suche systematisch das Zimmer ab, Ecke für Ecke. Und das Zimmer hat viele Ecken, schließlich handelt es sich um ein historisches Fachwerkhaus. Nachdem der Mückengenozid vollbracht ist und das Zucken ein Ende hat, lege ich mich hin und ziehe mir die Decke über den Kopf. Der Kongress endete

in einem Blutbad. Das Büfett erhob sich von der Tafel und erschlug jeden Festgast sowie weitere Kerbtiere, die ihm auf die Nüsse gingen. So macht man sich in der Fauna natürlich keine Freunde.

Hamburg. Einblick in den SPIEGEL
23. September 2005

In Hamburg werde ich vom Zug abgeholt und zum SPIEGEL gefahren, wo ich im Ressort des Kultur-SPIEGEL eine Heftkritik machen soll. Die meisten Zeitungen und Zeitschriften pflegen dieses Forum der Selbstgeißelung. Nur wenige Redaktionen halten diese Institution für die Zeitverschwendung, die sie tatsächlich ist.

Es handelt sich bei der Heftkritik (manchmal auch: «Blattkritik») um eine wegen ihres Unterhaltungswertes stets gutbesuchte Konferenz, bei der ein Angehöriger der Redaktion seine Meinung zur aktuellen Ausgabe ausführlich darlegen darf. Er mäkelt dann an Schriftgrößen, Themen, der Qualität der Texte, den einfallslosen Bildunterschriften und der Linie der Chefredaktion herum, was zwar unmittelbar folgenlos bleibt, aber keine spontanen Gehaltserhöhungen nach sich zieht, in manchen Häusern einige Tage später allenfalls ein für beide Seiten unerquickliches Personalgespräch. Auch aus diesem Grund werden Heftkritiken häufig an überforderte und mit Angstflechte überzogene Praktikanten delegiert. Oder an Gäste. Denen gegenüber kann man jeden angesprochenen Missstand mit irgendwelchen undurchschaubaren Produktionsbedingungen begründen.

Der SPIEGEL ist für Journalisten ein Traum. Zunächst einmal arbeiten sie in einer Firma, die immer in Großbuchstaben geschrieben wird. Das ist schon einmal was fürs Selbstbewusstsein. Und sie dürfen sorglos lücken- oder sogar fehlerhafte Texte abgeben. Diese Info-Fragmente werden von in einem feuchten Stollen lebenden Kollegen aus der sogenannten «Dokumentation» um die notwendigen Fakten ergänzt. Sehr angenehm, beim SPIEGEL zu arbeiten. Redakteure können sich jederzeit Kaffee und ein Mettbrötchen an den Arbeitsplatz bestellen. Nummer wählen (Durchwahl -2444), zack, paar Minuten später ist der Kaffee da und wird samt Mettbrötchen am Ende des Monats vom Gehalt abgezogen.

Wenn man im SPIEGEL eine Konferenz abhalten will, brüllt man auch nicht etwa «Konferenz» in den Flur, und dann kommen die Kollegen angebummelt oder verstecken sich unter ihren Tischen. Nein, man reserviert über eine Sekretärin bei der «allgemeinen Verwaltung» (Durchwahl -2518) einen Besprechungsraum, der von unsichtbaren, womöglich ehemals investigativen Servicekräften vorbereitet wird. Teilnehmer der Konferenz «11 Uhr Kultur-SPIEGEL» können einem Bildschirm auf dem Flur entnehmen, in welchem Raum (Nummer zwei) sie tagen, damit sie nicht auf der Suche nach den Kollegen versehentlich in eine geheime Strategiebesprechung zur Wiederbeschaffung des Bernsteinzimmers platzen und füsiliert werden.

In den klimatisierten Konferenzzimmern stehen Kekse bereit. Es gibt im SPIEGEL Sommerkekse und Winterkekse. Die Sommerkekse («Bahlsen Summertime») haben keinen Schokoüberzug, damit man sich nicht das Brooks-Brothers-Hemd versaut. Es stehen zudem Kaffee, Säfte, eine Vielzahl von Teesorten und kleine Wasserfläschchen bereit. Die SPIEGEL-Redakteure halten sich beim Konsum aber zurück. Luxus besteht für sie darin, AUF KEINEN FALL etwas zu trinken, gerade weil sie dies jederzeit tun KÖNNTEN, wenn ihnen danach WÄRE. Außerdem ist Saftschorle-Trinken in der Konferenz ein Genuss, und Genuss ist Schwäche, und Schwäche gehört sich nicht beim Sturmgeschütz der Demokratie. «Das ist Hamburg», erklärt mir später ein Freund. Na, dann ess ich halt die Kekse ganz alleine auf.

Es gibt gute und weniger gute Heftkritiker, und es gibt gewaltige Nervensägen. Ich bin so eine, denn ich habe auf der gest-

rigen Zugfahrt jede Menge Zeit zur Vorbereitung gehabt. Mein Vortrag fällt also eher lang aus. Und länger. Und noch länger. Kurz bevor meinen Zuhörern das Kinn auf die Brust fällt, bin ich fertig und werde zur Belohnung in die WELTBERÜHMTE Kantine des SPIEGEL zum Mittagessen eingeladen.
Die SPIEGEL-Kantine wurde von dem dänischen Innenarchitekten und Designer Verner Panton entworfen. Man muss dort nicht an Stahlblechtrögen anstehen wie etwa bei der «Süddeutschen Zeitung». Nein, im SPIEGEL wird am Tisch bedient. Die Aussicht ist allerdings trostlos, denn die Kantine befindet sich im Erdgeschoss, und man blickt bloß auf eine hässliche Straße. Anschließend noch ein Käffchen in der Snackbar. Schon großartig, dieser SPIEGEL.

Abends Lesung in einer großen Buchhandlung in Eppendorf oder Eimsbüttel. Ich kann das nie auseinanderhalten.

Wochenende. Flug nach Hause. Auf dem Hamburger Flughafen habe ich einen Menschenschlag ausgemacht, auf den ich meinen kleinbürgerlichen Groll richten kann: Männer, die ihre Kleinkoffer durch die Hallen ziehen. Angeblich ist das Handgepäck. Quatsch. Diese Trolleys sind viel zu groß für Handgepäck. Die nehmen viel zu viel Platz weg im Flugzeug. Ein Fach muss für sechs Personen reichen, es passen aber niemals mehr als drei dieser rollenden Kackschachteln hinein. Außerdem haben Besitzer von Trolleys immer auch noch ein zweites Stück Handgepäck dabei. Immer! Dabei ist nur ein Stück erlaubt.
Im Flugzeug wuchten Flanelldickärsche ihre Angeberkoffer derart grobmotorisch in die Ablage, dass meine Jacke verknittert oder meine Geschenke (Marzipan aus Lübeck!) zerstört werden. Oder sie passen nicht mehr hinein, wenn ich hinter so jemandem einsteige. Ich schleppe mich mit meinem Koffer und meiner Umhängetasche ab, und nach dieser zweiten Rei-

sewoche bricht mir beinahe der rechte Arm ab. Große Schmerzen in der Schulter. So kann das nicht weitergehen.

Samstagnachmittag bin ich wieder zu Hause. Ich erhalte ein kleines Geschenk, damit ich auf Reisen nicht immer so entsetzlich schleppen muss: einen wunderschönen silberfarbenen Trolley. So was von praktisch ist der! Wenn man den Griff ausfährt, kann man auch noch eine Umhängetasche darauf durch die Gegend fahren. Dann hat man sogar zwei Gepäckstücke auf Rollen! Hurra! Ich bin sprachlos vor Freude.

Osnabrück. Der Dalai-Lama fährt nicht mit dem Taxi
26. September 2005

Ich bin jetzt Zugmensch, mit allen Konsequenzen. Und ich lerne noch. Zum Beispiel, dass der Regionalverkehr der Bahn nicht mehr mit richtigen Zügen veranstaltet wird, sondern mit S-Bahn-artigen, meistens roten Spielzeugwaggons, die keinerlei Charme besitzen, aber in aller Regel pünktlich auftauchen, um Schüler, Pendler und Lesereisende aufzunehmen. Je teurer hingegen ein Ticket, desto unpünktlicher erscheint der Zug am Gleis. Es gilt die Regel: Intercity-Züge bestehen aus den vergammelten alten Waggons, die ich früher en miniature von Märklin besaß, und kommen immer zwischen zwei und sechs Minuten zu spät. Ein ICE, das Verkehrsmittel der Berliner Republik, verspätet sich niemals unter zehn Minuten, ist also auf seine Weise total zuverlässig.

In Osnabrück war ich noch nie. Mein Schwiegervater Antonio schon. Osnabrück war seine erste Station in Deutschland. Er arbeitete in einem Karosseriewerk und half mit, sehr schöne Cabrios zu bauen, die man nur noch selten auf der Straße sieht. Ob es damals schon die Fußgängerzone gab, die ich hier durchquere? Möglicherweise schon, denn Fußgängerzonen kamen in den sechziger Jahren sehr in Mode.
Die Stadt Kassel rühmt sich, die erste Fußgängerzone Deutschlands gebaut zu haben. Wenn ich mich richtig erinnere, feierte sie gerade ihren fünfzigsten Geburtstag (die Fußgängerzone, nicht die Stadt Kassel). In Kassel hatten sie nach dem Zweiten Weltkrieg jede Menge Platz für Stadtplanung, und dies hat für einigermaßen schreckliche Ergebnisse gesorgt. In Osnabrück hält sich das Grauen in Grenzen, eigentlich ist die Osnabrü-

cker Fußgängerzone sogar vergleichsweise hübsch. Ich wette, dass sie irgendwann von Waschbetonkübeln mit dornigen Sträuchern und orangefarbenen Abfallbehältern befreit wurde. Jedenfalls laden viele Restaurants und Kneipen zum Kennenlernen der Osnabrücker Bevölkerung ein. Überall stehen Stühle draußen, und es sitzen sogar Menschen darauf. Es ist die Zeit im Jahr, da die Heizpilze den Sommer verlängern. Was wäre unser Land bloß ohne Heizpilze?

Und ohne Studenten! Studenten sind für Städte furchtbar wichtig, denn sie bringen Leben, Crêpes und Fahrradständer ins Ortsbild. Osnabrück ist Universitätsstadt, wenn auch erst seit knapp dreißig Jahren. Und Bischofssitz, deshalb steht ein passabler Dom unweit des lustig sich durch die Gemeinde schlängelnden Flüsschens. Der Fluss heißt Hase, und zwar übrigens «die» Hase und nicht «der» Hase. Keine Ahnung, wo deutsche Flüsse ihr Geschlecht herbekommen. Warum ist der Rhein männlich und die Donau weiblich? Und warum erst die Hase? Osnabrück, du machst mir Spaß! Zu den großen Errungenschaften Osnabrücks gehört ein von dem weltberühmten Architekten Daniel Libeskind entworfenes Museum, das ohne rechten Winkel auskommt. Es wird dort das Werk des im Vergleich zum Architekten nicht ganz so berühmten Malers Felix Nussbaum gewürdigt. In einer einzigen Nacht hatten die Amerikaner 180 000 Bomben auf diese Stadt geworfen. Und sie ist immer noch da.
Das Hotel trägt den für westfälische Verhältnisse ausgeflippten Namen «Walhalla», und der Dalai-Lama hat hier auch schon übernachtet. Ob der Dalai-Lama vielleicht in meinem Zimmer übernachtet hat, in meinem Bett? Ob er seinen rasierten heiligen Kopf auf dasselbe Kissen gelegt hat wie ich? Unvorstellbar! Oder? Ich kann nach der Lesung darüber nicht einschlafen und wache am Morgen aus unruhigen Träumen auf. Ob der Dalai-Lama auf dieser Toilette gesessen hat? Ob er überhaupt

auf die Toilette geht? Und ob er da die «Westfälische Rundschau» liest? Jetzt ist aber Schluss! Der Dalai-Lama ist auch nur ein Mensch. Oder?

Beim Frühstück schaue ich in den Wirtschaftsteil, was keine erbauliche Lektüre ist. Unser Land befindet sich in der Krise. Mir fällt eine Unterhaltung vom Wochenende ein. Wir waren zum Essen eingeladen, und mir gegenüber saß ein Mann, der in London bei einer Private-Equity-Firma arbeitete. Ich wusste natürlich nicht genau, was das war. Aber ich weiß auch nicht genau, wie ein Dampfkraftwerk funktioniert. Um es mir einfacher zu machen, seine Tätigkeit zu verstehen, sagte er nachsichtig: «Ich bin so 'ne Heuschrecke.» Einer von der Sorte, die einem erklären können, warum es in diesem Land nicht läuft und was alles nötig sei, um es auf Vordermann zu bringen, nämlich kollektiver Lohnverzicht, Massenentlassungen und Sozialabbau, denn ein Land wie dieses könne sich soziale Gesten nicht mehr leisten (Kultur auch nicht), es lebe weit über seine Verhältnisse. Und dass man ein Land führen müsse wie ein Unternehmen. Das Schockierende an seinen Ausführungen war keineswegs deren Drastik, sondern dass ich ihm so gut wie gar nichts entgegenzusetzen hatte.
Dann sprachen wir über die Bundestagswahl und welche Art der Regierungskoalition für wen am Tisch am besten sei. Er plauderte in die heftige Diskussion hinein, dass die rotgrüne Regierung aus seiner Sicht ruhig hätte am Ruder bleiben können. «Und warum?», fragten wir ihn verdutzt. Er antwortete in ruhigem Ton: «Deutschland ist für uns zurzeit einfach wahnsinnig günstig zu haben.»
Komische Vorstellung, dass es Unternehmen gibt, die im Ausland andere Unternehmen erwerben, als spazierten sie durch einen Supermarkt und kauften fürs Wochenende ein. Und was ich nie geglaubt hätte: Unser Land ist so etwas wie Lidl.

Münster. Tatortstadt
27. September 2005

Was mir ja doch zu schaffen macht in diesen Tagen, ist die Tatsache, dass wir immer noch keinen Kanzler haben und auch keine Kanzlerin. Die Wahl ist nun schon eine Weile her, aber noch ist Angela Merkel nicht ins Kanzleramt eingezogen. Das liegt vor allem daran, dass Schröder nicht ausziehen will. Eine Genugtuung bleibt ihm. Frau Merkel wird das Büro nicht so umgestalten können, wie sie will, denn zumindest Schröders Schreibtisch ist so groß und schwer und zudem im Boden verankert, dass man ihn niemals wird entfernen können. Wenn ich er wäre, würde ich mit dem Taschenmesser auf der Unterseite «Das ist mein Tisch. G. S.» einritzen.

Heute Münster. Nach welchen Kriterien werden eigentlich die Städte ausgewählt, in denen der Tatort spielt? Nach Bedeutung, Größe, Flair, Schönheit? Man weiß es nicht. Münster ist zum Beispiel eine Tatortstadt. Der Westdeutsche Rundfunk dreht aber in Köln noch einen anderen Tatort, das ist wahrscheinlich Ehrensache. Köln ist ja total bedeutend und groß. Es gibt demnach zwei WDR-Tatorte, was die Sache kompliziert macht. Und hat nicht der NDR sogar drei Tatorte? Kiel, Hamburg und Hannover. Auch der SWR hat drei Teams, der Bayerische Rundfunk hingegen dreht nur in München. In Thüringen ermittelt überhaupt niemand, der MDR hat aber in Sachsen zwei Kommissare.
Ich vermute mal, es ist eine sehr politische Entscheidung, wo ein Tatort spielen darf. Der WDR hatte auch schon Tatorte in Düsseldorf (aber nicht sehr lange), in Duisburg und in Essen. Nun also Münster. Vermutlich bekommt man dort günstig studentische Komparsen, und das Lokalkolorit wirkt nicht so

ruhrpöttlerisch. Münster ist ja doch sehr ländlich. Also hat die Landesregierung höchstwahrscheinlich beim WDR angerufen und gesagt, die sollen gefälligst mal in Münster drehen, damit die Fernsehzuschauer nicht immer denken, im Sendegebiet des WDR hätten alle Menschen Kohlenstaub unter den Fingernägeln und kippten sich Dosenbier in den zahnlosen Schlund.
Am Bahnhof steht ein Parkhaus für die sechzehn Trilliarden Fahrräder, die es hier gibt. Münster ist wie Peking und Amsterdam eine Radlerstadt. Das ist erst einmal sympathisch. Komischerweise dann aber doch nicht, weil die Radfahrer aus ihrer demoskopischen Überlegenheit eine Art Herrenmenschentum ableiten wie andernorts die Autofahrer. Wenn ich bei einer Verletzung wählen könnte, ob ich sie durch den Aufprall eines Autos oder eines Radfahrers erleiden möchte, würde ich mich jederzeit für das Auto entscheiden. Denn dabei geschieht der Unfall mit der gesichtslosen Kälte des perlmutteffektlackierten Blechs, bei einem Fahrradaufprall hingegen bekommt man immer einen komplett verschwitzten Menschen ans Bein geschmettert, zum Beispiel in Gestalt einer Koptologie-Studentin im elften Semester, die nicht nur schuld, sondern auch noch dramatisch unterversichert ist. Da mir die Berührungen von Fremden unangenehm sind, möchte ich auf jeden Fall lieber in der Autostadt Wolfsburg als in der Fahrradstadt Münster angefahren werden.

Im Hotel hat das Management kleine Hinweise angebracht, um den Gast auf Linie zu bringen. Da klebt zum Beispiel am Fernseher der vergilbte Hinweis: «Nichts verstellen. Zimmerlautstärke!» Und unterhalb der Preistafel lese ich: «Es ist untersagt, im Bett zu rauchen!» Ich lege mich aufs Bett, mache die Glotze schön laut und rauche drei Zigaretten, obwohl eine völlig gereicht hätte. Später gehe ich spazieren.

«In Münster regnet es, oder es läuten die Glocken», heißt es, glaube ich. Das trifft aber nicht zu. Korrekt müsste der Satz lauten: «In Münster regnet es, UND es läuten die Glocken.» Davon gibt es viele nebst drum herumgebauten Kirchen. Ich gehe in Sankt Lamberti umher und wundere mich darüber, dass dieses Gotteshaus für einen Dom ja gar nicht soooo groß ist, bis ich bei meinem Spaziergang auch den eigentlichen Dom Sankt Paulus entdecke. Da wird mir klar, dass Sankt Lamberti für eine Kirche sehr groß ist.
Dann lasse ich mir die Haare schneiden. Von einer jungen Frau, die offenbar noch nie eine Schere in der Hand gehabt hat, außer zum Tesafilmabschneiden. In Ermangelung einer fundierten Ausbildung rasiert sie meinen Schädel mit einem Elektrorasierer. Eigentlich sollte man immer vorher fragen, wie die Haare abgemacht werden. Wenn da nicht korrekt mit der Schere gearbeitet wird, muss man gleich wieder gehen. Habe ich natürlich nicht gemacht, weil die Frau extrem hübsch ist. Himmelherrgott, sind Männer primitiv.
Danach renne ich geschoren wie ein russischer Rekrut durch die Münsteraner Fußgängerzone und suche einen WLAN-Hotspot. Quälerei. Bei Starbucks werde ich fündig. Dafür muss ich einen nach Storck-Durchbeißer schmeckenden Kaffee trinken. Ein Student am Nebentisch (Byzantinistik, drittes Semester, totaler Fan von Starbucks und Blumfeld) behauptet, Münster sei sogar viel größer als Düsseldorf, was ich für Blödsinn halte. Kann man ja in so einem internetfähigen Schuppen mal schnell googeln. Er hat recht! Tatsächlich ist Münster flächenmäßig die sechzehntgrößte Stadt Deutschlands. Düsseldorf steht auf Platz fünfundvierzig. Die größte Stadt unseres kleinen Landes ist übrigens erwartungsgemäß Berlin, gefolgt von Hamburg. Dann kommt aber nicht München (Platz dreizehn) und auch nicht Köln (Platz vier), sondern Wittstock/Dosse in Brandenburg. Ob ich ihm dafür einen ausgebe, fragt der Student. Super Trick. Wahrscheinlich macht er das den ganzen Tag. Studenten.

Gehe zu Karstadt, weil auch der inzwischen vierte Ohrhörer für meinen iPod nichts taugt. Ich muss einfach damit leben, dass meine Ohren nicht für diese Reinsteckdinger konstruiert sind. Ich bin ein old schooler, ich brauche Kopfhörer.

Abends Lesung in einem funkelnigelnagelneuen riesigen Geschäft. Als ich jung war, gab es nur kleine Buchhandlungen. Und dort gab es ausschließlich Bücher zu kaufen. Das ist längst Vergangenheit. Inzwischen gibt es im Buchhandel auch Kaffee und Donuts und Rucksäcke und Korkenzieher und Radiergummis und DVDs und Kuschelkissen mit Prinzessin Lilifee drauf. Der Abend könnte mit Ausschweifungen enden. Aber das ergibt sich nicht. Ich lerne die Städte nur bei Tag kennen. Im Bett rauche ich noch eine Zigarette und denke über Popsongs im Orchestergewand nach. Das ist schlimm. Aber andererseits: Das Hauptthema von Bedřich Smetanas «Die Moldau» ist in Wahrheit auch bloß das von Dur nach Moll übersetzte Kinderlied «Alle meine Entchen». Mama und Papa ziehen sich fein an, buchen einen Babysitter und setzen sich ins Konzert, um dem Symphonieorchester dabei zuzuhören, wie es «Alle meine Entchen» spielt. Welch spaßspendender Gedanke, um darüber einzuschlafen.

Paderborn, born, born to be alive
28. September 2005

Wanderer, kommst du nach Paderborn, so stelle dich bitte darauf ein, dass du, wenn du die Schnellstraße unverletzt überquert hast, in einer Fußgängerzone landest, die genauso aussieht wie die von Krefeld.
Die deutsche Fußgängerzone deprimiert mich langsam. Und zwar nicht wegen ihrer austauschbaren Architektur, den Drahtsesseln zum Ausruhen, dem praktischen Pflaster mit seinen unaufregenden Mustern und der verzweifelt-konsumistischen Stimmung, die dort herrscht, sondern wegen der Geschäfte. Überall gibt es denselben Kram. Die Ladenflächen einer durchschnittlich großen deutschen Fußgängerzone sind fest in der Hand von: H & M, Zara, Bonita, Media Markt, Nordsee, Douglas, C & A, Christ, Saturn, Thalia, Tchibo, Beate Uhse, Club Bertelsmann, Nanu Nana, Manhattan, Bijou Brigitte, Esprit, Hussel sowie den regional dominierenden Bäckerei- und Metzgereiketten und Telefonläden. Es gibt natürlich auch etwas zu essen: Crêpes und Döner und McDonald's und Käsekrainer und Burger King und zwei Eiscafés und drei thailändische Imbisse und paar olle Italiener. Neuerdings macht sich zusätzlich überall eine Stullenkette namens Subway breit. Das ist echt widerlich. Eigentlich gibt es in diesem Franchise-Folterkeller bloß belegte Brote, aber es stinkt dadrin wie in einer Tierhandlung. Überall, wo ich hinkomme, ist Subway.
Kaufhof und Karstadt gibt es ebenfalls in Paderborn. Der Karstadt fristet ein graues Schattendasein direkt hinter dem Kaufhof, der eine gute Auswahl an Kopfhörern führt. Ich bin immer noch auf der Suche. Ich möchte mir nicht so einen Kopfhörer kaufen müssen, wie mein Opa ihn hat, so ein riesiges Ding mit einer Kunstlederwurst, die die Ohren komplett umschließt. Er

trägt die Dinger immer, wenn er «Die Fledermaus» hört. Wahrscheinlich wäre die Anschaffung sehr sinnvoll, aber wer kauft heute noch Sachen, die einen Sinn haben?

Ich absolviere meinen Stadtrundgang und besichtige den Dom. Paderborn hat einen sehr schönen Dom. Im Seitenschiff befindet sich ein Raum, in dem man sich die Dokumentation zum Wiederaufbau des Doms ansehen kann. Paderborn wurde im Krieg zu fünfundachtzig Prozent zerstört. Man fragt sich warum, denn so interessant ist Paderborn nun auch wieder nicht. Jedenfalls ein Drama. Wie schön unsere Städte wohl wären, wenn sie nicht vor sechzig Jahren von vorne hätten anfangen müssen? Kaum vorstellbar. Wahrscheinlich gäbe es dann auch keine wüsten Innenstädte mit trostlosen Fußgängerzonen und darin auch nicht diese Filialkultur. Man könnte sich beinahe zu der Behauptung versteigen, Hitler sei schuld an Subway.

Mein Hotel in Paderborn ist außergewöhnlich entzückend. Jedes Zimmer ist einem Maler gewidmet. Ich schlafe im Marc-Chagall-Zimmer. Wenn man aus dem Hotel tritt, kommt man an einer Straße vorbei, die «An der warmen Pader» heißt. Nun sollte man meinen, dass man in einer Stadt mit einem respektablen Dom eher an einer Straße vorbeikommen müsste, die «Am warmen Pater» heißt. Die Veranstalterin, die mich zur Lesung in der Aula des örtlichen Gymnasiums abholt, erläutert mir, dass die Pader der Fluss sei, an welchem Paderborn liege. Tatsächlich entspringt die Pader sogar in Paderborn, was den Namen der Stadt erklärt. Wer das nicht weiß, ist nicht unbedingt ungebildet, denn die Pader ist der kürzeste Fluss Deutschlands und bloß sieben Kilometer lang. Dann mündet sie in die entschieden bekanntere, weil längere Lippe. Jedenfalls gibt es eine Stelle, an der die Pader recht warmes Wasser führt. Dort haben früher die Frauen ihre Wäsche gewaschen, und diese Stelle nennt man eben «warme Pader».

Ich mag Schulen, schon den Geruch. An den Wänden hängen die Fotos der Abiturjahrgänge, und ich sehe auf dem Bild von 1988 nach, ob es so aussieht wie das, was damals von uns in Meerbusch gemacht wurde. Und tatsächlich: Es sieht haargenau so aus.

Am Schwarzen Brett werden zahlreiche Aktivitäten angeboten, die interessantesten fangen mit «B» an. «Bläserklasse» zum Beispiel oder ein Öko-Workshop namens «Bio – find ich kuh'l» oder das «Bankenplanspiel» und natürlich: «Beachvolleyball mit Frau Müller».

Im Hotel noch kurz nachsehen, wie der Boxkampf ausgegangen ist. Der Deutsche mit dem schönen Namen Luan Krasniqi hat leider verloren. Johannes B. Kerner befragt dazu den plumpen, aber sehr herzlichen Axel Schulz sowie Henry Maske. Es macht viel Freude, dem zuzuhören. Henry Maske klingt wie der sprechende Hund aus dem berühmten Loriot-Sketch.

Oelde. Eine knappe Lebensbilanz
29. September 2005

Die kleine Stadt Oelde liegt in der Nähe von Rheda-Wiedenbrück, was wiederum bei Gütersloh ist, was wiederum bei Bielefeld ist, was wiederum in Ostwestfalen liegt, was wiederum an Nordhessen grenzt. Man kommt nicht ohne Grund nach Oelde. Ich komme, um zu lesen, und wohne in einem frischrenovierten Hotel, in dem außer mir mutmaßliche Maschinenbauingenieure wohnen, die nachts auf ihrem Zimmer eine Flasche Ballantines mit drei Litern Cola getrunken haben, wie ich heute Morgen mit einem Blick auf den Schiebewagen der Putzfrau feststellen durfte.
Oelde ist zwar klein, besitzt aber dafür eine riesige Kirche. Wahrscheinlich hat man irgendwann im Mittelalter geglaubt, Oelde würde eines Tages Hauptstadt der Welt oder wenigstens Sitz der Vereinten Nationen, und begann mit dem Bau einer entsprechend repräsentativen Kirche. Dasselbe hat man auch in Münster und Paderborn gedacht, worauf ein babylonischer Konkurrenzkirchenbauwahn einsetzte. Schließlich stellte Oelde das Wachstum ein und führt nun ein beschauliches Kleinstadtleben, hat proportional sehr hohe Kirchenheizkosten.

Ich komme nachmittags an und mache meinen obligatorischen Spaziergang durch den verkehrsberuhigten Stadtkern, in dem selbstverständlich eine bronzene Abbildung von zwei Oelderinnen steht, die sich unterhalten. Ähnliche Bronzefiguren gibt es millionenfach in deutschen Städten. Vorgestern in Paderborn wurden Waschfrauen dargestellt, die bronzene Wäsche in der warmen Pader wuschen. In Düsseldorf, nahe dem Carlsplatz, stehen zwei Typen, die sich streiten. In München läuft man nahe dem Rindermarkt dem Lokalreporter Sigi Sommer in die Arme. Hallo, Stadträte: Bitte stellt doch mal was anderes in eure Innenstädte, zum Beispiel Frühstücksbüfetts, wie man sie in Dorint-Hotels bekommt. Und nicht immer bloß diese langweiligen Bronzeonkels.

Nachdem ich in einer Jugendkneipe namens «Namenlos» (hihi-hi) etwas gegessen habe, trinke ich noch Kaffee in einem Oma-Café. Ich gehe gerne in Oma-Cafés, wo Damen, die alle aussehen wie Hildegard Hamm-Brücher, riesige Torten verspeisen und Menthol-Zigaretten rauchen. Heimlich höre ich zu, wie sich zwei Omis über ihr Leben unterhalten.
Oma 1: «Und? Wat hat denn der Mann gemacht?» (Sie könnte auch «Ihr Mann» sagen, aber komischerweise kommt durch die steif anmutende Formulierung «der Mann» eine größere Nähe auf.)
Oma 2: «Der war erfolchreich in der Schiffshebetechnik tätich. Und als er davon genuch hatte, ist er kuchzfristich verstorben.»
Nach dieser Lebensbilanz folgt ein längeres Schweigen, in welchem mit Gabeln und Löffeln geklappert wird. Dann gewinnt der Dialog noch einmal kurz an Schwung, um schließlich in der Oelder Nachmittagstrübe zu verschwinden.
Oma 2: «Jetzt kommt die Sonne raus.»
Oma 1: «So ist das jetz' aber auch genau richtich, so haben sie das nämlich vorher im Fernsehn gesacht.»

Lesung in der Stadtbücherei. Das ist ein Ort, zu dem Menschen nur hingehen, wenn sie gerne lesen. Man kann also sicher sein, dass die Leute sich für Lesungen interessieren.

Wie wohl meine Lebensbilanz später einmal klingt, wenn meine Frau Kuchen essen geht?

Bielefeld. Franz und Gerd spielen Mikado
30. September 2005

Was fällt einem überhaupt zu Bielefeld ein? Die Arminia vielleicht, ein seit Jahr und Tag konstant erfolgloses Fußballteam, eine sogenannte Fahrstuhlmannschaft, von der man nie so ganz genau weiß, in welcher Liga sie sich gerade befindet. Das berühmteste Match von Arminia Bielefeld fand vor ungefähr fünfundzwanzig Jahren statt. Niemand kennt mehr das Ergebnis dieses Spiels, und trotzdem kann sich jeder daran erinnern.
Ich sah damals mit meinen Brüdern die «Sportschau», und das Spiel Werder Bremen gegen Arminia Bielefeld hatte für uns ungefähr denselben Stellenwert wie, sagen wir mal, die Begegnung Traktor Kniwcz gegen Torpedo Omsk. Ich interessierte mich damals ausschließlich für Fortuna Düsseldorf und den FC Bayern, eine Kombination, für die ich noch heute in beiden Lagern ausgelacht werde.
Auf jeden Fall sahen wir eher desinteressiert zu, bis plötzlich der Bremer Verteidiger Norbert Siegmann wie Hulk auf den Bielefelder leptosomen Pazifisten Ewald Lienen zuschoss und ihm mit einem Stollen seines rechten Schuhs den rechten Oberschenkel aufschlitzte. Ich hatte zuvor noch nie etwas von Norbert Siegmann gehört. Keine Ahnung, ob der jemals durch etwas anderes aufgefallen ist als durch dieses entsetzliche Foul. Lienen drückte mit beiden Händen den enormen Schlitz zusammen, wie um zu verhindern, dass das Innere des Beines einfach herausfiel. Etwas Länglich-Weißes schimmerte aus der Wunde. War das etwa der Oberschenkelknochen? Eine Lehrstunde in Anatomie mit Professor Siegmann.
Lienen saß nun auf dem Rasen, hob anklagend beide Arme, sah das aufgeschnittene Bein an, erhob sich wieder, lief blu-

tend über den Platz. Wir waren schockiert, fasziniert, traumatisiert – und blieben bis zum «aktuellen sportstudio» wach, um das Foul noch einmal zu sehen. Es gab damals kein Privatfernsehen, derartige Events waren höchst selten. Wir fanden, die Wunde sah voll geil aus. Richtig zombiemäßig.

Dieses Ereignis ging in die Fußballgeschichte ein. Sonst verbinde ich nichts mit der Stadt Bielefeld. Meine einzige direkte Begegnung mit ihr hatte ich einmal vor Jahren in Berlin. Ich verzehrte damals an einer Imbissbude am Bahnhof Zoo eine erstklassige Currywurst. Neben mir stand ein elegantes Ehepaar und tat dasselbe. Die Dame rief nach dem ersten Bissen dem Imbissbudenmann zu: «Die ist ja ausgezeichnet, Ihre Currywurst. Wo kommt die denn her, diese Wurst?» Der geschmeichelte Imbissbudenmann strich die Hände an seiner Schürze ab und antwortete: «Unsere Wurst kommt aus Bielefeld.» Da ließ die Dame ihre Plastikgabel sinken, verharrte einen Moment still und sagte mit einem noch nie gehörten Ausdruck von Überraschung: «Ich komme auch aus Bielefeld.»

In der Innenstadt wird viel gebaut, es gibt ein Multiplex-Kino und eine befriedigende Lokaldichte. Was macht man nun also am Nachmittag? Man kauft was, zum Beispiel eine Schutzhülle für seinen iPod, der nach zwei Wochen Lesereise bereits aussieht wie das Fenster einer Berliner U-Bahn. In Münster ist er mir am Bahnhof aus der Jackentasche gefallen. Nun hat er eine Delle, funktioniert aber noch einwandfrei.
Also betrete ich einen Laden und nehme die Beratung eines jungen Mannes in einem spackigen T-Shirt in Anspruch, der mir anhand meines Gerätes zeigen will, wie der Plastikschuber funktioniert, den er mir verkaufen möchte. Er quetscht meinen iPod hinein und bekommt dann die Verschlusskappe nicht aufgesetzt. Zu eng, findet er. Dann versucht er, den iPod wieder aus der Hülle zu fummeln, aber das geht nicht. Viel zu

eng, findet er. Er drückt mit drei Fingern gegen die Unterseite des Players. Er drückt mit einem Bleistift. Er läuft rot an. Ich sage, dass ich dem Produkt nicht traue.
«Ich auch nicht», keucht er zurück.
«Machen Sie ihn bitte nicht kaputt», sage ich besorgt. «Sie kriegen 'n neuen», antwortet er mit einem Rest von Jovialität, bevor er sich daranmacht, die Plastikhülle mit einer Büroschere zu zerbrechen.
«Machen Sie sich keine Sorgen», ächzt er.
«Doch», antworte ich.
«Ich nehme die Hülle sofort aus dem Sortiment.»
«Das finde ich tröstlich.»
«Scheißding», brüllt er und ignoriert das klingelnde Telefon. Dann macht es «knack», Kunststoff splittert, er hat sein grauenvolles Werk verrichtet. Mein iPod funktioniert wider Erwarten noch. Ich erwerbe schließlich für 29,90 Euro eine Silikonhülle, die sich leicht über das Gerät ziehen lässt und schnell schmutzig wird.

Die freundliche Dame im Bistro rät mir dringend vom Camembert ab.
«Den würde ich nicht essen», sagt sie.
«Und warum nicht?», frage ich.
«Zu klein und zu teuer. Essen Sie lieber ein Baguette.»
Ich esse also ein Baguette und anschließend noch einen Bienenstich, vor dem sie mich leider nicht gewarnt hat. Kleiner Lacher auf dem Rückweg durch die aufgerissene Fußgängerzone. Man kommt da an der Gaststätte «Klötzer's» vorbei. Und was steht dort auf der Tageskarte? Genau: «Seezungenröllchen Kardinal.» Kling voll krass eklig.

Am nächsten Tag bin ich wieder zu Hause. Auf einer Reise von Bielefeld zu meinem kleinen Wohnort benutzt man fast alle Verkehrsmittel, die es so gibt: Regionalbahn, Bus, Flugzeug,

S-Bahn, Auto. Dauert sechs Stunden. Abends sehe ich mir das «heute journal» mit der sehr angenehmen Marietta Slomka an. Und sie vermag es, dieses verregnete Wochenende zu retten. In ihrer Anmoderation zu einem Beitrag über Gerhard Schröders allmählich schwächelnde Ansprüche an das Kanzleramt vergleicht sie das Taktieren der Parteien mit einer Partie Mikado. Schröder habe nun also im Lauf des Tages sichtbar ein Hölzchen bewegt. Und dann sagt Frau Slomka: «Später schob Müntefering Schröders Stäbchen wieder zurück.» Mann, hat der Schröder es gut. Hat einen, der ihm das Stäbchen zurückschiebt.

Bamberg. Besucher und Krabben aus Fernost
4. Oktober 2005

Zu den schönsten der vielen wunderbaren Eindrücke, die man beim Reisen gewinnt, gehört das Ankommen in einer fremden Sprache. Man überwindet innerhalb kurzer Zeit den eigenen Sprachhorizont, indem man ein Flugzeug besteigt, und am Ziel sprechen alle um einen herum plötzlich Portugiesisch oder Dänisch, als seien sie verzaubert.
Für diesen entzückenden Effekt muss man aber gar nicht unbedingt fliegen. Schon zweihundert Kilometer nördlich von München gestaltet sich die Verständigung ähnlich mühselig wie in Dubai. Man besteigt in München den Zug und verlässt ihn in Bamberg, setzt sich ins Taxi, nennt als Fahrziel den «Bamberger Hof» und stellt überrascht fest, dass die Taxifahrerin in einer gurgelnden Lautsprache antwortet, in der D's und R's wichtige Funktionen übernehmen. Ich höre genau zu, aber das meiste entgeht mir. Ich verstehe immerhin, dass sie mit «Gudd» fahren müsse, weil sie sonst im «Audo» hin und her «schaugld». Das is also Frangn, da reden die alle so. Oder jedenfalls so ähnlich.
Von Bamberg weiß ich auch wieder nur erschütternd wenig. Irgendwie sind alle Eindrücke, die ich bisher von dieser Stadt hatte, von gemütlicher Art. Denn erstens hat hier Günther Strack mal eine Serie gedreht, und zweitens gibt es eine überaus wohlschmeckende Kartoffelsorte, die «Bamberger Hörnchen» heißt. Bei Bamberg denke ich an Frankenwein in Bocksbeuteln und Rokoko und Übergewicht.

Bamberg ist klein, ich habe es mir jedenfalls größer vorgestellt. Aber Münster und Lübeck habe ich mir kleiner vorgestellt, und so ist alles wieder im Lot. Jedenfalls hat Bamberg bloß um die 70 000 Einwohner und fast ebenso viele Kirchen. Ich rate zu einem Besuch der Oberen Pfarre, die viel barocker und hübscher ist als der Dom, auch wenn es dort Häupter von Heiligen und den berühmten Reiter zu sehen gibt, von dem man angeblich nicht weiß, wen er darstellen soll. Als Protestant kann man beim Besuch einer katholischen Kirche schon neidisch werden. Es gibt unglaublich viel zu sehen, und man wird hervorragend von langweiligen Gottesdiensten abgelenkt, indem man sich von Pfeilen durchbohrte Heilige und Bilder von der wundersamen Brotvermehrung ansieht. Die meisten protestantischen Kirchen bieten kaum geistige Fluchtwege. Man könnte auch sagen: Bei den Evangelischen gibt es Wahrheiten, bei den Katholischen Leidenschaft. Die Entscheidung für das eine oder andere ist am Ende wohl Geschmackssache.

Bamberg ist natürlich auch wieder zum Sterben schön, es teilt sich in drei wesentliche Stadtteile, und wer über die Obere Brücke durch das auf Wasser gebaute Rathaus wandert, gelangt von der bürgerlichen in die kirchliche Stadt. Alles in diesem Weltkulturerbe ist so niedlich und schützenswert – und zwar mitsamt seinem Dialekt und den Studentinnen –, dass man die vielen Japaner für jedes Foto umarmen möchte, das sie davon machen. Es ist ein Glück, dass hier überall Gäste aus Fernost herumrennen und begeistert auf den Rettich in der Auslage des Gemüsefachhandels zeigen, denn ohne Touristen hätten die Geschäfte im Inneren von Bamberg wahrscheinlich ein Problem. Das Weltkulturerbe und der Denkmalschutz sind nämlich gleichzeitig Segen und Fluch für die Bamberger. Die können in der ganzen Innenstadt wenig verändern, kaum etwas Neues entsteht. Und wenn, dann nur unter erheblichen Auflagen. Das hat den Stadtkern zwar von den vielen blöden Ladenketten freigehalten, aber das ist ein Pyrrhussieg, denn etwas außerhalb der Stadt hat sich dafür das drittgrößte Gewerbegebiet Deutschlands ausgebreitet. Da sind sie alle, die Ketten und die Bamberger, die zum Einkaufen eher selten in ihre schönen Innenstadtgeschäfte gehen. Wie man's macht, macht man's verkehrt.

Ich kann nicht immer bloß in Kirchen gehen, ich muss auch mal ins Museum. Ich lande auf meinem Spaziergang im Naturkundemuseum, das ich dringend empfehle, und zwar unter anderem, weil dort keine Touristen sind, die begeistert irgendwo draufzeigen. Das einzige Geschöpf eindeutig japanischer Herkunft in diesem Museum ist eine Riesenkrabbe, die mir fürchterliche Angst einjagt. Die japanische Riesenkrabbe hat knapp sechzig Zentimeter lange Beine und einen fast runden Körper. Sie sieht aus wie das Alien, das im ersten Teil der Science-Fiction-Filmreihe auf dem Gesicht des Astronauten sitzt. Bloß viel, viel größer. Zum Glück lebt sie in dreihundert Meter Meerestiefe und in einer Weltgegend, in der ich mich schon ihretwegen nicht so schnell blicken lassen werde.

Die eigentliche Weltklasse-Attraktion des Bamberger Naturkundemuseums sind nicht Krabben, Wachsbirnen und Insekten, sondern es ist ein klassizistischer Saal voller ausgestopfter Vögel. Dort gibt es nahezu alle Vögel der Welt, jedenfalls hat man den Eindruck. Es ist ein gefiedertes Gewimmel sonderbarer Art, denn die Vögel stehen zu Tausenden in allen Größen dicht an dicht in Vitrinen und auf Schränken, die Präsentation lässt eher an ein Archiv denken als an ein Museum, eher an Forschung als an Ausstellung, und tatsächlich war das mal ein Lehrsaal.

Auch ein Vogel Strauß findet sich hier: Himmel, sind diese Dinger groß! Und mehrere Nimmersatte. Der Nimmersatt ist eine Storchenart, und es gibt ihn in Amerika und Afrika. Ich bin nicht sicher, ob ich schon einmal einen schöneren Ausstellungsraum gesehen habe.

Nach der Lesung gehe ich mit dem Buchhändler etwas essen. Nur eine regionale Kleinigkeit, dazu gibt es echtes Bamberger Rauchbier, was selbst für einen erfahrenen Biertrinker wie mich eine sehr spezielle Erfahrung darstellt. Ich kann nicht sagen, dass das Zeug nicht schmeckt. Nur: Wonach schmeckt es eigentlich? Es kommt mir vor, als habe ein Schwarzwälder Schinken seinen Aggregatzustand geändert und würde nicht mehr gegessen, sondern getrunken. Das zweite Glas geht schon viel besser.

Erfurt. Die Menschwerdung der Pilze
5. Oktober 2005

Ist Ihnen auch schon einmal aufgefallen, dass Pilzsucher über Pilze sprechen, als seien sie gute Freunde oder wenigstens rechtschaffene Mitmenschen? Ich habe mir in Bamberg ein Buch gekauft, um diese These zu überprüfen. Sie stimmt. Über den sparrigen Schüppling heißt es beispielsweise, er sei ungenießbar. Dasselbe gilt für meinen Freund Markus auch hin und wieder. Der Rettich-Helmling hingegen ist «einzeln bis gesellig», genau wie ich. Andere Pilze sind «warzig gegürtelt», was ich im Zivildienst auch bei älteren Mitbürgern festgestellt habe oder auch, wie der Mehl-Räsling, «oft exzentrisch stehend».

Noch bezaubernder als die Beschreibungen der Eigenschaften der Pilze sind eigentlich nur noch ihre Namen. Die deutsche Sprache hat meiner Meinung nach nur wenig Poetischeres hervorgebracht als den «blaugestiefelten Schleimfuß» (essbar), den «milden Milchling» (auch essbar), den «spitzbuckligen Schirmling» (angeblich lecker), den «ansehnlichen Scheidling» (schmackofatz!), den «grünblättrigen Schwefelkopf» (Finger weg!) und den «Buchen-Spei-Täubling» (Gefahr).

Ein ansehnlicher Scheidling in Bahnuniform informiert mich freudestrahlend, dass wir den Anschluss nach Erfurt noch erreichen, da der ICE PLANMÄSSIG in Saalfeld zu halten gedenkt. Das ist doch toll. Früher wurde man informiert, wenn der Zug nicht pünktlich war.

Erfurt bekommt einen neuen, superschicken Bahnhof, weshalb überall Umleitungen eingerichtet und Bretterwände aufgestellt wurden. Die labyrinthische Baustelle ist das reinste

Stolperfeld und war im vergangenen Jahr bei meinem letzten Besuch auch schon da. Allein durch die Dauer der Renovierung lastet ein gewisser Erwartungsdruck auf der Bahn. Das muss nun schon etwas ganz Tolles werden.

Heute also zum zweiten Mal «Buchhandlung Peterknecht», ein Traditionshaus, das es schon vor dem Sozialismus gab und erfreulicherweise auch danach noch gibt. Vor meinem ersten Besuch im vergangenen Jahr hatte ich Wessi-Ängste. Ich befürchtete, dass auf dem wahrscheinlich unbeleuchteten Bahnhofsplatz kahlköpfige Thüringer Jagd auf äthiopische Dönerverkäufer machen würden. Ich nahm an, dass es in der ganzen Stadt nur eingeschmissene Fenster gäbe und zur Lesung nur übelgelaunte, weil vom Westen benachteiligte Erfurter kämen, die mich mit revanchistischer Genugtuung nach meiner Darbietung steinigen würden. Ich gebe zu: Ich hatte keine Ahnung vom Osten, und meine Vorbildung bestand im Wesentlichen aus dem Konsum von SPIEGEL-TV. Es ist ein Jammer mit uns Deutschen.

Schon vor einem Jahr musste ich feststellen, was auch heute noch gilt: Erfurt ist ein Vergnügen, denn die Stadt wurde zumindest im Touristen sich anpreisenden Kern sehr liebevoll restauriert und wird von auffallend hübschen und freundlichen Verkäuferinnen bevölkert. Enorm der Dom, der, als sei er nicht schon imposant genug, auch noch auf einem Hügel steht, den man gebührend eingeschüchtert über eine riesige Treppe erklimmt.

Oben angekommen, staunt man über das Chorgestühl aus Eichenholz und eine traurig aussehende Figur, die den Diakon Laurentius zeigt. Dieser wurde 258 in Rom getötet, weil er es gewagt hatte, den Kirchenschatz der christlichen Gemeinde von Rom an die Armen zu verteilen. Zur Strafe briet er bei lebendigem Leibe auf einem Rost. Das ist auch der Grund dafür, dass er hier im Mariendom mit einer Art Grillrost in der Hand dargestellt wird. Und das finde ich schon sehr hübsch. Mitten in Thüringen einen Heiligen zu verehren, der auf dem Rost starb. Vielleicht ist er der Schutzheilige der Thüringer Rostbratwürste?

Direkt neben dem Dom befindet sich die kaum weniger imposante Severikirche, die den Verdacht nahelegt, hier hätten zwei Kirchenbauteams um die Wette gebaut. Die Mannschaft Mariendom hat gewonnen, dafür haben sie in der Severikirche einen fünfzehn Meter hohen Taufstein aufgestellt. Gegenüber ragt der Petersberg mit seiner Zitadelle auf. Man hat viel zu erklettern in Erfurt.

Wanderung zurück über den Fischmarkt mit seinem neugotischen Rathaus, an dem sich die Münchner ein Beispiel hätten nehmen können, wenn sie nicht so grauenhaft von ihrer Zuckerbäckerarchitektur überzeugt wären.

Lesung in der alteingesessenen Buchhandlung voller topgelaunter Erfurter. Ich schäme mich für meine West-Borniertheit, die nur durch eine möglichst gute Lesung auszuwetzen ist.

Am nächsten Morgen zum Zug, Richtung Erlangen geht es heute. Und da entdecke ich doch tatsächlich ein Schild im Bretterbudenlabyrinth der Erfurter Bahnhofsbaustelle, das richtig Bock macht. Also, Leute, ich wollte ja keine Ossi- und Wessiwitze machen, aber dieses Schild ist echt ein Elfmeter. Da steht tatsächlich – fünfzehn Jahre nach der Wende – an einer Holzwand: «Achtung! Geänderte Personenführung!»

Erlangen. Was wollen diese Männer von uns?

6. Oktober 2005

Der Ort Saalfeld in Thüringen bezieht seine Existenzberechtigung daraus, dass dort ein ICE-Bahnhof steht. Jedenfalls scheint es so, denn außer dem Bahnhof und einem Taxistand gibt es hier auf Anhieb nichts zu sehen. In Saalfeld steigen die Reisenden aus, die anschließend weiter nach Erfurt oder Weimar oder Ilmenau wollen. Hier wartet menschliches Treibgut auf Regionalzüge. Ich warte ebenfalls, bin aus Erfurt abgefahren und mit Verspätung in Saalfeld gelandet, wo ich in den ICE umsteigen wollte. Natürlich war der schon weg, denn der wartet nicht auf Regionalnachzügler, die bei Arnstadt ohne erkennbaren Grund eine Viertelstunde lang herumgestanden haben. Der nächste Zug geht erst in zwei Stunden, und solange kann ich mir die Zeit auf dem Bahnhof von Saalfeld vertreiben, der ungefähr denselben Freizeitwert hat wie das Kurzwellenzentrum von Jülich.

Ich frage einen Bahnpolizisten, wo man sich denn nett hinsetzen könne, und er deutet auf eine Bahnhofskneipe, aus der heiseres Gelächter und Hundegebell dringt, und sagt: «Da jäd'nfalls nich. Gann ich Ihn'n nich empfehl'n.» Ich frage ihn, was er denn empfehlen könne, und er deutet den Gang hinunter. «Da gib's Döner un daneb'n die Bäggerei, da gann man güt sitz'n.» Die Bäckerei trägt den geradezu zynischen Namen «Wiener Feinbäckerei». In Wahrheit handelt es sich um einen Stehausschank mit Blechkuchen und sogenannten «ofenfrischen» Backwaren, was nicht gelogen ist, aber nichts mit dem zu tun hat, was man sich darunter vorstellt. Denn in Wirklichkeit bedeutet «ofenfrisch» nichts anderes, als dass Fertigprodukte von angelernten Vierhundert-Euro-Jobbern

in einen Backautomaten geschoben werden. Die Dame hinter dem Tresen ist auch keine Wienerin, aber immerhin gewährt sie mir für den Kauf eines Zwetschgenkuchens und eines Cappuccinos Asyl auf einem Barhocker. Man kann hier übrigens wählen zwischen Kaffee in einer «Tasse» und Kaffee in einem «Pott», womit vermutlich ein Becher gemeint ist. Kaffee aus einem Pott trinken. Das klingt nach Kettensäge und kaltem Männerschweiß.
Nach zwei Stunden verlasse ich diesen gastlichen Ort. Ich werde bestimmt wieder mal herkommen, spätestens, wenn ich nochmal nach Erfurt oder Weimar oder Ilmenau will. Man hört, dass immer einer von beiden unpünktlich ist. Entweder der ICE oder der Regionalzug.

Als der Zug in Erlangen hält, bin ich natürlich spät dran. Ich checke in ein Hotel ein, das haargenau so aussieht, als müsste dort Inspektor Derrick an der Bar sitzen. Er bestellt sich einen Tee und sagt zu Harry: «Harry, ich werde jetzt Frau Baumeister ein wenig auf den Zahn fühlen.» Schnitt. Derrick steht vor einem Hotelzimmer und klopft. Die Tür öffnet sich, und Evelyn Opela wird sichtbar. Sie sagt nicht etwa «Guten Tag» oder «Hallo», sondern ohne Grußformel «Ja?». Harry guckt hinter Derrick hervor und sagt: «Wir sind von der Polizei.» Evelyn Opela setzt einen zwischen überrascht und angewidert changierenden Gesichtsausdruck auf und fragt: «Was wollen Sie?» Derrick sagt: «Frau Baumeister, ist Ihr Sohn bei Ihnen?» Darauf dreht sich Evelyn Opela und sagt: «Ulf, da ist die Polizei.» Ulf, gespielt von Ekkehard Belle, taucht hinter Evelyn Opela auf und sieht Derrick verwirrt an. Evelyn Opela sagt: «Ulf, was will die Polizei von uns?» Pause. Dann: «Sag, was will die Polizei von uns. Ist es wegen Katrin?» Derrick sagt: «Herr Baumeister weiß, warum wir hier sind.» Und dann, strenger: «Nicht wahr? Sie wissen, warum wir hier sind! Sie wissen es doch, nicht wahr? Herr Baumeister! Sie wissen es!» Und Evelyn Opela, klagend: «Ulf, sag es.

Sag es mir, warum sind diese Männer hier?» Und so weiter, und so weiter. In ein amerikanisches Erzähltempo übersetzt würde eine Derrick-Folge 2:52 Minuten dauern.

Erlangen ist nicht groß und sehr kompakt. Charakteristisch sind die außergewöhnlich niedlichen Häuser. Die meisten kommen nicht über drei Stockwerke hinaus. Ich gehe durch die recht kleine Fußgängerzone zur Buchhandlung, wo viele Menschen vor der noch verschlossenen Tür stehen. Einlass in 15 Minuten. Es ist ein warmer Tag, vielleicht einer der letzten des Jahres. Ich stelle mich zwischen die Leute und höre zu, was sie so sagen. Vereinzelt ist auch von mir die Rede. Hochinteressant.
Ich lese. Die Erlangerinnen und Erlanger sind sehr amüsierwillig. Das freut einen natürlich.

Später im Hotel Derrick stelle ich fest, dass hier die Etagen nicht Etage oder Stockwerk heißen, sondern Flur. Ich schlafe auf dem zweiten Flur. Mir ist schlecht, seit ich in den ICE gestiegen bin. Das war der Cappuccino in Saalfelds Wiener Feinbäckerei. Ein Cappuccino, für den Derrick die Handschellen klicken lassen würde. Und die Bäckereikollegin würde von hinten leise sagen: «Michaela, was sind das für Männer? Was wollen diese Männer von dir?»

Freising. Lecker Eis und zuer Dom
7. Oktober 2005

Ich habe zwischendurch erwogen, diese Lesereise umzubenennen in «Domtour 2005». Fast überall, wo ich hinkomme, gibt es Dome. Döme. Domi. Weil Deutschland ja dann doch für einen weitgehend Säkularisierten wie mich eine irritierend große Anzahl von Bistümern hat. Gestern war Erlangen einmal eine Ausnahme. Aber Freising hat natürlich einen Dom, einen sehr berühmten sogar, denn der Innenraum wurde von den berühmten Gebrüdern Cosmas Damian und Ägid Quirin Asam mit Fresken und Stuck auf ähnliche Weise verziert wie die beiden Brüder von ihren Eltern mit Vornamen. Das kann man sich doch mal ansehen. Ich klettere auf den Berg, wo der strahlend weiße Dom steht – und er ist geschlossen. Wird renoviert. Bis nächstes Jahr im Herbst. Na so was. Gehe ich halt Eis essen. Sie haben sehr gutes Schokoladeneis in Freising.

Freising ist Musterbayern. Es gibt hier mit Weihenstephan die älteste Brauerei der Welt sowie eine Außenstelle der Technischen Universität München, womit die Freisinger schon auf ihrem Ortsschild prahlen. Man kann hier Brauereitechnologie studieren. Ich kenne jemanden, der das getan hat. Er hat mir erzählt, dass Brauereierben und -angestellte aus der ganzen Welt hierherkommen, um zu lernen, wie man Bier macht. Insofern ist Freising eine Art Mekka, nicht nur für Katholiken, die vor der verschlossenen Domtür stehen.
Freising ist eine reiche Stadt. Sie präsentiert sich ganz gehörig herausgeputzt. Arbeitslose gibt's hier kaum, nur knapp drei Prozent, die entweder ehrlich unvermittelbar sind oder asozial. Aber das ist okay so, total in Ordnung, eine Quote, die sich eine Gesellschaft mühelos leisten kann. Der Kanzlerkandidat

Edmund Stoiber hat damals im Wahlkampf 2002 mit Freising angegeben wie eine Tüte Mücken. Im TV-Duell mit Kanzler Schröder präsentierte er Zahlen und Fakten und wies darauf hin, dass Freising, das bayerische Freising, ja: Freising in Bayern, das demnach unter seiner, Stoibers, Regentschaft stehende Freising praktisch ein Paradies der Vollbeschäftigung sei. Schröder wischte die Begeisterung des bayerischen Ministerpräsidenten über Freising, die in Wahrheit eine Begeisterung über sich selber war, mit der lapidaren Entgegnung fort, man wolle heute doch nicht über Freising reden. Er hätte auch sagen können: «Jungchen, Freising ist nicht Deutschland. Und du bist auch nicht Deutschland.» Wenigstens mit der Hälfte dieses Satzes hätte er recht gehabt, denn natürlich lässt sich Freising nur sehr schlecht mit – sagen wir mal – Unna vergleichen. Freising profitiert nämlich enorm von seiner Nähe zum Franz-Josef-Strauß-Flughafen. Das ist der größte Arbeitgeber in der Gegend, und er wird immer größer. Es besteht aber momentan nicht die Gefahr, dass die Stadt Freising eines Tages einer neuen Start- und Landebahn weichen muss.

Nach der Lesung fahre ich nach Hause, es sind nur ungefähr achtzig Kilometer. Ich werfe meine Sachen in die Wäsche und gehe ins Bett. Der Traum, den ich in dieser Nacht träume, ist so merkwürdig, dass ich ihn lange nicht vergesse.
Ich muss in einem riesigen Hörsaal lesen. Vorher werden Eröffnungsreden gehalten. Otto Schily spricht. Dann trete ich ans Rednerpult und stelle fest, dass ich kein Manuskript dabeihabe. In der ersten Reihe sitzt eine italienische Großfamilie und unterhält sich laut. In meiner Tasche entdecke ich mehrere Kilo in Klarsichtbeutel eingeschweißten gemahlenen Kaffees. Ich schütte das Pulver in eine herkömmliche blaue Kaffeemaschine, die auf dem Rednerpult steht, und sehe zu, wie dort, wo eigentlich der Kaffee herausblubbern sollte, mein Manuskript heraustropft. Ich halte ein leeres Blatt unter die Maschine und

lese meinen Text quasi brühwarm vor. Da ich nach jeder Seite den Kaffeefilter wechseln und Kaffee nachschütten muss, ergeben sich zwangsläufig Pausen, die vom Publikum nur mit Murren ertragen werden. Nach der dritten Seite breche ich ab und wache vor lauter Unmut auf.

Pforzheim. Stadt ohne Fachwerk
10. Oktober 2005

Montag. Weiter geht's. Ich bin nun ein Profi-Reisender. Ich weiß, wo man sich im ICE hinsetzt. Ich kenne die Speisekarte, ich wundere mich nicht mehr über Intercity-Bahnhöfe wie Plochingen, wo zwar jeder Zug hält, aber niemand zu wohnen scheint. Ich bin ein lebendes Gepäckstück, das am Abend zum Leben erweckt wird, zwei Stunden spricht und sich anderntags selbsttätig zum Bahnhof bringt.

Die neue Woche beginnt in der Uhren- und Schmuckstadt Pforzheim. Das liegt am nördlichen Rand des Schwarzwaldes, fast genau in der Mitte zwischen Karlsruhe und Stuttgart. Hat über 100 000 Einwohner und ist nicht nur bekannt für seine Schmuck- und Versandhausindustrie, sondern auch für ein total uneinheitliches Stadtbild. Das kommt daher, dass Pforzheim rekordverdächtig zerbombt und anschließend recht planlos wieder aufgebaut wurde. Dabei haben sie naturgemäß nicht alles richtig gemacht, es wurde sogar sehr viel Unsinn getrieben, aber anders als in Krefeld oder Kassel. Pforzheim besitzt nämlich tatsächlich gerade dadurch einen eigentümlichen Reiz.
Schon beim Hindurchfahren erkennt man, dass hier jeder Baustil der vergangenen fünfzig Jahre exzessiv erprobt wurde. Im Guten wie im Schlechten. Pforzheim ist auf diese Weise ein Panoptikum bundesrepublikanischer Modernität. Und die sieht ja nicht nur schrecklich aus. Wem also die Fachwerkfolklore von Bamberg und der niedliche Restaurationseifer von Erfurt zu viel sind, der sollte einfach mal nach Pforzheim fahren. Die Ankunft dort beschert einem den Anblick des Nick-Knatterton-Gedächtnis-Bahnhofes. Ein wunderschönes Stück Fünfziger-

Jahre-Architektur, das gewiss unter Denkmalschutz steht (oder bald stehen wird. Ich habe nicht gefragt, zu wenig Zeit, Sie verstehen).

Der Buchhändler, ein freundlicher Mann, der bald in den Ruhestand gehen möchte, erzählt mir ein wenig von Pforzheim. Es habe damals, Anfang 1945, bloß zwanzig Minuten gedauert, bis die Engländer die Stadt zu achtundneunzig Prozent zerstört hatten. Es war in Deutschland der Luftangriff mit den drittmeisten Toten. Nur in Hamburg und Dresden seien mehr Menschen auf einmal umgekommen. Die Uhrenindustrie habe man wohl als kriegswichtig angesehen, sagt er. Tja. Und dass die Altstadt wohl sehr schön gewesen sein muss – und ausgezeichnet gebrannt habe.

Freiburg. Bob Dylan sucht in seiner Jacke nach einem Markstück fürs Münster
11. Oktober 2005

Das Kontrastprogramm zu Pforzheim ist Freiburg. So was von schön. Überall zufriedene Menschen, die nur Biogemüse kaufen. Studenten, die in der Sonne sitzen, topgelaunte Penner und überall verwinkelte Fachwerkhäuser und Teeläden. Doll. Fast schon zu doll, fast schon ein ganz kleines bisschen nervig doll. Wahrscheinlich war Freiburg mal eine ganz normale Stadt, aber dann kam der Dufte-Faktor SC Freiburg und das schöne Wetter, und die haben eine Oase des Wohlfühlens, des Freigeistertums und der mit bunten Kreiden gemalten Mittagsmenüschilder daraus gemacht. Ich nenne das die vollkommene Volkerfinkisierung einer Stadt. Immer noch besser als die totale Ottfriedfischerisierung von Bad Tölz. Das auf jeden Fall.
Allerdings wird Freiburg seinem Image volle Pulle gerecht. Ökohauptstadt. Die meisten Sonnentage. Hohe Kneipendichte. Studentinnen, die sich bei warmem Wetter sofort ausziehen. Studenten lieben originelle Speisekarten. Im «Café Legères» gibt es unter anderem das Frühstück «Legères» zu 1,59 Euro. Es besteht aus einem Kaffee und einer Zigarette. Hihi. Existenzialisten-Frühstück. Außerdem wird dort Ravioli mit Steinpilzen angeboten. Ein Gericht, von dem ich auch Stunden später noch etwas habe. Studentenkneipen sind einfach keine Orte kulinarischer Entdeckungen. Hätte ich auch vorher wissen können.

Im Rahmen meiner «Domtour 2005» besuche ich natürlich auch das Freiburger Münster, das, wie der Name schon sagt, zwar kein Dom ist, aber beinahe dasselbe. Der Unterschied

ist: Ein Dom ist die Kirche eines Bischofssitzes. Es gibt einige wenige, für die dies nicht gilt, zum Beispiel der Petersdom in Rom. Ein Münster hingegen ist in der Regel Teil eines Klosters, daher der Name, der sich vom lateinischen Wort «Monasterium» (Kloster) ableitet. Im Laufe der Zeit ist diese Bedeutung aber etwas verwischt, und es gibt in Konstanz und Essen auch Bischofskirchen und vielerorts Stadtpfarrkirchen, die Münster genannt werden.
Auf jeden Fall ist das Freiburger Münster die einzige Großkirche, die ich kenne, die in luftiger Höhe von Blumenkästen mit Geranien verziert wird. Typisch Schwarzwald. Das Münster ist ein ziemlich düsteres Ungeheuer, aber gerade dadurch auch wieder sehr geheimnisvoll. Sehr gotisch und auch romanisch und alemannisch. Von außen sieht es aus, als habe Tomi Ungerer es für ein ganz unheimliches Kinderbuch entworfen. Innen ist die Zeit offensichtlich stehengeblieben: Im Freiburger Münster kostet ein Opferlicht «1 DM». Komisch, es brennen sehr viele Kerzen. Wo die Leute bloß alle die Markstücke herhaben? Und wenn sie keine Markstücke haben, was sie dann wohl in den Kasten werfen? Einen Euro oder fünfzig Cent?

Auf dem Weg zu meiner Lesung komme ich an einem Veranstaltungsplakat vorbei. Darauf ist Bob Dylan abgebildet. Respekt, denke ich. Dylan in Freiburg. Sehr glamourös. Als ich genauer hinsehe, entdecke ich, dass keineswegs Bob Dylan nach Freiburg kommt, sondern Wolfgang Niedecken. «Wolfgang Niedecken singt und liest Texte von Bob Dylan.» Och nö. Hübscher wäre, wenn auf dem Plakat Wolfgang Niedecken abgebildet wäre und darunter stünde: «Bob Dylan singt und liest Texte von Wolfgang Niedecken.» Dylan mit einem Blatt Papier vor der Nase, von dem er in seiner Nörgelstimme abliest: «Vädamp lang häa, vädamp lang.»

Und was nehme ich aus Freiburg mit, neben dem Gefühl der Behaglichkeit, die diese Stadt sofort und auf fast penetrante Weise erzeugt? Auf jeden Fall eine Info, mit der ich bei «Wer wird Millionär?» punkten könnte. Ich weiß nämlich jetzt, wie das Mädchen auf den Pilsflaschen der Marke «Tannenzäpfle» heißt. Es ist ein hübsches blondes Schwarzwaldmädel mit Kopftuch, roten Wangen und einem noch röteren geschnürten Kleid. Sie hält in jeder Hand ein Bier, allerdings nicht in Pils-, sondern in Exportgläsern.

Tannenzäpfle ist ein super angesagtes Bier aus dem Schwarzwald, das jetzt alle Menschen in Berlin-Kreuzberg und im Münchner Glockenbachviertel trinken. In Köln soll es sogar das meistverkaufte Pils sein. Es schmeckt aber trotzdem erstklassig. Und das Mädel auf dem Etikett hat also einen Namen. Es heißt Birgit.

Karlsruhe. Elefanten, Flusspferde und Marmorsaft
12. Oktober 2005

Im Bordrestaurant des ICE von Freiburg nach Karlsruhe wird laut Durchsage einer sehr dialektgeprägten Dame «ein frisches Blockhaussteg» angeboten. Aha. Außerdem teilt sie unter statischem Knacksen mit, dass sie uns Reisende «im Bordbistro gerne erwarten». Lieber wäre mir, wenn man uns dort gern bedienen würde, aber man kann nicht alles haben.

Karlsruhe ist schon von seinem Grundriss her sehr aufgeräumt. Die Stadt wurde vom Markgraf Karl Wilhelm von Baden-Durlach zu Beginn des achtzehnten Jahrhunderts gegründet und angeblich auch nach ihm benannt. Karl Wilhelm soll bei einem Jagdausritt im Hardtwald ein Nickerchen gehalten und dabei von einem schicken Schloss geträumt haben. Diese Residenz malte er sich als Sonne inmitten einer Stadt aus, mit Straßen als Sonnenstrahlen. Kaum aufgewacht, ließ Karl dieses Karlsruhe entwerfen. Sowohl das Schloss als auch die Sonnenstrahlen sind auf der Straßenkarte leicht zu finden.
Womöglich hat diese geographische Ordentlichkeit dazu geführt, dass in Karlsruhe der Bundesgerichtshof und das Bundesverfassungsgericht tagen. Die müssen ziemlich viel zu tun haben, denn in unserem kleinen, aber klagefreudigen Land erklingt täglich der Ausruf: «Dafür gehe ich bis nach Karlsruhe.» Ein ebenso lächerlicher Satz lautet: «Wir sehen einer gerichtlichen Klärung gelassen entgegen.» Wenn Ihnen ein gegnerischer Anwalt einen Brief schreibt, in dem diese Formulierung vorkommt, dann können Sie sicher sein, dass er gerade von Angst geschüttelt wird.

Das «Schlosshotel» zu Karlsruhe ist für Bahnreisende optimal erreichbar, es liegt nämlich gegenüber dem Bahnhof, und in der Lobby hängen alte Fotos von Bambiverleihungen, die früher mal eine Zeit lang in Karlsruhe stattfanden, nahe dem Offenburger Hauptsitz des Burda-Verlages. Damals sind die Stars im Schlosshotel abgestiegen, und es hat sich erfrischend wenig verändert, seit damals. Der Zoo liegt gleich nebenan und lädt zu einem Rundgang ein.

Bei einem Zoobesuch wachsen uns Kenntnisse über die Fauna unserer Erde zu, ohne die man zwar gut leben könnte, die einen aber dennoch maßlos verblüffen. Der Elefantenrüssel zum Beispiel. Hat nicht zwanzig oder hundert oder gar siebenhundertzweiundneunzig Muskeln, sondern sage und schreibe fünfzigtausend. Elefanten können, wie jeder weiß, mit dem Rüssel allerhand vernünftige und lustige Dinge anstellen und ihn sogar als Schnorchel benutzen. Es passen fünf Liter Wasser hinein, die ein Elefant auf die Zuschauer niederregnen lassen könnte, was er aber aus Lässigkeit nicht macht. Zwei der Karlsruher Elefanten werden im nächsten Jahr fünfzig Jahre alt. Da wird sich die Lokalzeitung bestimmt etwas Hübsches ausdenken.

Ein weiteres Karlsruher Weltwunder ist das Flusspferd. Höhö, ist das dick. Und dann dieser wilhelminische Gesichtsausdruck. Es ernährt sich vegetarisch und muss sehr viel essen, denn es ist sehr groß. Wenn es sich in klarem Wasser unsicher fühlt, tarnt es sich, indem es riesige Haufen macht, die dann das Wasser eintrüben und das Flusspferd darin verschwinden lassen. Man kann bilanzieren, dass das Flusspferd also große Teile seines Lebens selbstverschuldet in der Scheiße sitzt. Es wird den einen oder anderen Karlsruher geben, der nach dem Besuch des Zoos mit der Erkenntnis nach Hause geht, eigentlich nichts anderes als ein Flusspferd zu sein.

Im Karlsruher Zoo werden die Besucher gegängelt. Ich hasse Schilder wie die an der Milchbar, wo am Eisverkauf dieser unverschämte Satz steht, dass man das Wechselgeld gleich nachzuzählen habe, denn «spätere Reklamationen sind zwecklos». Einmal abgesehen davon, dass dies Unsinn ist, denn die spätere Reklamation hat sehr wohl einen Zweck, sie ist bloß wahrscheinlich «erfolglos», kann ich diesen Ton nicht ausstehen. Warum werden eishungrige Zoobesucher wie nörgelige Querulanten behandelt? Man kann doch normal miteinander reden, zumal unter Landsleuten. Und wie oft kommt das überhaupt vor, dass jemand meint, zu wenig Wechselgeld erhalten zu haben? Muss man deshalb unbedingt so entsetzliche Schilder aufhängen? Kauf ich eben kein Eis. Der Zoo ist nicht besonders groß. Hat man schnell durch, diesen Zoo.

Für das Badische Landesmuseum hingegen braucht man Zeit. Hier kann man bestaunen, wie sich das Land Baden im Laufe der Jahrhunderte innerhalb Europas so entwickelt hat. Mit viel Geld und Tausenden von Ausstellungsstücken haben sie hier begehbare Geschichte im Zeitraffer aufgebaut. Mag sein, dass die Ausstellung für Kinder mehr Spannung bereithält als für Erwachsene, aber sie bietet eine eindrucksvolle Inszenierung von Geschichte, ist quasi Guido-Knoppisiert.

Anschließend gehe ich essen und gönne mir ein Tagesgericht sowie die Frage an den Kellner, was denn bitte schön «Marmorsaft» sei. Der steht nämlich auf der Karte, und ich kann mir darunter nichts vorstellen. «Das ist Kirsche und Banane gemischt», antwortet der Mann mit dem Podolski-Haarschnitt. Hmm! Crazy, diese Karlsruher Kneipen-Kids. Aber nicht so crazy wie die Kölner. Dort entdeckte ich einmal ein Getränk mit dem Namen «Spatzenhirn». Das war eine wolkige Mischung aus Bailey's und rotem Genever.

Besonderes Vorkommnis bei der Lesung: Beim Signieren muss ich auffällig oft «Für Katja» schreiben, was entweder bedeutet, dass eine Karlsruher Katja von all ihren Freundinnen dasselbe Geburtstagsgeschenk bekommt oder dass es hier eine sehr hohe Katja-Dichte gibt.

Kirchheim. Bossens Resterampe
14. Oktober 2005

Mein heutiges Hotel befindet sich in Nürtingen, der Heimatstadt von Harald Schmidt. Dies ist dann auch schon die markanteste Nachricht, die sich aus diesem Ort zwanzig Kilometer südöstlich von Stuttgart verbreiten lässt. Die Lesung wird abends in Kirchheim unter Teck stattfinden. Bis dahin habe ich viel Zeit. Was macht man denn den ganzen Tag in Nürtingen? Ist doch klar: nach Metzingen fahren, denn dort gibt es ein Outlet von Boss. Und von Ralph Lauren. Und von Joop, Escada, Bally, Levi's, Nike, Lego. Insgesamt sind es an die sechzig auf 60 000 Quadratmetern, überall in der Stadt.

Menschenmassen rauschen durch, als wäre es ein riesiges Verdauungssystem. Die Straßen sind zu breit für den kleinen Ort, die Ampeln zu groß und die Parkhäuser zu voll. Nummernschilder aus allen möglichen Ländern und Regionen veranschaulichen den Sog, den Schnäppchen heute auf uns Konsumenten ausüben. In den umliegenden Orten geht den Einzelhändlern die Luft aus. Wer hat schon Lust, für ein Hemd den vollen Preis zu zahlen, wenn er's auch «baim Booss hole kann», wie die Schwaben sagen.

Ich brauche eigentlich bloß Unterhosen. Aber als ich das babylonische Boss-Outlet betrete, werde ich gierig. Vielleicht schieße ich einen Pullover. Oder ein paar Schuhe. Hemden brauche ich nicht. Die Pullover der diversen Boss-Marken sehen dann aber meistenteils aus wie Ergebnisse von Gestalttherapien. Mit dieser Meinung stehe ich weitgehend alleine da. Wer hierherfährt, der will kaufen, kaufen, kaufen und findet alles dufte. Familien, deren Kinder offenbar von der Schulpflicht befreit sind, drängeln über die Holztreppen und wühlen und probieren an und schleppen zur Kasse. Und es sind bei weitem nicht

nur schwäbische Familien mit diesem ulkigen schwäbischen Dialekt. Wenn Honigbienen sprechen könnten, würden sie schwäbisch sprechen, ganz sicher.
Die Schuhe von Boss sind hässlich. Die von Bally allerdings leider auch. Schöne Schuhe sind heute sehr selten geworden. Schlichte, einfache Lederschuhe ohne eingebaute Effekte oder Rückstrahler oder mehrfarbige Aufnäher oder Einsätze gibt es praktisch nicht mehr. Von würdevollen Sportschuhen mal ganz zu schweigen. Auch mit dieser Meinung sehe ich mich im Abflussstrudel der Boss-Kundschaft isoliert. Am Ende kaufe ich Unterhosen und einen Anzug, der genau passt. Dann esse ich ein halbes Hähnchen in einem Metzinger Döner-Outlet.

Abends werde ich in dem Nürtinger Hotel vom Buchhändler abgeholt. Auf meinen Hinweis, dass er im Namen seines Geschäftes einen falschen, nämlich den sogenannten sächsischen Genitiv führe und dass ich das für eine Buchhandlung sehr ungewöhnlich fände, kontert er charmant: «Ja, mag sein. Es ist ein falscher Genitiv, aber es ist ein einhundertzwölf Jahre alter falscher Genitiv.» Da kann man wirklich nichts gegen sagen. Der Herr führt das Haus in der dritten Generation, da verbietet sich jede Genitiv-Moserei.

Köln. Nackt im Wind
17. Oktober 2005

Ein Freund von mir besitzt in Köln eine Bar mit einem selbst für Kölner Verhältnisse legendären Ruf. Ich besuche ihn immer, wenn ich in der Stadt bin. Heute hat er schlechte Laune, was ich bei ihm eher nicht kenne. Wenn ein Kölner schlechte Laune hat, ist entweder gerade Aschermittwoch oder in seinem Keller wurde bei Renovierungsarbeiten eine römische Stadtmauer entdeckt, was den Ausbau des Kellers zu einem Club mit Tanzfläche praktisch unmöglich macht. Denkmalschutz und so. Damit hat man in Köln so seine Last. Man muss nicht tief graben, um auf antikes Gemäuer, Wohnhäuser oder wenigstens Kochgeschirr zu stoßen. Kölner sind daran gewöhnt, aber es macht schlechte Laune. Sogar unter dem Dom wurden schon römische Hinterlassenschaften gefunden.

Der Kölner Dom ist ein respekteinflößendes Gebäude. Vor einhundertzwanzig Jahren muss er noch viel gigantischer auf Reisende gewirkt haben, die ihn schon aus zwanzig Kilometer Entfernung sahen und glauben mussten, in Köln wohnen Riesen. Der Dom ist die dritthöchste Kirche der Welt und wird von den Kölnern sehr verehrt, was auch damit zu tun hat, dass die Kölner ungeheuerlich katholisch sind. Sogar die Unterwelt ist fromm, was sich anhand der folgenden Geschichte gut belegen lässt. Als 1975 bei einem spektakulären Einbruch in die Domschatzkammer wertvolle Stücke geraubt wurden, war es nicht etwa die Polizei, die wesentlich zur Aufklärung des Falles beitrug, sondern es waren Kölner Kriminelle, die die Täter an die Justiz auslieferten. Allerdings konnten auch sie nicht verhindern, dass die Diebe die goldene Monstranz von 1657 einschmolzen, um sie besser verkaufen zu können. Heute

ist der Kölner Dom eine der begehrtesten Sehenswürdigkeiten Deutschlands. Jedes Jahr gehen fünf Millionen Menschen hinein, machen «Ohh» und «Ahh» und bewundern das Lichtspiel in den Bungalowfenstern.
Der Dom steht leider auf einem scheußlichen Platz, der Domplatte. Mit der Domplatte verbinde ich traumatische Erinnerungen an «Live Aid», jenes weltumspannende Konzert, das der frühere Boomtown-Rats-Sänger Bob Geldof im Juli 1985 organisiert hatte. Aus allen möglichen Ländern wurden damals Auftritte von Popstars zugeschaltet. Das deutsche Konzert der «Band für Afrika» fand also auf der Domplatte statt. Es war ein erschütternder Moment, als der deutsche Beitrag im Fernsehen lief. Klaus Lage, Hans Hartz, Wolfgang Niedecken, Ina Deter, Herbert Grönemeyer, Nena und viele weitere Vertreter bundesrepublikanischer Popkultur sangen: «Nackt im Wind, der brüllt und wütet.» Ein englischer Freund von mir schlug damals vor, doch lieber für Deutschland zu spenden, denn dieses Land sei offenbar in einem weit schlimmeren Zustand als ganz Afrika.

Abends im Hotel stecke ich das Ladekabel meines Mobiltelefons in eine Steckdose. Daraufhin bollert jemand von der anderen Seite wie bescheuert gegen die Wand. Ich halte einen Moment inne. Kann es wirklich sein, dass das Einstecken eines Steckers solchen Radau verursacht? Ich ziehe den Stecker zu Testzwecken wieder raus. «Bummbummbumm.» Ich lege mich ins Bett und warte in einer Art Angststarre auf den Schlaf. Am nächsten Morgen erwache ich in derselben Position. Hoffentlich habe ich nicht geschnarcht.

Bergisch Gladbach. Klumstadt
18. Oktober 2005

Ich würde gerne im Bett bleiben. Aber nicht in diesem. Das ist das Dilemma. Heute habe ich wenig Zeit. Und Lust habe ich auch keine. Auf nichts. Aber für neun Uhr morgens ist ein Treffen mit einem Filmteam vereinbart. Die wollen mit mir einen sogenannten Einspieler drehen, also einen etwa zweiminütigen Film.
So ein Filmteam besteht normalerweise aus drei bis vier Personen, heute sind es drei: die Autorin des Films, der Kameramann und der Tonmann. Die vierte Person, die manchmal noch dabei ist, ist ein subalterner Packesel, in der Branche heißt das «Praktikant». Das Team ist sehr angenehm, weil es sich um freundliche Menschen handelt, die ihren Job können und nicht sprechen wie die Orks in «Herr der Ringe». Habe ich auch schon mal erlebt.
Ich hatte gestern Abend zu viele kühle Erfrischungen. Wenn der Schädel dröhnt und der Magen übersäuert ist, trinke ich ganz viel Wasser und vor allen Dingen: auf keinen Fall Espresso. Das Team plant für den Zweiminüter etwa sechzig Einstellungen und eine Drehzeit von fünf Stunden. Aha. Nun gut. Und was soll ich da machen? Sehen wir gleich. Na gut.
Die erste Station ist ein italienisches Feinkostgeschäft, in dem ich bitte ein paar Panini kaufe und Salami. Der Kölner sagt übrigens nicht Italiener, sondern Italljäner. Und ölf statt elf. Eine italienische Fußballmannschaft besteht demnach aus «ölf Italljänern». Ich simuliere Salamikaufen. Dann bitte an ein Stehtischchen stellen und einen Espresso trinken. Hm. Okay. Ich trinke also meinen ersten Espresso.
Nachdem wir einige weitere Einstellungen mit dem Ladenbesitzer und mir gedreht haben, muss noch einmal das Kaffee-

trinken gefilmt werden. «Können wir nochmal Kaffee haben?», ruft der Kameramann, und es kommt ein weiterer Espresso, den ich in professioneller Darstellerroutine trinke, obwohl ich spüre, dass das keine gute Idee ist.

Dann fahren wir weiter, in eine italienische Bar, wo ich mich bitte an den Tresen stelle und einen Espresso bestelle. Anschließend soll ich an einem kleinen Tisch sitzen und so tun, als tippte ich Reiseerinnerungen in mein Laptop. Ich möchte dabei bitte eine rauchen und noch so einen Espresso trinken.

Dem Drehplan folgend gehen wir danach rüber in ein sehr schönes altes italienisches Restaurant, wo seit sechsunddreißig Jahren eine gewisse Rosa kocht. Dort wird gefilmt, wie ich zu Mittag esse. Da ist es so ungefähr elf. Das wird jetzt echt Method Acting, denn für Nudeln und Rotwein ist es nach meiner inneren Uhr viel zu früh. Dennoch esse ich einen Teller vorzügliche getrüffelte Ravioli und trinke ein großes Glas Rotwein dazu. Und einen Espresso. Dann ist mir schlecht.

Die nächste Station ist eine Ausstellung zur Problematik der Migration in Deutschland. Im Kölnischen Kunstverein drehen wir ein weiteres Dutzend Einstellungen. Um vierzehn Uhr ist der Dreh beendet, und mir ist wirklich wahnsinnig übel. Der Espresso, der Wein, der Kater. Ich bitte die Dame im Hotel darum, noch einmal auf das bereits ausgecheckte Zimmer zu dürfen, und lege mich zwei Stunden hin. Dann fahre ich in das kaum zwanzig Kilometer entfernte Bergisch Gladbach.

Es ist bei Todesstrafe verboten, diesen Ort mit Bindestrich zu schreiben. Von Bergisch Gladbach sehe ich nicht viel. Daher muss auch der Besuch im Dom ausfallen, so er denn einen hat.

Bergisch Gladbach ist eine junge Stadt. Sie existiert dank der Eingemeindung einiger umliegender Ortschaften in ihrer heutigen Form erst seit dreißig Jahren, und daher gibt es auch

nicht wirklich viel von hier zu berichten. Allerdings muss man darauf hinweisen, dass die alte Stadt Bergisch Gladbach einmal einen Ehrenbürger namens Adolf Hitler hatte. Und dass diese Ehrenbürgerschaft selbstverständlich sofort nach dem Ende der Naziherrschaft widerrufen wurde, oder jedenfalls beinahe sofort, um genau zu sein: 1988.
Der berühmteste Einwohner von Bergisch Gladbach ist Günther Klum, der Vater von Heidi Klum, über den ich einmal den schönen Satz gelesen habe, er sei so etwas wie eine bärtige Eislaufmami. Angeblich, so wird mir hier erzählt, bezahlt er seine Strafzettel nicht, weil er der Papa der berühmtesten Bergisch Gladbacherin aller Zeiten ist.

Am nächsten Morgen werde ich zum ICE-Bahnhof nach Siegburg gefahren. Die Gegend ist schön und spießig, was ja überhaupt kein Widerspruch ist. Auf dem Weg kommen wir durch einen Ort, der tatsächlich «Schreck» heißt. Unweit von Schreck passieren wir ein an der Bundesstraße gelegenes Speiselokal mit dem Schrecken erregenden Namen «Bruzzelei». Was muss einem Koch widerfahren sein, dass er hier kocht, nein, brutzelt?

Frankfurt/Main. Heilige Messe
19. Oktober 2005

Buchmesse in der Bankenstadt. Das bedeutet natürlich nicht, dass es nun in Frankfurt für eine Woche mal nicht ums Geld ginge, ganz im Gegenteil. Die Stadt profitiert sehr vom Messerummel, wenn auch nicht alle Branchen. Das Rotlichtmilieu beispielsweise greint, denn das Geschäft mit der Literatur läuft eher mau. Bei der Internationalen Automobilausstellung, jaaaa, da ginge es hoch her, erzählt mir ein Taxifahrer. Da ließen sich Gäste und Aussteller nicht lumpen, da seien die Puffs knüppeldickevoll mit Männern aus der Autobranche. Literatur hingegen wirkt sich geschäftsschädigend aus, denn die Teilnehmer der Buchmesse bleiben lieber unter sich.

Ich glaube, dass nirgends auf der Welt so viel geschwindelt wird wie auf der Frankfurter Buchmesse. Da vorne, die beiden Kollegen, die sich so angeregt unterhalten. Wenn man hörte, was die sagen, und dazu ihre Gedanken, würde das wahrscheinlich so klingen:
Sumtschek: «Ohh, jaaa, Sie sind das. Ich habe Ihr Buch gelesen! (Stimmt zwar nicht, aber das ist dem eh egal.)»
Lorzig: «Welches? (Hoffentlich fragt der mich nicht nach *seinen* Büchern.)»
Sumtschek: (Gott, wie hieß der Quark jetzt nochmal.) «Äh. Im Entengang durchs Aquarium. Wundervolles Buch. (Grauenhafter Mist, aber ich will seine Agentin kennenlernen.)»
Lorzig: «Ja? Hat es Ihnen gefallen? (Mir doch so wurscht, ob dir das gefällt.)»
Sumtschek: «Ja, sehr, besonders der Schluss. (Vorsicht, Vorsicht, das Eis wird dünner.)»

Lorzig: «Ich hatte große Diskussionen deswegen, der Verlag wollte nicht, dass Eilemann erfriert. Sie wollten, dass er unter neuer Identität weiterlebt. Aber da habe ich mein Manuskript zurückgezogen und gesagt, das lasse ich nicht mit mir machen. (Okay, eigentlich war die Sache mit dem Erfrieren eine Idee meines Lektors, und ich hatte überhaupt keinen Schimmer, wie der Mist ausgehen sollte. Aber das werde ich dir bestimmt nicht auf die Nase binden.)»
Sumtschek: (So ein Angeber.) «Wenigstens einer, der sich durchsetzen kann. Das hört man gerne. (Na ja, geht so. Jetzt frag mich endlich mal nach meinem Buch, du selbstgefälliger Pinsel.)»
Lorzig: «Und Sie haben ja auch was Neues gemacht. Wie war nochmal der Titel? (Dahinten steht Karasek.)»
Sumtschek: «Der Schnee in meinem Ohr. (Oh, da vorne steht Karasek.)»
Lorzig: «Klingt interessant. (Gähn.) Ein Roman?»
Sumtschek: «Nein, Lyrik, nur ein paar hingeworfene Skizzen, aber der Verlag ist ja so durstig (eigentlich nach einem Roman).»
Lorzig: «Lyrik, wie mutig! (Ogottogottogott!)»
Sumtschek: «Sehen wir uns beim Rowohlt-Fest? (Hoffentlich nicht.)»
Lorzig: «Aber sicher, ich bin vorher zum Essen, aber dann, nicht wahr (werde ich mich hinter einer Säule vor dir verstecken).»
Sumtschek: «Na, dann bis später. (Uff!)»
Lorzig: «Ja, bis später.»
Beide: «Hallo, lieber Herr Professor Karasek!»

Da gehe ich lieber spazieren und suche mir Wege, die durch das Universum kleinerer Aussteller führen, die an ihren winzigen Esoterikverlagsständen stehen und Käsebrote kauen, die sie von zu Hause mitgebracht haben. Man muss feststellen, dass es absolut gesehen wahrscheinlich mehr als genug Bücher auf der Welt gibt, sollte aber mit dieser Feststellung vorsichtig sein, wenn man selber zu dieser Überfülle beiträgt.

Am Abend gehen geladene Händler und Autoren, Agenten und Manager, Pressevertreter und Geschäftsführer und Lektoren zum Fest des Rowohlt Verlages, das ist ein Szene-Must. Eigentlich ist es eine Art Reise nach Jerusalem, denn es sind eindeutig zu wenig Sitzgelegenheiten da.
Eine hübsche Frau schleppt ein großes Tablett mit runden Dingern herum, die sie uns als essbar anpreist. Auf die Frage, was das sei, keucht sie: «Erbsenpüree-Falafel.» Ein mutiger Test enttarnt diese als Schweinefleischbällchen.

Am nächsten Tag Aufregung um den rastlosen Publizisten Tilman Spengler, der an einem Stand live einen Chinesen interviewen soll. Um diese Arbeit zu erleichtern, wird ein Simultanübersetzer hinzugezogen. Zwar beherrscht Spengler Mandarin, aber trotzdem hält man diese Maßnahme für angebracht, man kann ja nie wissen. Leider ist der Übersetzer kein Chinese, sondern Koreaner. Spengler fragt den chinesischen Gast nach dem Einfluss Balzacs auf die chinesische Gegenwartsliteratur, und der Koreaner übersetzt. Dann antwortet der Chinese, und der Koreaner übersetzt abermals, diesmal ins Deutsche. Die Antwort lautet: «Nein, der Straßenverkehr in Peking ist momentan nicht das größte Problem.»

Ich trinke auf dem Stand der «Süddeutschen Zeitung» ein lauwarmes Mineralwasser. Es ist in diesem Zusammenhang vom traurigen Ableben eines Begriffs zu berichten, den ich in seiner deutschen Genauigkeit eigentlich immer sehr mochte. Der Begriff hatte einen Stolz, etwas schon Erich-Mielke-mäßig Technokratisches, und er lautete «Kohlensäure». Er verschwindet aber leider gerade und wird in den Metropolen durch «Gas»

ersetzt, ein Wort, das in Deutschland lange und aus gutem Grund keinen angenehmen Klang hatte.
Am Abend esse ich mit meiner Lektorin und zwei weiteren netten Menschen in einem französischen Restaurant zu Abend. Der Kellner kommt. «Wünschen Sie das Wasser mit Gas oder ohne?»
«Mit Gas bitte.»
«Sehr wohl.»
Sprudel sagt man gar nicht mehr. Das ist wohl Kinderdeutsch.

Gilching. Im Vorstandsabteil
21. Oktober 2005

Am Freitagmittag fahre ich zurück nach München. Im ICE. Dem Stolz der Deutschen Bahn. Heute wollen alle Deutschen von Frankfurt nach München. Und überraschenderweise haben alle reserviert, bloß ich nicht. Nachdem ich zweimal mit meinem Trolley («Entschuldigung», «Verzeihung», «Sorry») durch den Zug gerumpelt bin und dabei zwei Hunde und drei Füße überfahren habe, weiß ich nicht mehr weiter. Da öffnet sich die Tür eines blickdicht verhangenen Abteils, und ein Mann guckt mich an. Er hat einen ungeheuerlichen Schmiss auf der linken Wange. «Kommen Sie hier rein. Alles frei. Habe ich organisiert.» Schleierhaft, warum er gerade mir die Ehre, in seinem rollenden Büro zu reisen, zuteil werden lässt. Jedenfalls räumt er einen Fensterplatz von Akten frei, setzt sich an einen Gangplatz und lächelt mir zu. Dann arbeitet er.
Er telefoniert mit seiner Sekretärin. «Sagen Sie Geller, dass ich erst um fünf im Büro bin. Ja. Verspätung, halbe Stunde. Die Zahlen habe ich. Die auch, ja. Können Sie die mailen? Ich rufe wieder an.» Er hat einen blinkenden UMTS-Stecker an seinem Laptop. In den folgenden drei Stunden telefoniert er fünfmal. Knappe Anweisungen. Fragen. Nichts Persönliches. Er ist nicht unfreundlich, bloß präzise.
Er trägt einen guten Anzug, darunter ein blaues Hemd mit einem weißen Kragen, passende Krawatte, Manschettenknöpfe, Siegelring, Einstecktuch. Ich glaube nicht, dass er Golf spielt. Aber er hat auch kein Opern-Abo. Vielleicht eher kleines Jagdhaus bei Mittenwald. Geerbtes Ding in einiger Höhe, kommt man im Winter nur mit Allrad rauf. Das hat sein Vater noch gebaut. Als die Amis kamen, entfernten sie alle Hakenkreuze, aber die schmiedeeisernen Fenstergitter an den Oberlichtern

des Kellers haben sie vergessen. Die Amerikaner verhafteten seinen Vater und nahmen ihn mit. Die Geschichte kennt er nur aus Erzählungen. Er ist 1950 geboren, ein Jahr nachdem der Vater wieder frei war. Und er, der Sohn, hat trotzdem in Amerika studiert. Er ist Amerika-Fan. Mit seiner Frau hat er sogar einmal eine Camperreise durch die USA gemacht. Da waren die Kinder noch klein. Da hatte er noch einen richtigen Sommerurlaub.
Ich wette, sein Blackberry piepst, wenn seine Sekretärin Geburtstag hat. Dann kauft er ihr Blumen. Die Sekretärin hat er bisher zweimal mitgenommen, als er gewechselt ist: von der Bank zur Versicherung und wieder zur Bank. Frankfurt, Köln, jetzt München.
Er ist seit siebenundzwanzig Jahren glücklich verheiratet und wohnt in Pullach. Oder in Solln. Seine Tochter studiert, er macht sich Sorgen wegen ihrer Partnerwahl. Alles Schlaffis. Kein Mann darunter. Sein Sohn ist zwanzig und nimmt Ecstasy. Sie hatten Diskussionen deswegen. Da hat sein Sohn ihn einen Nazi genannt, weil er ihm nahegelegt hat, in Tübingen zu studieren. Dort hätte der Sohn in der Verbindung wohnen können. Der Sohn hat ihm gesagt, er habe keinen Bock, auch mit so einer Frattenfresse rumzulaufen. Und auf die ganze BWL-Kacke auch nicht. Er wolle Stuntman werden. Der Vater hat ihm geantwortet, das sei ganz normal, und er würde ihn darauf nach dem Abitur noch einmal ansprechen. Und natürlich könne er Zivildienst machen, wenn er wolle. Seine Frau hat sich nicht getraut, ihm zu sagen, dass der Sohn schon seit zwei Wochen nicht mehr in der Schule war, weil er geflogen ist.

Ich kann im Zug nicht schlafen. Ich habe ein Erich-Kästner-Trauma. Seit meiner Kindheit ist es mir nicht möglich, in Zügen oder Flugzeugen ein Nickerchen zu machen, weil ich Angst habe, dass ich beklaut werde. Mein Geld steckt in der

Innentasche meiner Jacke. Wie bei Emil Tischbein. Und mir gegenüber sitzt Herr Grundeis. Er tut bloß so, als sei er Manager. In Wahrheit ist er ein Dieb. Seine Telefonate sollen mich bloß einschläfern, so langweilig sind sie. Wenn ich penne, wird er mich ausrauben und in Ulm aussteigen. Ich bleibe wach. Unsere Wege trennen sich schließlich in München. Er verabschiedet sich freundlich und wünscht mir eine gute Heimfahrt. Was bin ich bloß für ein schlechter Mensch.

Abends Lesung in Gilching, das ist ein Vorort im Südwesten von München. Da kann ich mit dem Auto hin. Gilching ist nicht unbedingt der Überhammer, aber auch nicht schrecklich. Man sagt Gemeinde dazu. Nette Leute, die in München arbeiten. Eine Pendlerstadt. Es gibt hier alles, auch einen Flohmarkt, auf dem Familien alte Spielsachen verkaufen, eine anständige Pizzeria, eine S-Bahn-Haltestelle.
Berühmt sind in Gilching eigentlich nur eine alte Glocke sowie der kurze berufliche Aufenthalt von Joseph Ratzinger. Der war hier 1944 Flakhelfer. Der Sohn der Buchhändlerin ist nach dem heutigen Papst der womöglich zweitberühmteste Mensch Gilchings. Er hat einmal bei «Wer wird Millionär» mitgemacht und kam bis zur letzten Frage. Diese lautete: «Woraus wird dem Wortursprung nach Marmelade gekocht?» Er ist dann vernünftigerweise ausgestiegen.

Regensburg. Gustav Mahler darf nicht in die Walhalla
24. Oktober 2005

Nach Regensburg kommt man ja auch nie, das liegt nicht auf dem Weg nach irgendwo, sondern vorm Böhmerwald. Oberpfalz. Strukturschwache Gegend, heißt es. Dünn besiedelt und gering industrialisiert. Nichts, womit man angeben kann. Früher muss das mal anders gewesen sein, Regensburg war mal wichtig. Es ist die viertgrößte Stadt in Bayern und verfügt selbstredend über einen kapitalen Dom. Am Südwest-Eingang des Doms Sankt Peter hängt ein Schild, das auf eine gewisse «Judensau» an der rechten Säule neben dem Eingang hinweist. Wie bitte? Ich glaube, es geht los.
Bei der «Judensau» handele es sich um die Abbildung einer Sau mit an den Zitzen herumspielenden Juden. Das sei als Schmähung gemeint gewesen, denn in südwestlicher Richtung befand sich das Judenghetto. Ausweislich des Schildes müsse man die «Judensau» in einem geschichtlichen Kontext begreifen, und heute sei das Verhältnis zwischen Christen und Juden von Verständnis und Toleranz geprägt. Das ist jetzt kein Satz für Kunsthistoriker, aber: Ich würde diesen Scheiß ja abschrauben und wegschmeißen. Das Judenghetto ist schließlich auch weg, das wurde schon vor fünfhundert Jahren niedergebrannt. Wo damals die Synagoge stand, wurde später die erste evangelische Kirche von Regensburg hingebaut.
Wie dem auch sei. Schon aus Gründen politisch korrekter Erregung muss ich das Regensburger Anti-Juden-Schwein natürlich sehen und betrete neugierig den Dom. Aber ich finde die «Judensau» nicht. Komisch. Die ganze Aufregung für die Katz. Aber so ist das nun einmal: Da gibt es in dieser traumhaft schönen Kirche atemberaubende Fenster, den berühmten «Lachen-

den Engel» und ein zweiunddreißig Meter hohes Gewölbedach. Und was bleibt am Ende in Erinnerung? Fünfhundert Jahre alter Quatsch, den man nicht einmal zu sehen kriegt.

Es ist gar nicht so einfach, sich in Regensburg zurechtzufinden, denn dieser weitgehend bei Bombardements ausgelassene und daher wunderschöne Ort besteht zu einem Gutteil aus autofreier Altstadt, Kirchen und Geschenklädchen mit Ratzinger-Tellerchen. Man verläuft sich leicht in den Gässchen, die voll sind von Holzspielzeuglädchen und sehr angenehmen Cafés. Schon das Navigationsgerät im Auto hatte vor der «Unteren Bachgasse» kapituliert. Dort hat man mir ein Zimmer gebucht. Im Hotel «Orphée». Man muss ganz verboten zwischen den Fußgängern hintuckern, anders bekommt man sein Gepäck nicht dorthin. Das Hotel ist dafür aber ein Traum.
Wenn alle Hotels so wären wie das «Orphée», würden alle Menschen Handelsvertreter werden wollen. Es ist nicht bloß geschmackvoll eingerichtet und freundlich geführt, sondern hat Atmosphäre, was man heute von fast nirgendwo mehr sagen kann. Sogar das Zimmermädchen ist hinreißend. Man wünschte, man wäre ein Bett und würde von ihr frisch bezogen. Aber nun nicht ins Säfteln kommen. Ich bin ja noch nicht vierzig.

Die Lesung findet in der Nähe statt, in einem Saal, der «Leerer Beutel» heißt, was erst einmal alle Alarmglocken schrillen lässt. Leerer Beutel klingt nach schlimmer Studentenkneipe, auf deren Speisekarte «Knobibrot» und «Salat mit Putenbruststreifen» und «Rotwein haut rein» steht. Es stellt sich zu meiner Erleichterung heraus, dass es sich beim «Leeren Beutel» um einen historischen Saal und ein angrenzendes anständiges Restaurant handelt, wo ich vor der Lesung eine Kokos-Linsen-Suppe esse.
Nach der Lesung starke Müdigkeit. Vielleicht habe ich mich bei

Klaus Kinkel mit Malaria angesteckt. Der soll das ja angeblich haben. Wäre aber schon sehr erstaunlich, wenn ich das von ihm hätte, denn ich bin ihm noch nie begegnet. So was denkt man, kurz bevor man einschläft.

Morgens im Hotelrestaurant gefrühstückt und Zeitung gelesen: die «tageszeitung», also die «taz», dieses Juwel alternativer Meinungsbildung. Und da wird mir schlagartig klar, was das hier für ein Laden ist. Das ist das Hotel für diese Bütikofers, die in Wahrheit die neue bürgerliche Mittelschicht bilden und die FDP an den rechten Rand der Neoliberalität gedrängt haben. Hier steigen Menschen ab, die gerne teuren Rotwein trinken, in einem ordentlichen Hotel mit antiken Möbeln schlafen und morgens zur Latte Macchiato die «taz» lesen müssen. Was soll ich sagen: Mir gefällt das.

In Regensburg kann man noch ein bisschen bleiben, entscheide ich und gehe spazieren. Ich besteige einen Bus mit Anhänger. Im vorderen Teil erklingt die Stadtführung auf Deutsch, im Anhänger auf Englisch. Habe ich noch nie gemacht. Bevor das Ding loszuckelt, reißt ein Stadtrundfahrtsangestellter die Tür auf und blökt uns arme schüchterne Rentner an: «Lüftung gibt's nur, wenn Sie die Fenster aufmachen. Wenn Sie die zurammeln, ist hier Pumakäfig.»
Die Stadtrundfahrt bereichert mich um mehrere Anekdoten aus der Stadtgeschichte Regensburgs. Die schönste ist diese hier: Als die berühmte steinerne Brücke gebaut wurde, wettete der Baumeister mit dem des Doms, dass er mit seinem Bauwerk eher fertig würde. Der Brückenbaumeister geriet aber in Verzug und ließ sich auf einen Pakt mit dem Teufel ein. Dieser half ihm bei der Fertigstellung und sollte dafür die ersten drei Seelen erhalten, die die Brücke überqueren. Als die Brücke fertig war, kündigten sich Kaiser, König, Kardinal, Bürgermeister und so weiter an, und der Brückenbauer bekam Panik. Schließ-

lich jagte er einen Hund, einen Hahn und eine Henne über die Brücke, und deren Seelen wanderten in die Hände des Teufels. Der wurde sauer und fühlte sich zu Recht veräppelt. Er versuchte also, die Brücke zu zerstören, indem er sich unter den mittleren Brückenbogen stellte und von unten drückte. Die Brücke ging aber nicht kaputt, sondern erhielt auf diese Weise bloß ihre charakteristische, nach oben gewölbte Form.
Natürlich ist auch viel von Papst Benedikt die Rede. Die Dame auf dem Tonband braucht mehrere Minuten, um seine Verdienste, Titel und Funktionen in und um Regensburg aufzuzählen. Am Ende sagt der Rentner neben mir halblaut zu seiner Frau: «Und denn wara noch ersta Tenor bei'n Rensburjer Domspatzn.»

Auf dem kurzen Weg durch die Dungau nach Straubing mache ich einen Abstecher zur Walhalla, der 1842 eröffneten deutschen Hall of Fame. Man kann von dort aus nicht nur sehr weit ins Land sehen, sondern auch umgekehrt vom Land aus auf die Walhalla. Unten fließt die Donau, und oben floss zumindest in früheren Zeiten der Schweiß, denn es waren ursprünglich dreihundertachtundfünfzig Marmorstufen zu überwinden, wenn man zu dem langgestreckten Tempel kommen wollte. Dessen aus Dolomitblöcken gefertigter Unterbau scheint in der Sonne. Inzwischen muss aber niemand mehr in der Mittagshitze hinaufsteigen und sich demütigen, denn es fahren klimatisierte Reisebusse mit Tortenkillern in kieselfarbenen Funktionsjacken von hinten bis dicht heran.
In der germanischen Mythologie bezeichnet Walhalla die postmortale Wohngemeinschaft der gefallenen Krieger. So ist das hier auch gemeint. Alle deutschen Helden sollen versammelt sein. Es ist sehr einfach, die ganze Idee in ihrer ernsthaften Pracht ulkig zu finden. Entstanden ist sie jedenfalls vor zweihundert Jahren, als die Deutschen noch gar kein richtiges Volk waren, sondern ein ziemlich lose verbundener Haufen von

Kleinstaatlern. Die Walhalla sollte die Identität der Deutschen und mit dem Deutschen stiften. Eigentlich eine sehr fortschrittliche Idee des bayerischen Königs Ludwig I.

Die Brüstung des Innenraumes wird von einem Fries umrahmt, der die Geschichte der Germanen wiedergibt, mit Einwanderung kaukasischer Bewohner aus dem Osten, Barden, Druiden, Einfall der Germanen in Italien und Sieg über Papirius Carbo sowie Völkerschlacht von Adrianopel. Aha. Denkt man da. Und: Soso. Dann natürlich die Helden. Einhundertsiebenundzwanzig deutsche Köpfe. Viele von denen kenne ich allerdings gar nicht, zum Beispiel den Fürsten Barclay de Tolly oder Michiel Adriaenszoon de Ruyter. Der Erste war Russe und der Zweite Holländer. Ludwig I. hatte verfügt, dass in die Walhalla aufgenommen werden könne, wer «teutscher Zunge» und also nicht notwendigerweise rein deutschen Blutes sei. Es sind daher auch Holländer und Angelsachsen und Franzosen dabei. Der war schon ein echter Europäer, der Ludwig. Und hellsichtig war er auch, denn erstens würde Mozart bei enger Auslegung der Aufnahmekriterien fehlen, und zweitens wäre dann sogar für Ludwig I. selbst kein Platz. Der wurde nämlich in Straßburg geboren und starb in Nizza.
Das ganze Thema ist hochgradig kompliziert, zumal inzwischen wirklich nur noch reinkommt, wer auch in Deutschland geboren ist. Die Letzten, die als Büste in die Walhalla gestellt wurden, waren Konrad Adenauer und Sophie Scholl, wogegen in beiden Fällen nichts zu sagen ist. Die Scholl-Büste ist aber etwas groß geraten, das arme Mädchen hat einen Wasserkopf bekommen. Auch einige weitere Ehrenköpfe überzeugen mich nicht so. Einstein zum Beispiel. Der sieht mir zu comicköpfig aus. Und Franz Schubert. Da stimmen die Proportionen nicht, oder er sah sonderbar aus.
Mit der Orthographie hapert es da und dort. Immanuel Kant fehlt beispielsweise ein dringend benötigtes «m». Und der Hu-

manist Johannes von Reuchlin heißt auf seiner Büste Reichlin. Das ist doch ein starkes Stück. Da kommt man schon in die Walhalla, und dann war der Bildhauer Legastheniker.
Schließlich fällt auf, dass einige fehlen. Bertolt Brecht zum Beispiel. Der gehörte hier schon rein. War ihnen aber wohl zu unbürgerlich, der Brecht, hätte vielleicht nachts heimlich Zigarre geraucht und damit den empfindlichen Goethe beleidigt. Immerhin kommt Heine bald in die Walhalla. Ich ahne, dass er selbst das komisch gefunden hätte, denn er war es, der die Walhalla einst als «marmorne Schädelstätte» verspottet hat.
Auch bei den Tonsetzern vermisse ich jemanden. Anton Bruckner ist drin. Bach, Beethoven, Brahms, Gluck, Händel, Haydn (der auf der Büste doch tatsächlich Heyden heißt), Reger, Schubert, Richard Strauss, von Weber und Wagner sowieso. Aber Gustav Mahler nicht. Der hatte schon zu Lebzeiten seine Not mit der Anerkennung. Er konvertierte sogar vom Judentum zum Katholizismus, aber nicht einmal das half ihm weiter. Später wurde er mittels antisemitischer Berichterstattung der lokalen Medien aus Wien weggemobbt. Und nun darf er nicht einmal in die Walhalla, die auf diese Weise in etwas unangenehmer Weise an den Regensburger Dom erinnert. Womöglich ist es gar keine so große Auszeichnung, hier zu landen.

Straubing. Dieses Wurstfingerplakat macht mich noch wahnsinnig
25. Oktober 2005

Auf der Fahrt nach Straubing bekomme ich Heimweh. Nicht nach meinem Zuhause, sondern nach meiner ursprünglichen Heimat, der Gegend, aus der ich stamme. Das ist der Niederrhein. Dort gibt es Äcker, die im Oktober dunkle fettige Klumpen aufwerfen. Dann werden die Zuckerrüben geerntet und liegen in großen Haufen am Feldrand. Und genau an so einem Acker fahre ich vorbei. Überhaupt sieht die Gegend um Straubing sehr niederrheinisch aus. Ganz flach ist die Gäuboden-Landschaft, und Bäume trennen die Felder und Wiesen voneinander. Sie breiten die Äste aus, als wollten sie die Rüben am Davonfliegen hindern.
Als ich ein Junge war, klauten wir Zuckerrüben von den großen Haufen. Wir wuschen die Rüben ab, so gut es ging. In den Furchen der Rinde blieb aber immer noch viel Erde kleben. Dann schnitten wir mit unseren Taschenmessern den Rüben den blättrigen Schopf ab und höhlten sie aus. Was wir herausholten, aßen wir auf, bis uns schlecht wurde. Wir schnitten Fratzen in die Rüben und stellten Kerzen hinein. Das war noch die Zeit von Fliegenpilz-Tomaten und Florida Boy.
Ich denke an die Zuckerrüben und an mein Taschenmesser mit dem Indianerkopf am Griff, das ich schon lange nicht mehr habe, und fahre also auf Straubing zu. Es hat sechs von der Ferne zählbare Kirchtürme, etwa 50 000 Einwohner und einen Zoo. Den einzigen in Ostbayern.

Straubing ist hübsch, hat zwar keinen Dom, aber eine annähernd so große Pfarrkirche. Ich esse Käsespätzle und rege mich zum wiederholten Male über eine wirklich abscheuliche

Wurstwerbung auf, mit der auch die armen Straubinger terrorisiert werden. Auf dem Plakat ist ein Blödian in Hippie-Outfit zu sehen, der seine zu einem Victory-Zeichen gespreizten Finger mit Aufschnitt umwickelt hat. Darüber steht: «Schmeckt nach Lieblingswurst.» Ist das noch zu fassen? Da bekommt der Begriff «Wurstfinger» eine völlig neue Dimension. Von weitem sieht es aus, als hätte der Kerl blutverkrustete Ekzeme.

Nach der Lesung im «AnStattheater» geht es mit den netten Leuten von der Buchhandlung noch zu einem Italiener. Die Pizzeria heißt «Molise», nach der gleichnamigen italienischen Region, und natürlich kommen Michele und seine Familie aus der Hauptstadt Campobasso. Das ist der Ort, der in meinen Büchern eine große Rolle spielt. Sie haben alles gelesen und freuen sich, dass ich sie mal besuche. Ich muss also essen. Danach esse ich was, und zum guten Schluss wird noch etwas zu essen gebracht. Sie sind genauso unwiderstehlich herzlich wie meine Familie in Italien. Aber sie sprechen Deutsch, was der Konversation Flügel verleiht. Es wird dann ein längerer Abend, als ich das eigentlich vorhatte.

Straubing hat übrigens einen SPD-Bürgermeister. Die Welt ist voller Wunder.

Starnberg. Stadt im Landhausstil
26. Oktober 2005

Ich fahre Richtung Starnberg, wo ich abends um halb acht eine Lesung haben werde. Nach einem Zwischenstopp in München entdecke ich um 18.50 Uhr an meinem Auto hinten links: einen Platten. Hatte ich noch nie in immerhin zwanzig Jahren fleißigen Verfeuerns von fossilen Brennstoffen. Das gibt es doch gar nicht. Es ist schon dunkel, und ich blättere in meiner Betriebsanleitung nach Direktiven für diesen Fall. Ich habe noch nie in das Heft gesehen. Interessante Lektüre, zumal ich auf die Schnelle lerne, mit welchem Knopf die Klimaanlage in Betrieb zu nehmen ist. Hilft mir aber im Moment auch nicht weiter. Ich finde keine Instruktionen, denn das Wort «Reserverad» steht nicht im Register. Das von mir ersatzweise gesuchte «Plattfuß» auch nicht und ebenso wenig «Scheiße», dafür aber «Scheibenwischanlage». Durch Zufall entdecke ich «Notrad» und schlage nach. Ach! Das ist also im Kofferraum unter dem Teppich!? Und eine Flasche mit Gas zum Aufpumpen. Na so was.
Das Notrad glotzt mich aus dem Kofferraum an und sagt: «Versuch's nur. Es wird eine große Schweinerei geben, und am Ende fällt der Wagenheber um, und dein linkes Knie wird zerquetscht. Aber wenn du wirklich meinst: Versuch's nur.» Ich rufe den Notdienst meines Autoherstellers an, und der teilt mir mit, dass meine Mobilitätsgarantie abgelaufen sei, was ich in diesem Moment gar nicht wissen will. Er könne jemanden schicken, aber das dauere eine Dreiviertelstunde. Alles blöd. Zum Glück komme ich dann doch noch pünktlich zu meiner Lesung. Jemand fährt mich.

Starnberg ist eigentlich nicht so hübsch, wie es sein müsste, um seinem Ruf als Nobelort gerecht zu werden. Es wirkt eher eilig – und laut, denn eine schwierig zu mögende Durchgangsstraße zerteilt den Ort. Obwohl Starnberg also eher nicht zu Missgunst auffordert, konzentriert sich viel Neid und Häme auf dieses kleine Städtchen, weil angeblich so viele reiche Leute dort leben. Jemand hat mir mal erzählt, dass die Gemeinde trotzdem arm sei, weil die reichen Leute zwar in Starnberg wohnten, aber ihre Steuern – wenn überhaupt – in München zahlten. Auch eine hübsche Vorstellung: Superreiche, die in einem Slum wohnen. Starnberg ist aber nicht nur bei Geringverdienern in Salzgitter unbeliebt, sondern auch bei Alteingesessenen in der Region. Dafür kann Starnberg eigentlich nichts. Es musste bloß seinen Namen für den an das Gemeindegebiet grenzenden See hergeben.

Dieser hieß bis 1962 Würmsee, nach einem Flüsschen, das im Norden des Sees abfließt und den Urin der Badegäste mitnimmt. Die Würm ist klein und schmal und schlängelt sich durchs Würmtal, und bei dem Namen denkt man an Würmer und Wurmkur und verwurmte dicke alte Karpfen. Irgendwer entschied daher, dass «Würmsee» für so etwas Cooles wie diesen See nicht angemessen sei, und dann wurde der See in «Starnberger See» umgetauft. Das klingt, muss man ehrlich sagen, natürlich viel besser. Der Starnberger See ist ein mythischer See, nicht nur weil König Ludwig II. darin umgekommen ist, sondern auch, weil er ungeheuer tief ist: einhundertsiebenundzwanzig Meter. Schon nach wenigen Metern sind Taucher von Finsternis umgeben, manche verlieren die Orientierung und verirren sich auf Nimmerwiedersehen in den kalten Tiefen.

Viele ältere Mitbürger sagen jedenfalls nach wie vor Würmsee, schon um ihre Verachtung vor dem Ortskern Starnbergs auszudrücken, der ein wenig aussieht, als sei hier ständig Ärztekongress. Starnberg ist der einzige Ort der Welt, wo relativ primitiv zusammengenagelte Doppelhaushälften nicht «Doppelhaushälfte», sondern «Doppio-Villa» heißen. Eigentlich

kann man sich Sarah Connor gut in so einer Doppio-Villa vorstellen. Und beim Einkaufen in Starnberg auch.
In Starnberg gibt es Jacques' Wein Depot und Eis an der Strandpromenade. Die Hauptattraktion dieser Tage sind die Einrichtungsgeschäfte, in denen man Gartenbänke im Landhausstil und Paschminadecken für die Couch und dicke Kerzen kaufen kann. Außerdem hat Starnberg ein ganz vernünftiges Kino.

Nach dem Lesen muss ich noch Fragen von zwei Schülerinnen beantworten, die extra aus München gekommen sind, um mich für ihre Schülerzeitung zu interviewen. Es wird ein spektakuläres Gespräch mit mal so ganz anderen Fragen. Zum Beispiel: «Kennen Sie Tokio Hotel?»

Köln. Kopfschmerzen sieht man im Fernsehen nicht
27. Oktober 2005

Am nächsten Tag los zum Flughafen. Heute bin ich in einer Talkshow. Die wird um 19.30 Uhr aufgezeichnet und am Samstag gesendet. «Live on Tape» nennt man das. Ich habe leider bloß wahnsinnige Kopfschmerzen. Als ich gegen siebzehn Uhr in Köln ankomme, bin ich bei achtundsechzig Prozent meiner geistigen Leistungsfähigkeit. Die körperliche beträgt, na ja, vielleicht so ungefähr einundfünfzig Prozent. Keine guten Voraussetzungen für einen Auftritt im Medium Fernsehen, denke ich. Aber das stimmt nicht, wie ich später herausfinde.

Man bringt mich und die anderen Gäste im «Savoy»-Hotel unter, das nur von außen trostlos wirkt. Gegen achtzehn Uhr werden wir ins Studio gebracht und geschminkt. In der Garderobe steht ein Tablett mit Wurst- und Käsebrötchen. Die Sorte mit krauser Petersiliengarnitur.
Kleiner Einschub: Krause Petersilie wird nur noch zum Garnieren von Kantinenkäsebrötchen verwendet. Ansonsten ist krause Petersilie vollkommen abgemeldet. Die Leute verwenden nur noch glatte Petersilie. Eigentlich schade. Vor der alten Petersilie hatte ich immer Respekt. Mein Opa erzählte mir einmal, dass man, um an Blausäurevergiftung zu sterben, ein Pfund Petersilie essen müsste. Ich malte mir aus, was das für ein komischer Selbstmord würde, wenn ich einen riesigen Haufen Petersilie mampfte, während meine Mutter mir einen Vogel zeigte. Einschub Ende.

Die Aufzeichnung geht dann blitzschnell vorüber. Kaum hat man sich hingesetzt, steht man auch schon wieder auf. Für die

Zuschauer ist das natürlich anders, weil sie nicht Teil des Prozesses sind und weil sie auch nicht annähernd so viel sehen wie man selber. Es geht in dem, was man hinterher im Fernsehen als Zuschauer von so einer Sendung sieht, das meiste verloren. Die Blickwechsel unter den Diskutanten zum Beispiel. Die Informationen, die die Moderatorin erhält, die umherliegenden Kabel, die Interaktion mit dem Studiopublikum. Besonders interessant sind die Ränder der Kulissen. Wo das Fernsehbild aufhört, endet auch die Inszenierung, da sind nur graue Studiowände, Feuerlöscher und ausgelatschte Böden.
Und da die Wirklichkeit des Studios für den Betrachter des Fernsehbildes nicht sichtbar ist, finden zwei Veranstaltungen statt: die im Studio, wo ganz viel passiert, und die im Fernsehen, wo nicht notgedrungen viel passiert, außer dass vier Menschen auf roten Sesselchen sitzen und miteinander reden. Dass ich immer noch verkatert bin (während der Sendung geistige Leistungsfähigkeit neunundsiebzig Prozent, körperliche zweiundfünfzig Prozent) und eigentlich aussehe wie ein vollgeschissener Strumpf, merkt man überhaupt nicht.
Nach der Sendung geht es mit Redaktion und Moderatorin noch zum Essen. Ich bestelle heute Abend mal keinen Alkohol, außer den zwei Gläsern Weißwein.

Am Freitag Rückflug ganz frühmorgens. Nach Hause. Wochenende. Kleiner Umweg über die Werkstatt. Man hat mein Auto abgeschleppt und den kaputten hinteren linken Reifen gewechselt sowie aus paritätischem Anstand auch gleich den rechten hinteren. Ist ja klar. Natürlich interessiert mich, woran der Reifen verendet ist. Der Werkstattmeister hebt eine drei Zentimeter lange stählerne Zwille hoch.
«Diese Dinger halten die Hopfen zusammen. Wenn die Ernte über die Autobahn gefahren wird, lösen sich schon mal welche und fallen auf die Straße. Wer drüberfährt, fängt sich leicht eine ein.»

Es ist gerade Hopfenernte. Ich bin in dieser Woche an einigen Lastwagen vorbeigekommen, die Hopfen geladen hatten. In meinem Rad steckte dieses Ding, als ich durch die Hallertau nach Regensburg fuhr, als ich von dort nach Straubing reiste und auf meinem Weg nach Starnberg. Macht alles in allem zweihundertfünfzig Kilometer.

Hannover. Pendel ohne Ende
31. Oktober 2005

Aus der Luft betrachtet ist Hannover nicht sehr groß. Auffällig sind die vielen Großwindanlagen, die dem Fluggast von unten in unterschiedlich starker Erregung zuwinken. «Hallo», rufen sie, «herzlich willkommen in der Messe- und Expostadt Hannooooover.»

Bei näherer Betrachtung entpuppt sich Hannover als nicht nur klein, sondern außerdem auch als nicht besonders ansehnlich. Die Innenstadt ist ein überdimensionaler Gehweg. In Bahnhofsnähe ist dieser etwa so breit wie eine dreispurige Autobahn. Das hat die Hannoveraner Stadtplaner auf eine pfiffige Idee gebracht. Sie gruben einen Kanal in die Fußgängerzone, und in diesen Kanal füllten sie nicht etwa Wasser, sondern weitere Geschäfte. Die Schaufensterfläche in dieser an Schaufensterflächen wirklich nicht armen Stadt wurde auf diese Weise nahezu verdoppelt, und man kann auf zwei Etagen durch die Fußgängerzone laufen.

Nachts, so schwant mir, sollte man aber nicht im Kanal spazieren gehen. Dort treiben sich wahrscheinlich lichtscheue Gestalten herum oder Mitglieder der Rockgruppe Scorpions, die ja aus Hannover kommen und wehrlosen Passanten Gitarrensoli andrehen.

Mein Hotel liegt am Ernst-hihi-August-kicher-Platz. Der hat hier tatsächlich einen eigenen Platz, der Ernst-August von Hannover. Und dazu noch eine Passage, in der es Essen gibt und schlechte Luft. Ich mache mich auf die Suche nach der Altstadt. Es muss hier doch irgendwo eine Altstadt geben. Oder einen Dom. Kann doch nicht nur hässlich sein, diese Messe- und Expostadt Hannover.

Ich entdecke die Altstadt hinter einer protestantischen Kirche, in der gerade gedreht wird. Fürs Fernsehen. Beleuchter-Trampel brüllen herum, Omis beten.
Zu Ehren des immer noch amtierenden Bundeskanzlers esse ich vor der Lesung eine mäßige Currywurst. Es muss ja auch mal irgendwo nicht ganz so schön sein. Sonst bekommt man noch Panik auf der Reise.

Am nächsten Tag vor meiner Abfahrt nach Celle mache ich noch einen Rundgang. Ich suche nach positiven Hannover-Eindrücken. Im Karstadt kaufe ich Rasierschaum (vergessen mitzunehmen) und Einmalrasierer (jaja) und Hustenbonbons. Da höre ich eine Lautsprecher-Durchsage: «Sehr verehrte Kunden: In unserer Karstadt-Sportabteilung begrüßen wir heute um vierzehn Uhr den Fußball-Botschafter Uwe Seeler. Um vierzehn Uhr in unserer Karstadt-Sportabteilung.» UUUUUUUUUUUUUUUUUUWWWWEEEEEEE!
Na, da muss ich doch hin. In der Sportabteilung ist auf Kunstrasen ein kleines Podium aufgebaut, auf dem ein Mikrophon liegt. Sieht aus wie bei der Halbzeitanalyse vom Länderspiel. Hinter dem Stehtisch der Schriftzug von Hyundai. Was haben die hier eigentlich zu suchen? Wenn es um die kommende WM in Deutschland geht, dann denkt man doch, da müsse Mercedes Benz stehen. Oder habe ich eine feindliche Übernahme verpasst? Egal. Jedenfalls taucht plötzlich UUUUUUUUWWWWEEEEE auf, dazu eine dunkelhaarige Schönheit in einem engen Kostüm sowie ein Moderator, der sehr nach Regionalfernsehen aussieht. Die drei unterhalten sich ganz ungezwungen über die Weltmeisterschaft, und Seeler sagt, dass die deutschen Stadien – auch das in Hannover – total WM-reif seien, und alle Stadien seien so herrlich, und wer dort nicht Fußball spielen wolle, der müsse seinen Beruf aufgeben. Komisch. Ich habe bisher nicht gehört, dass da jemand nicht spielen will. Ich habe nur gehört, dass die meisten Fans nicht

reinkommen, weil es ziemlich viele Karten für Hyundai gibt, aber nicht besonders viele für normale Menschen und gar keine für mich.

Dann dürfen Fragen gestellt werden. Ein Mann erkundigt sich nach Seelers Golf-Handicap, und der frühere Nationalspieler schummelt sich durch eine minutenlange Antwort, bis er endlich zugibt, dass er eine Sechsundzwanzig hat, was überhaupt nicht respektabel ist. Trotzdem klatschen die Leute ringsum. Dann fragt einer, warum die Spieler von heute nicht beidfüßig schießen könnten und warum niemand mehr Kopfballtore mache und ob heute auch noch mit dem Kopfball-Pendel trainiert würde. Das sind total dämliche Fragen. Erstens können heute viel mehr Fußballer als früher beidfüßig schießen, zweitens gibt es wahrscheinlich nicht weniger Kopfballtreffer als früher, und drittens ist das Spiel viel athletischer geworden. Da können viel mehr Spieler hochspringen als zu Seelers Zeiten und somit auch viel mehr Tore verhindern. Seeler überlegt einen Augenblick. Was soll er denn nun auf diesen Käse antworten? Erinnert ein bisschen an einen Dampfkochtopf, der Uwe.
Er könnte natürlich sagen: «Wissen Sie, ich und Sie, wir können da eigentlich gar nicht mehr mitreden. Wenn ich mit meiner damaligen Verfassung heute antreten würde, müsste ich wahrscheinlich nach zwanzig Minuten vom Platz. Das ist heute alles viel schneller, und die Taktik ist so viel weiter. Lassen Sie uns doch lieber über Golf sprechen.»
Aber Seeler ist ja Botschafter des Fußballs, und deshalb ventiliert er, dass zu seiner Zeit, wenn er also in den sechziger Jahren zum Lehrgang beim Dettmar Cramer musste, es dort «Pendel ohne Ende» gegeben hätte, und damit hätte er trainiert. Und nicht nur Kopfbälle. Und überhaupt: Heute würden manche dieser jungen Burschen eine Million Euro verdienen und denken, dass sie schon deswegen auch Kopfbälle könnten.

Könnten sie aber trotzdem nicht. Da ist der Mann zufrieden. Alle klatschen. Uwe lässt den Dampf aus den Backen und lächelt zufrieden in die Runde.

Celle. OPEN END*. Lesen Sie diesen Text, solange Sie möchten
1. November 2005

In Celle ist Halloween. Heute sagen die Kinder an den Haustüren: «Süßes oder Saures!» Als ich klein war, gab es noch gar kein Halloween, nur Sankt Martin. Ich habe mich das ganze Jahr hindurch darauf gefreut. Bei uns am Niederrhein gab es für jedes Kind eine weiße Papiertüte mit Henkeln. Darin war ein Weckmann, so ein Bursche aus Rosinenstutenteig mit einer weißen Keramikpfeife. Und eine Mandarine und Süßigkeiten.
Wenn es dunkel wurde, gingen wir zum Martinsfeuer. Dann kam der Sankt Martin angeritten, teilte mit einem blitzenden Schwert seinen in Wahrheit aus zwei Teilen bestehenden Mantel und gab ihn dem Bettler, der jahrelang vom Hausmeister der Grundschule dargestellt werden musste. Der brauchte praktisch gar keine Verkleidung für diese Rolle. Dann sahen wir ins Feuer, und hinterher gingen wir los, um an den Haustüren der Nachbarschaft zu singen. «Ich geh mit meiner Laterne.» «Sankt Martin.» Ich habe das geliebt.
Bei manchen Leuten bekamen wir tolle Süßigkeiten, manchmal aber auch Mandarinen und bei den Geizhälsen knallharte polnische Bonbons, die wir anschließend gegen die Garagentore pfefferten. Meine Mutter buk sogar kleine Pfannkuchen für die singenden Kinder, damit sie etwas Warmes bekamen. Dutzende leuchtende Laternen zitterten durch unsere Nachbarschaft. Auf der gegenüberliegenden Straßenseite im Halbdunkel gingen meistens irgendwelche Väter mit. Nur so. Zur Sicherheit vielleicht. Manche Nachbarn öffneten nie die Tür. Die machten nicht mit. Stellten sogar die Haustürklingel ab.

* max. 10 Minuten

Scheiß Bettelei! Aber die meisten gaben uns etwas. Später am Abend schüttete ich das alles auf dem Boden meines Zimmers aus und sortierte die Beute aus zerbrochenem Spekulatius, Nüssen, Maoam, selbstgebackenen Plätzchen und Schokoriegeln. Bounty mochte ich nicht, das tauschte ich bei meinem Bruder in Banjo ein. Das ist lange her. Banjo gibt es wohl gar nicht mehr. Und Sankt Martin auch nicht, jedenfalls nicht in meinem Heimatort.
Auf jeden Fall hat die Popularisierung von Halloween auch den Kürbis wieder ganz nach vorne gebracht. Der war ja jahrzehntelang vergessen, würde ich sagen. Kürbisse waren ein Vergnügen für Omis, die diese würfelweise aus dem Glas aßen. Aber inzwischen kann man im Herbst kein Lokal mehr betreten, ohne dass es dort Kürbis-Karotten-Suppe oder Kürbiscremesuppe gibt. Übrigens neuerdings immer mit einem kleinen Schuss Kernöl. Kernöl is the new Zitronengras.

Celle ist ein Örtchen, zu dem Sankt Martin gut passt. Es ist so herzöglich, so ritterlich, so entzückend niedlich. Hier gibt es Bäckereien mit goldenen Brezelschildern an der Fachwerkfassade. Die ganze Innenstadt sieht aus, als habe ein genialer Wissenschaftler eine Modelleisenbahnsiedlung vergrößert und zum Leben erweckt. Es gibt noch richtigen echten Einzelhandel und ein Kino, das nicht zu einer doofen Kette gehört. Außerdem verfügt die Stadt über ein entzückendes Rathaus, mehrere gemütliche Plätze und ausgezeichnete Pommes frites. Nur WLAN-Hotspots sind Mangelware. Ansonsten aber hat Celle eine Menge von dem, was Hannover fehlt.
Mir fehlt auch etwas, nämlich meine Stimme. Weg. Ich habe Schmerzen und Befürchtungen: Diese Stimme kann man niemandem anbieten.
Also gehe ich zu einem original Celler HNO-Arzt, und dieser untersucht mich ausführlich, indem er mir zunächst einmal Ohrenschmalz entfernt. Dann sieht er in meinen Hals, und

der Befund klingt nicht gut. Die Stimmbänder ermüdet, eine leichte Rötung. Schonung wäre angesagt. Er wollte mir keine Kortisonspritze geben und Antibiotika auch nicht, das hätte jetzt keinen Sinn.

Der Umstand, dass ich privat versichert bin, spornt ihn zum Einsatz sämtlicher Apparate in seiner Praxis an. Ich erhalte eine Wärmebestrahlung und muss inhalieren, absolviere auch noch einen Hörtest, der aber weder mich noch ihn weiterbringt. Behaupte ich mal so. Schließlich pinselt er noch meinen Hals mit einer Jodtinktur ein, was außer ihm kein europäischer Arzt mehr macht. Und er rät mir dringend, meine Nase stationär richten zu lassen, denn die Scheidewand sei schief, und ich bekäme deswegen zu wenig Luft. Könne er machen.

Er verschreibt mir auch etwas und will mich am nächsten Morgen noch einmal sehen. «Tschüs», krächze ich und gehe mit übler Laune ins Hotel, das ich nach meiner Ankunft sofort in «Celler Loch» umgetauft habe. Nur eines bringt meine Stimmung für einen kurzen Moment nach oben. Vor einem Sonnenstudio entdecke ich ein Schild, auf dem steht: «OPEN END* – Bräunen Sie für €4 –, solange Sie möchten!» Und darunter steht ein Pfeil nach links, Richtung Eingang. In dem Pfeil steht ganz klein: «* max. 30 Min.».

Ich bin ganz froh, dass der Veranstalter eine Pause vorgesehen hat, so kann ich etwas verschnaufen. Nach der Pause Fragen aus dem Publikum. Normalerweise mag ich das nicht so. Aber heute bin ich froh um jede Minute, die ich nicht selber etwas sagen muss. Keine Ahnung warum, aber die Stimme wird mit der Zeit besser. Das verstehe, wer will.

Die Einladung des Moderators, noch in ein Lokal mitzukommen, das «Schweine-Schulze» heiße und «echt Kult» sei, lehne ich dankend ab. Ich hole mir noch was vom Chinesen, das Glutamat wird mir bestimmt guttun.

Braunschweig. Wer Braunkohl hat, braucht keine Türme

2. November 2005

Trompetenfanfaren wecken mich. Wo bin ich? Bin ich tot? Ist das Jericho? Kommen die Celler, um mich wegen der gestrigen Darbietung zu enthaupten? Nein, das alles nicht. Unten auf dem historischen Marktplatz vor dem Fenster des Celler Lochs beginnt bloß der Markt, und das wird hier auf traditionelle Art betrompetet.

Vor dem Spiegel sage ich «Guten Morgen», aber leider kommt kein Geräusch aus dem Hals. Ich kann natürlich bis Weihnachten meine Texte pantomimisch vortragen. Ich schminke mir das Gesicht weiß, setze einen lustigen Hut auf und ziehe einen superengen schwarzen Ballettoverall an, den ich bemale, damit er wie ein Frack aussieht. Und ich stecke mir eine rote Rose an. Mein Gott, wird das toll! Hm. Oder sie werden mich schon heute in Braunschweig teeren und federn und aus der Stadt jagen. Ich gehe lieber noch einmal zum Arzt.
Die Celler HNO-Kapazität mit den vielen Gerätschaften untersucht mich ein zweites Mal. Mein Kehlkopf wird wieder mit Wärme bestrahlt, und ich inhaliere für zehn Minuten an einem Gerät, das nach Gebissreiniger riecht. Erstaunlicherweise geht es mir danach besser, und der Arzt wünscht mir viel Glück und ermahnt mich, den ganzen Tag über nicht zu sprechen. Ganz stumm setze ich mich in den Zug ins eineinhalb Stunden entfernte Braunschweig.

Meine Kenntnisse der Stadt Braunschweig beschränken sich darauf, dass Axel Hacke, Heinrich der Löwe sowie mein Freund Hans-Georg aus dieser Stadt kommen. Und eine Fußball-

mannschaft namens Eintracht Braunschweig. Das war meines Wissens das erste Team im bezahlten deutschen Fußball, das Werbung auf dem Trikot hatte, nämlich von Jägermeister. Das war damals in den siebziger Jahren ein heikles Thema. Es gab eine Art Likör-Abramowitsch namens Günter Mast. Das war der Jägermeistermann. Er veränderte als Sponsor sogar das Vereinswappen der Eintracht, aus dem der Löwe verschwand und durch einen Hirschen ersetzt wurde. Mast durfte als erster Unternehmer in Deutschland einen Werbeschriftzug auf ein Fußballtrikot drucken lassen.
Früher war Jägermeister für uns das Letzte. Wir nannten es «Hochsitzcola» und «Hörnerwhisky», und es war ein Symbol für alles Gestrige und Abscheuliche in der Bundesrepublik. Jägermeister war reaktionär, Kalter Krieg und ungefähr so uncool wie Mecki, der «Hör zu»-Igel. Inzwischen gilt dieser Kräuterlikör auch bei Menschen meines Schlages als durchaus trinkbar. So ändern sich die Zeiten. Springer will auch keiner mehr enteignen.

Braunschweig sieht auf den ersten Blick aus, wie man sich eine osteuropäische Metropole, sagen wir mal, Tirana, vorstellt. Der eigentlich schöne Hauptbahnhof mit der großen Glasfassade aus den sechziger Jahren entlässt die Fahrgäste auf einen windigen Platz mit einer enorm breiten Straße, auf der jeden Moment eine Militärparade beginnen könnte. Auch die umliegenden Hochhäuser vermitteln einen leicht angegammelten Plattenbaucharme. Davon darf man sich aber keinesfalls abschrecken lassen, denn Braunschweig ist doch recht berückend, wenn man mal die Innenstadt erreicht hat.

Ich bleibe den ganzen Tag im Hotelzimmer und sehe fern, schreibe und schlafe. Selbst das Essen bestelle ich mir beim Room-Service, damit ich nicht so viel sprechen muss. Ich lutsche Hustenbonbons, nehme Proteozym, trage einen Schal und trinke Tee mit Honig.

Abends dann in die Buchhandlung. Dort geschieht ein kleines Wunder: Die Stimme hält. Sie wird sogar beim Lesen besser. Das verstehe, wer will. Ich bin sehr erleichtert. Anschließend wieder Hotel. Öffne zur Feier des Tages den Rotwein aus der Minibar und sehe mir die Champions-League-Zusammenfassung an. Glanzloses Leben.

Das Frühstück im Hotel genieße ich stumm und schweige auch bei meinem traditionellen Stadtrundgang. Braunschweiger sagen Braunkohl zu Grünkohl und haben einen Kleinstdom. Man könnte ihn auch den abgebrochenen Dom nennen. Oder den Braunschweiger Zwergdom. Die Türme dieses romanischen Kirchenbaus sehen aus wie Kerzenstummel, und tatsächlich wurden sie in den achthundert Jahren, die das Gemäuer auf dem Buckel hat, nie fertiggestellt. Aber das macht nichts. Dieser Minidom macht einen ursprünglichen und unüberladenen Eindruck. Eine sehr würdevolle Kirche, in deren Mitte das Grab von Heinrich dem Löwen und seiner Gattin Mathilde von England zu bewundern ist. Romanische Kirchen erinnern einen immer an Ritterfilme.
Braunschweig hat noch mehr auffällige Kirchen. Die Ägidienkirche ist die bemerkenswerteste. Man sieht sie schon von weitem, denn sie ist im Gegensatz zum Dom wirklich gigantisch, besonders die Fenster. Man würde sie sogar aus vielen Kilometern Entfernung sehen, wenn, ja wenn sie einen Turm besäße. Sie hat aber keinen, nicht einmal ein Türmchen. Des Öfteren haben die Braunschweiger versucht, neben der Kirche einen zu bauen, aber der Boden war zu sandig, und die Versuche sind immer wieder umgefallen. Mit Kirchtürmen haben sie es nicht so, die Braunschweiger.

Hildesheim. Auf der Flucht
3. November 2005

Diese Stadt soll sehr pittoresk sein, heißt es. Großartiges Niedersachsen mit Mittelalterfeeling. Leider merke ich davon nicht viel. Ich habe nämlich heute eine Mission: Hotel suchen. Das Zimmer, das man mir zugedacht hat, ist nämlich nicht so, wie soll ich sagen, bewohnbar. Als ich den Schlüssel von der Rezeption hole und mit meinem kleinen Gepäck den Raum betrete, überkommt mich ein Unwille, der mir sonst fremd ist. Das Zimmer ist ungefähr sieben Quadratmeter groß und eingerichtet wie eine Einzelzelle im Altersheim für schlechte Eltern.

Ich setze mich also auf die Bettkante und sehe mich um: Oben an der Decke sind kleine Rohre über Putz verlegt worden. An der Wand gegenüber hängt ein Druck, Wartezimmerkunst. Alles noch nicht so schlimm. Die Ablage ist zu klein für mein Laptop und das fensterlose Bad so freudlos, dass ich augenblicklich eine Depression bekomme. Man könnte damit leben, für eine Nacht, die man am besten betrunken verbrächte. Aber dann sehe ich den Fußnagel.

Er steckt schräg im filzigen Teppich, so als hätte er noch versucht, sich vor mir zu verstecken und erst sichtbar zu werden, wenn ich mit nackten Füßen drauflatsche. Aber ich habe ihn entdeckt und starre ihn an. Die ganze Sache hier macht keinen guten Eindruck.

So muss er sich anfühlen, Vatis erster Tag im Heim. Wird es so sein, wenn mich meine Kinder eines Tages abschieben und dann wöchentlich eine Tüte Spritzgebäck schicken, damit ich mein Taschengeld für Cognacbohnen sparen kann? Wird so meine letzte Wohnung aussehen, in die dann und wann eine mittelalte Pflegerin eintritt und sagt: «So, Herr Weiler, hast du denn schon was in die Pfanne gemacht?» In meinem Zivildienst habe ich das öfter gehört. Die Pflegeleute sagten zwar «Herr» oder «Frau», duzten dann aber ihre Schutzbefohlenen, was ich immer respektlos fand. Ich stelle mir vor, wie meine Pflegerin die Tablettendose prüft, in der farbige Pillen unterschiedlicher Größe und Farbe in den Fächern «morgens», «mittags» und «abends» auf die Einnahme warten. Sie sagt «Heute gibt es Kartoffelpüree, Herr Weiler, das magst du doch? Was guckst'n so? Is dir wohl zu klein hier, was?» Ich deute schweigend auf den Fußnagel, und meine Pflegerin hebt ihn auf und sagt: «Ach so, der. Der ist von deinem Vorgänger, dem Herrn Schmittmann. Der arme Herr Schmittmann. Es riecht noch richtig nach ihm. Na dann, woll'n wa mal lüften, nicht wahr, Herr Weiler?»

Dann gehe ich zu den Gleichaltrigen im Speiseraum. Die Frauen haben verknitterte Tätowierungen über dem Steiß, aber die kann man nicht sehen, weil sie einen Pullover und den Morgenrock darüber tragen. Manche Achtzigjährige tragen Piercings in den Augenbrauen, und einer redet immerzu von der Love-Parade 1997. Er klingt wie mein eigener Opa, der oft von Russland sprach und wie er sich dort einen Granatensplitter eingefangen hat. So hat jedes Leben seine Höhepunkte.

Ich beschließe, diese Zukunftsvision sofort auszuknipsen. Es kommt der Tag, wo sie wahr wird, aber das muss ja nun nicht gerade heute sein, in Hildesheim. Ich schnappe mir die Umhängetasche und meinen Trolley und checke wieder aus. Die Dame an der Rezeption ist verwirrt. Ich will ihre Gefühle nicht verletzen und murmele etwas wie «Ich kann leider nicht hier bleiben», und dann rumple ich mit meinem Trolley über das Hildesheimer Kopfsteinpflaster, um mir eine andere Bleibe zu suchen. Ratterratterratterratter! Ich lande schließlich, als die Rädchen meines Trolleys eckig gerumpelt sind, in der Filiale einer zuverlässig langweiligen, aber komfortablen Hotelkette. Natürlich drückt das Hotelthema ein wenig auf die Laune und erzeugt eine gewisse Voreingenommenheit, was die Lesung angeht. Was ist, wenn die Hildesheimer sind wie das Hotelzimmer?

Später stehe ich vor der Entscheidung, entweder im «Ratskeller» oder im historischen «Knochenhauerhaus» eine Kleinigkeit zu essen. «Ratskeller» sind eigentlich immer Garanten für kleine schmiedeeiserne Pfännchen, in denen Böhnchen, Gemüse und deftig Geschmortes blubbern. Danach ist mir nicht, also gehe ich ins «Knochenhauerhaus», welches für sich in Anspruch nimmt, eines der schönsten Fachwerkhäuser der Welt zu sein. Und das mag auch stimmen.
Das Knochenhauerhaus wurde selbstverständlich im Krieg zerstört und erst 1989 wieder aufgebaut. Eine Bürgerinitiative und das Geld vieler Spender haben dafür gesorgt, dass es heute sehr hübsch ist. Ob die Spender jedoch unbedingt gewollt haben, dass dort Heino läuft?
«In der ersten Hütte haben wir zusammen gesessen,
in der zweiten Hütte haben wir zusammen getrunken,
in der dritten Hütte habe ich sie geküsst
und niemand weiß, was dann geschehen ist», singt der Heino.
Das Lied handelt also eigentlich vom Saufen und Fummeln mit Filmriss. Ist mir noch nie aufgefallen.
Heino war ja früher das größte Feindbild, das man sich denken konnte. Außer ihm gab es fast nur noch Heiner Geißler. Letzterer ist altersmilde und gilt heute als kluger und auch für politische Gegner angenehmer Dialektiker. Heino ist Heino geblieben, und es regt sich überhaupt niemand mehr darüber auf. Seine Auftritte im Südafrika des Apartheidregimes und die Aufnahme des Deutschlandliedes mit allen drei Strophen sind nur Randnotizen in seinem Lebenslauf. Alles wird zugedeckt vom Appetit. Heino betreibt ein Café in Bad Münstereifel. Ich nehme daher als Dessert ein Stück Kuchen. Und Kaffee.

Auf meinem Spaziergang fällt mir eigentlich nichts Besonderes an Hildesheim auf. Die haben knapp 104 000 Einwohner hier. Das bedeutet: Hildesheim ist offiziell eine Großstadt. Merkt man aber gar nicht. Das hat damit zu tun, dass dieser Status durch Eingemeindungen ringsum erworben wurde. Das gibt es öfter. Ich frage mich, was das soll, denn am Eindruck, dass es sich hier um ein entzückendes Provinznestlein handelt, ändert es ja nichts. Aber an der Besoldung von Bürgermeistern und anderen städtischen Bediensteten wohl schon, nehme ich an. Genau das könnte der Grund dafür sein, dass man als Politiker so wild darauf ist, eine Großstadt zu regieren. Bringt Kohle. Mein Heimatörtchen in Bayern müsste, um diesen Status zu erlangen, wahrscheinlich alle Orte im Umkreis von vierzig Kilometern eingemeinden, darunter auch München.

Vellmar. Frank Schirrmacher fährt aus Gleis zehn
4. November 2005

Wenn Sie den Ort Vellmar jetzt nicht kennen, oder wie man heute sagt: jetzt nicht gleich parat haben, dann ist das nicht so schlimm. Vellmar ist nämlich ganz jung und klein und grenzt nördlich an Kassel. Mein Hotel liegt in einem tatsächlich noch kleineren Ort namens Espenau, direkt neben einer Barackensiedlung, die einst für Fremdarbeiter gebaut wurde. Ob es in Vellmar auch Publikum gibt, das auf Lesungen geht? Ich habe meine Zweifel, denn in dieser Gegend hatte ich einmal die merkwürdigste Lesung meines Lebens. Das war so: Damals, es war im Winter, buchte man mich also für einen Auftritt an einem Samstagmorgen «in die Nähe von Kassel», wie es euphemistisch hieß, tatsächlich habe ich den Namen des Ortes vergessen. Am ICE-Bahnhof Kassel-Wilhelmshöhe holte mich an einem Freitagabend ein Mann ab, der mit mir durch die geradezu Grimm'sche Dunkelheit dieses Landstrichs fuhr und mich mit Anekdoten aus dem kulturellen Leben der Gemeinde unterhielt. Wir stoppten an einer Gaststätte, wo er mich bat, eine regionale Wurstspezialität (sehr hart, sehr, sehr hart) zu verzehren, dann fuhren wir weiter durch die Nacht, bis zu einem Ort, der von genau einer Laterne beschienen wurde.

Von weitem kam ein Auto auf uns zugefahren. Der Mann stieg aus und winkte. Das Auto hielt an und eine Frau stieg aus. Es war so, wie man sich den Agentenaustausch auf der Glienicker Brücke vorstellt. Der Mann gab mir die Hand und sagte: «Gute Nacht und bis morgen früh.» Dann stieg ich zu der Frau ins Auto, und wir fuhren über eine schnurgerade und sehr schmale Straße kilometerweit im Stockfinsteren bis zu einem Bauernhof. Die Frau schloss eine Tür auf und sagte: «Gute Nacht und bis morgen früh.»

Ich übernachtete in einer ungeheizten Wohnung, in der wohl im Sommer Feriengäste Urlaub machten. Jedenfalls war es schrecklich kalt, und man sah nichts, wenn man aus dem Fenster sah. Das änderte sich auch am Morgen nicht. Ich schob die Gardinen zur Seite und erblickte nur Acker, nichts als Acker. Kein Baum, kein Growian, kein Haus, nicht einmal ein Kernkraftwerk wies hier auf Zivilisation hin. Eigentlich schon wieder toll.

Die Frau holte mich aus der Wohnung, und wir setzten uns in ihren Wagen, in dem wir nun eben im Hellen durchs absolute Nichts fuhren. «Frühstück gibt es dort, wo wir hinfahren.»

Bisher hatte ich geglaubt, wir führen zur Volkshochschule, denn der Mann, der mich abgeholt hatte, war von der Volkshochschule. Nun erfuhr ich, wo und für wen ich an diesem Samstagmorgen tatsächlich lesen sollte: für den Landfrauenverband, genauer gesagt für das samstägliche gemeinsame Frühstück der Landfrauen in einer Mehrzweckhalle.

Es standen große runde Tische darin, für je sechs bis zehn Landfrauen, und in der Mitte ein Büfett von grotesker Größe, das in der Mitte mit einem Blumenbouquet verziert worden war. Es erschienen hungrige Landfrauen sonder Zahl, und dann wurde gefrühstückt. Ich aß wenig.

Nach einer halben Stunde klopfte die Oberlandfrau an ihre Tasse und sagte: «So. Lecker. Und jetzt wird gelesen. Bitte.» Klatschklatschklatsch. Ich fragte leise, wo ich denn nun zum Lesen hingehen müsse, und sie deutete Richtung Büfett.

Hinter dem Büfett stand ein kleines Tischlein, und daran setzte ich mich nun, gut versteckt hinter dem Blumenschmuck und sehr viel Streichleberwurst, und begann, meinen Text zu lesen, nein: zu rufen. Es war nämlich kein Mikrophon da, und es war ein großer Raum und sehr viel Bewegung, weil man ja immer mal Hunger bekommt, wenn irgendwo ein Büfett aufgebaut

ist. Dann geht man halt hin und holt sich noch eine Scheibe Brot und, na, vielleicht ein Scheibchen Zungenwurst, während hinter den Blumen einer liest.
Nachdem ich eine knappe Stunde meinen Text dem mäßig enthusiasmierten Publikum zugerufen hatte, wurde dieses langsam unruhig. Ich beendete meinen Vortrag und erhob mich, worauf mich eine Menge Frauen sehr überrascht ansahen, weil sie gedacht hatten, die Stimme vorher sei vom Band gekommen. Vereinzeltes Klatschen, und dann stoben die Landfrauen aus dem Saal, was der Volkshochschulmann damit erklärte, dass die Damen samstags auch viel zu tun hätten, und die Lesung sei ja doch inklusive Frühstück sehr lang gewesen. Dann brachte er mich zum Zug, und als ich im ICE nach München saß, kam ich mir vor, als sei ich aus einem Traum erwacht oder aus einem Märchen. Es ist die Gegend, wo die Gebrüder Grimm Märchen gesammelt haben.

Das Hotel hat sich auf Familienfeiern spezialisiert. In der Lobby hängen kleine Schilder, wer hier heute in welchem Saal wie alt wird. Der Parkplatz ist gerammelt voll, genau wie das Hotel.

Die Lesung findet im Bürgerhaus Vellmar-West statt. Na, das kann ja heiter werden, denke ich, als wir aus dem Auto steigen. Ich muss gleich wieder an die Landfrauen denken. Aber heute ist alles anders, ganz anders als damals. Es macht heute wirklich großen Spaß. In der vierten Reihe sitzt eine wunderschöne Frau, und überall sehe ich in wohlgesinnte Gesichter. Ein merkwürdiges Fleckchen ist das hier, denn das war wirklich nicht zu erwarten.

Am nächsten Morgen wieder im Zug nach Hause. Zeitung lesen, Musik hören, zwischendurch auch mal Stille, aus dem Fenster gucken und auf Bahnhöfen den Durchsagen lauschen. Das ist eine ganz eigentümliche Art von Lyrik. Da heißt es zum

Beispiel, ein Zug fahre aus Gleis zehn. Aus. Früher fuhren die Züge immer von einem Gleis ab, aber jetzt fahren sie *aus* einem Gleis. Und damit nicht genug. In der Zeitung sehe ich Werbung für die Taschenbuchausgabe eines Werkes von Frank Schirrmacher. Und da steht: «Erstmalig im Taschenbuch.» Hä? Warum denn nicht «erstmalig als Taschenbuch»? Vielleicht klingt «im» irgendwie hochwertiger. So, als habe man das gebundene Buch in einem Taschenbuch verpackt. Eingeschlagen, wie alte Verkäuferinnen sagen. Ich esse Weingummi – erstmalig von der Tüte.

Langen. Wenn ich an Bratensülze denk
14. November 2005

Langen liegt bei Frankfurt. Im Fünfzehn-Minuten-Takt fährt von dort die Bahn, und die braucht zwanzig Minuten. Damit ist alles Wesentliche gesagt. Und doch blickt man staunend auf das Bild vom Schnellbahnnetz der S-Bahn Rhein-Main, denn die Stadt Langen weiß den Reisenden mit einem Ortsteil zu verblüffen, der «Langen-Flugsicherung» heißt und genauso aussieht, wie man sich das vorstellt. Inmitten von Langen-Flugsicherung steht ein Hotel. Es ist wie vieles in und um Frankfurt sehr amerikanisch. Man bekommt hier an vielen Orten das Gefühl, in einem leicht europäisierten Amerika zu sein.
Die Türen in diesem Hotel öffnet man mit Drehknäufen. Es gibt Ventilatoren auf den Zimmern, und das Restaurant-Interieur deutet kulissenartig die amerikanischen vierziger Jahre an, an den Wänden hängen Fotos von amerikanischen Flugzeugen und -pionieren. Neben dem Aufzug befindet sich eine Tür, und auf der Tür haben sie ein Schild befestigt, darauf steht: «Hinter dieser Tür verbirgt sich, was wir hier im Hause am meisten schätzen.» Das macht natürlich neugierig. Was wohl hinter dieser Tür sein mag? Die Umwälzpumpe eines Aquariums? Ein Zimmermädchen mit behaarten Unterschenkeln? Ein Schild mit der Aufschrift «Betreten verboten»? Ich schaue mich zweimal um, ob mir jemand zusieht, und dann öffne ich die Tür. Dahinter befindet sich ein Spiegel. Im ersten Moment denke ich: «Aha, dass, was die am meisten an ihrem Haus schätzen, ist also ein Spiegel.» Erst als ich im Aufzug stehe, verstehe ich, dass ich, also das Spiegelbild, gemeint bin. Da werde ich vor Rührung ganz weich. Auf der Klaviatur der Gefühle zu spielen, haben die Amis echt raus.

Die Lesung findet heute in einer kleinen, aber rührigen Buchhandlung statt. Anschließend sitze ich im Hotelrestaurant und entscheide mich nacheinander für drei Gerichte, die leider aus sind. Schließlich kann ich zwischen einem Nudelgericht und Bratensülze wählen und entscheide mich für die Nudeln.

Wir müssen mal über Bratensülze reden. Immer, wenn ich an Bratensülze denke, was nicht allzu oft geschieht, denke ich sofort an Horst Ehmke, den berühmten alten SPD-Politiker. Horst Ehmke gehört zu einer Generation, die noch gerne Bratensülze isst, aber sowohl in der Politik als auch in der Küche allmählich auf dem Rückzug ist. Von Horst Ehmke weiß ich übrigens ganz genau, dass er Bratensülze isst, weil ich es selbst gesehen habe. Und das war so:

Als ich noch aufs Gymnasium ging, fing ich als freier Mitarbeiter bei der «Westdeutschen Zeitung» an, natürlich im Lokalteil. Einmal musste ich auf eine SPD-Veranstaltung in eine Kneipe mit Saal in Meerbusch-Büderich. Dort sprach und diskutierte also Horst Ehmke, das muss so zwanzig Jahre her sein. Ich fand es grauenhaft, dass diese öden Juso-Typen den Ehmke einfach duzten, weil sich Genossen in der SPD immer duzen dürfen, auch wenn der eine Minister ist und der andere Ministrant. Eigentlich ist das unanständig und respektlos, aber die SPD-Mitglieder in der mehrheitlich von CDU-Wählern bewohnten Stadt Meerbusch fanden das nicht und sagten auch noch «Genosse Ehmke» zu dem armen Mann. Es hätte mich nicht gewundert, wenn sie alle ein Schrankenwärtermützchen aufgesetzt und mit ihm eine Polonaise getanzt hätten.

Nach der Veranstaltung sah ich Horst Ehmke mit seinem Fahrer in der Kneipe sitzen. Ich fragte ihn, ob ich ihm vielleicht die eine oder andere Frage stellen dürfe, und er sagte: «Setzen Sie sich. Ich muss bloß vorher noch etwas essen.» Ich setzte mich, und dann bekam Horst Ehmke einen Teller mit Bratensülze und Bratkartoffeln und dazu ein Glas Altbier. Ich sah ihm schweigend zu, bis er aufgegessen hatte, und stellte dann meine Fragen. Ich kann mich an keine einzige erinnern und auch nicht an seine Antworten. Aber an die Bratensülze schon.

Das kommt daher, dass Bratensülze ein Generationenessen ist. Ich verbinde Horst Ehmke mit seiner Generation und seine Generation mit bestimmten Speisen. Es ist zu befürchten, dass viele dieser Gerichte allmählich verschwinden, wenn die Generation der zwischen 1920 und 1940 Geborenen sich nicht mehr um ihren Erhalt kümmert.

Akut gefährdet sind vor allem Wurstwaren, zum Beispiel die Zungenwurst, die Blutwurst, zudem Innereien wie Nieren, Leber, Herz und alle Arten von Schmalz, für deren Verzehr die meisten unter Vierzigjährigen heute kein Verständnis mehr aufbringen.

Wir sind mit fettarmer Geflügelwurst groß geworden, mit Putensalami zum Beispiel. Eigentlich ein schlimmes Schicksal. Unsere Eltern haben noch grobe und gröbste Leberwurst schätzengelernt, mit riesigen Fettbrocken darin. Wir finden das eklig, und was haben wir davon? Gutfried-Wurst! Es gab einmal einen Werbespot für Gutfried-Wurst, wo ein Spacko in Devisenhändler-Aufmachung ein Treppengeländer hinunterrutschte und dazu sang: «Gutfried-Wurst ist gut für mich, oh yeah, goody goody!» Da muss man sich nicht wundern, wenn die Generationen sich irgendwie entfremdet gegenüberstehen. Hier die Alten, die eine gepökelte Rinderzunge noch zu schätzen wissen, dort die Jungen, die nichts lieber mögen als Wurst, die tunlichst nichts mehr mit Tier zu tun hat. Obwohl ich mit einer gewissen Leidenschaft auf der Seite der Jugend stehe, finde ich doch bedauerlich, dass der Metzger der Zukunft keine Blutwurst mehr macht, sich nicht mehr schwitzend an die Hausschlachtung ihm bekannter Schweine macht, sondern bloß noch Säugetier-Biomasse zum Braten, Kochen, Grillen und roh Essen im Großmarkt kauft.

Das Fernsehprogramm auf der Lesereise ist nicht so dolle. Ich sehe manchmal nachmittags fern, vor der Lesung. Selten vorm Einschlafen, aber morgens muss ich immer fernsehen. Ich bin ein großer Morgengucker, Frühstücksfernsehen.
Heute gab es eine deutsche Prominente zu sehen, die sich in den Finger schnitt und dann sagte: «Ich leide auf hohem Niveau.» So eine Quatschbirne! Kann mal jemand den Menschen dieses Hohe-Niveau-Gewäsch abgewöhnen? Das soll ja angeblich ironisch sein und bedeutet: «Mir geht es eigentlich vergleichsweise gut, ich jammere also ohne Grund, sozusagen von einer hohen, angenehmen Warte aus.» Tatsächlich müsste es dann aber heißen: «Ich jammere auf ganz niedrigem Niveau», denn mit dem Niveau ist ja eigentlich das des Schmerzes gemeint – und das ist nicht hoch, weil sich die blöde Schnalle ja bloß ins Fingerchen geschnitten hat und nicht auf eine Landmine getreten ist.

Dieburg. Hey, Hey, May, May
15. November 2005

Es ist schon eine Gnade, Gedichte lesen zu dürfen. Erst in der Lyrik kommt zutage, was Sprache vermag, zu welchen assoziativen Kraftakten, welch anrührenden Muskelspielen sie in der Lage ist. Hier ist der Beweis. Mit den folgenden Zeilen beginnt ein Mundartgedicht, das mir zugelaufen ist:

«Koch dir e Supp aus Ebbelwoi,
die is gesund un schmeckt auch fei,
recht preiswert isse außerdem
un es Rezept is sehr bequem.»

Herrlich, was? Das geht noch ewig so weiter, dabei ist das Rezept schnell erzählt: Man muss Ebbelwoi warm machen und mit einer Milch-Mondamin-Soße vermischen. Aber warum soll man etwas kurz fassen, wenn man es auch auf Hessisch sagen kann?

Aber in Hessen wird nicht nur mundartlich Geselliges gedichtet, auch der Protestreim hat hier seit vielen Jahren ein warmes Zuhause. Mindestens seit Biblis und Startbahn West, wahrscheinlich aber schon seit Frankfurter Straßenschlachttagen reimt man hier, wenn man mit etwas unzufrieden ist. Die Qualität des Protestreimes lässt aber hier und da deutlich zu wünschen übrig.

Auf der Straße zwischen Langen und Dieburg, kurz vor der Ortschaft Münster, steht ein Schild mit dem verzweifelten und vielleicht auch deshalb missglückten Wurf:

«Ohne Not
macht die EU Existenzen tot»

Ich wage die Behauptung, dass man das Anliegen des Autors ernster nehmen würde, wenn er bloß ein kleines bisschen mehr Sprachtalent hätte.

Dieburg ist ein Ort von ungefähr 16 000 Einwohnern mit träge fließendem Straßenverkehr. Eigentlich ist hier alles träge fließend. Dieburg präsentiert sich als ein im Kern schöner und stiller Ort mit Fachwerkhäuschen und Kopfsteinpflaster, über welches eine Mutter ihr Kind zerrt. Sie haben eine Martinslaterne dabei, und wer muss die tragen? Die Mutter natürlich. Ich wette, es war so: Der kleine Leon wollte unbedingt mit Laterne zum Einkaufen, und nach hundertzwanzig Metern wurde sie ihm zu lästig, und nun trägt seine Mama die Laterne und die Einkäufe, während Leon jammert, weil er Pommes essen will. Vor meinem Hotelfenster liegt der Marktplatz. Wahrscheinlich findet hier ein- bis zweimal die Woche der Markt statt. Dann ist ein bisschen mehr los als jetzt. Am Rande des Platzes lungern ein paar Jugendliche im Nieselregen herum. Nachmittägliche Langeweile. Die Innenstadt von Dieburg ist nicht gerade das, was man einen Publikumsmagneten nennt. Auch hier haben sich im Umfeld des Ortes irgendwelche Einkaufszentren breitgemacht, die die Käufer aus dem Stadtkern heraussaugen.

Auf der Bühne der Ludwigshall liegen allerhand aufgeblasene Krokodile von verschiedener Größe herum. Wer ein Krokodil mitgebracht hat, bekommt freien Eintritt. Ich warte hinter dem Vorhang. Offenbar fand in der Ludwigshall erst vor kurzem ein Rockkonzert mit einer Cover-Band statt. Die Setlist der Mucker liegt noch herum. Es hängt schwarzes Gaffertape daran. Wahrscheinlich hat die Liste auf dem Bühnenboden geklebt, gleich neben dem Effektgerätebrett des Gitarristen. Die Liste umfasst sagenhafte 41 Titel, es war also offenbar ein ziemlich langer Gig. Musiker sagen Gig, nicht Auftritt.
Zum sehr buntgemischten Programm gehören klassische Mu-

ckertitel wie «Start me up», was ich nicht einmal mehr von den Rolling Stones hören möchte, und «Behind blue Eyes» von The Who. Man wagt sich auch an «Whole lotta love», «Hey Joe» und «Locomotive Breath», später folgen das steindumme «All Right now», «Smoke on the water», «I love Rock'n'Roll», «Born to be wild» und viele weitere gut abgehangene Rockschlager, die man nachts bei VOX auf sechs CDs für neunundneunzig Euro erwerben kann.
Im Zugabeteil: «Hey, Hey, May, May!» Ich nehme mal an, damit ist Neil Youngs «Hey, Hey, My, My» gemeint.

Jetzt wird es bald Winter. Er liegt schon in der Luft, kriecht in die Nase und in die Ohren. Die Zeit zwischen Sankt Martin und Nikolaus, in der man sich an die Dunkelheit gewöhnen muss, diesen Tunnel, der erst wieder im April aufhört. Es wurde heute schon früh düster.
Gegen fünf betrat ich die Kirche im Ort, und in ihr war es stockfinster, nicht einmal Kerzen brannten. Der Küster hatte wohl vergessen, die Türe abzuschließen, oder man rechnete nicht mehr mit Besuch. Ich wollte schon wieder gehen, da hörte ich Musik. Jemand übte an der Orgel. Ich setzte mich still in die letzte Reihe und hörte zu. Außer mir und dem Organisten und dem Hausherrn war niemand da. Vielleicht war es der schönste Moment der bisherigen Reise. So schön. Hey, hey, my, my.

Bodenheim. Mit Ralf und Florian am Rhein entlang
16. November 2005

In dieser Ecke Deutschlands zu reisen ist sehr anstrengend, weil man immer die Richtung wechselt und niemals wirklich vorankommt. Ständig ist man in der Nähe vom Frankfurter Flughafen oder von Mainz. Nie ist gewiss, in welche Himmelsrichtung man gerade fährt.
Aber die Unentschiedenheit der Rhein-Main-Pfalz-Gegend ist nicht der einzige Grund für meine ständige Unsicherheit. Denn nicht nur, dass man sich hier so verwirbelt fühlt, die Menschen sind überdies von einem schon unheimlichen Lokalpatriotismus beseelt. Da gibt es die Hessen, ein paar Meter weiter die Pfälzer, wobei es einen gewaltigen Unterschied zu machen scheint, ob sie aus der Rheinpfalz sind oder von der Mosel, wo es ja in die Eifel geht, die von Mainzern für verspottenswert gehalten wird, ebenso wie das benachbarte Wiesbaden. Bodenheim liegt ebenfalls bei Mainz, ist aber bereits in Wiesbaden niemandem ein Begriff, was man nach einem Besuch in Bodenheim verstehen kann, denn Bodenheim ist selbst den Bodenheimern unbekannt.
Der Ort wirkt nahezu ausgestorben. Es fehlen eigentlich nur Tumbleweeds. Tumbleweeds sind diese dürren runden Sträucher, die in Westernfilmen immer durch die Kulisse von verlassenen Städten kullern. Die Altstadt von Bodenheim ist etwa so belebt wie die Kulissen der Karl-May-Festspiele in Bad Segeberg im Januar. Ich zähle zwei Bäcker und zwei Metzger und ungefähr sechzehntausend Weinhändler, die aber an diesem trüben Novembertag weder Kunden noch Personal noch Wein zu haben scheinen.
Vielleicht ist das ja gar nicht Bodenheim, sondern das aus-

schließlich von Bäckern und Metzgern überlebte Ergebnis eines Neutronenbombenversuchs der rheinland-pfälzischen Landesregierung. Habe ich da vielleicht was verpasst?
Ich lerne dann, dass Bodenheim ein typisches Straßendorf sei und dass sich das Leben in den Straußenwirtschaften und hinter den heute geschlossenen Toreinfahrten der Häuser abspiele, wo aus lauter Langeweile Weinköniginnen gezeugt werden. In Wirklichkeit sei der Ort durchaus belebt, besonders im neueren Teil, wo es auch Geschäfte gebe und florierende IT-Unternehmen. Das muss irgendwo hinter den Bahngleisen sein, aber es sieht von fern so hässlich aus, dass ich lieber ins Hotel gehe und ein Nickerchen mache.

Abends bei der Lesung sind dann überraschenderweise sehr viele Leute. Wo die wohl alle herkommen? Anschließend gehe ich noch etwas Käse essen, in ein Weinlokal mit vielen Gästen. Komische Gegend, die Leute hier scheinen mir eher nachtaktiv zu sein.

Am nächsten Morgen Weiterfahrt nach Bad Kreuznach. Natürlich über Mainz. Man fährt hier überhaupt immer über Mainz. Ich bin in dieser Woche dreimal in Mainz, um auf dem Bahnhof umzusteigen. Vorher geht es am Rhein entlang, dem deutschen Strom. Eine romantische Gegend ist das, womöglich eine der drei typischen deutschen Landschaften. Die anderen heißen für mich Friesland und Oberbayern.
Hier bei Mainz wirkt der Rhein noch beruhigend träge, weiter flussaufwärts, wo er breiter wird und die Orte noch näher an ihn heranrücken, wo die Weinberge und Felsen beinahe in den Strom rutschen, wo Burgen auf Bergen in der Sonne funkeln, da verändert sich auch der Fluss, verwandelt sich in eine Märchenlandschaft. Womöglich liegen Schätze im modernden Grund. Aber so weit fahre ich nicht, denn ich muss bloß nach Bad Kreuznach. Dennoch überwältigt mich eine

romantische Stimmung, und dafür benötige ich nun einen geeigneten Soundtrack. Ich will unbedingt Kraftwerk hören. Das ist die beste Musik für Fahrten durch deutsche Landschaften. Warum? Dazu ein kleiner Exkurs.

Kraftwerk stehen in jeder Hinsicht in einer romantischen Tradition, es führt eine Nabelschnur von dort in ihre Rechner.
Die Modernität von Kraftwerk ist keineswegs technokratisches Programm, sondern basiert auf einer künstlerischen und nicht formalen Idee. Kraftwerk ist darin die konsequenteste Band der Welt. Spätestens bei «Trans Europa Express» hat sie 1977 ihren Stil gefunden und ihn nie wieder ernsthaft in Frage gestellt, höchstens moderat entwickelt. Das wird nicht nur in der Musik, sondern besonders im Design der Band deutlich.
Wer auf ihre Konzerte geht, wird mit Schwarzweißfilmen aus den fünfziger und sechziger Jahren unterhalten. Es sind alte Fernzüge – übrigens auf der Rheinschiene – und Autobahnen zu sehen, vierzig Jahre alte Neonreklamen sowie Architektur und Mode der fünfziger und sechziger Jahre. Das sieht alles sehr nach früher Bonner Republik aus, nach Adenauer und schweren schwarzen Mercedes-Limousinen. Einen solchen Mercedes 600 fuhr das Bandmitglied Ralf Hütter 1975, das Auto ist auf dem Cover der LP «Autobahn» abgebildet.
Die Kraftwerk-Musiker Hütter und Florian Schneider kamen in den vierziger Jahren zur Welt und erlebten als Kinder Wiederaufbau und Wirtschaftswunder. Schneiders Vater war der Architekt Paul Schneider-Esleben, der nach dem Krieg wegweisende Bürogebäude baute sowie unter anderem den brutalistischen Kölner Flughafen. Sein Sohn Florian arbeitete vergleichbar radikal in der Umsetzung seiner musikalischen Ideen, blieb jedoch im Kern wie sein Mitstreiter Hütter kompositorisch stets ein Traditionalist. Kraftwerk haben immer ihre deutschen Wurzeln thematisiert, zum Beispiel in Songtiteln wie «Franz Schubert» oder «Morgenspaziergang». Ihre Melodien klingen

bisweilen wie romantische Kinder- oder Wanderlieder. Man höre dazu «Europa Endlos» oder «Autobahn».
Hinzu kommt die Optik der Gruppe, der seit dreißig Jahren eine beinahe gleichwertige Rolle zukommt. «Trans Europa Express» zeigt hierfür das gelungenste Beispiel. Als dieses bis heute beste und modernste Album der Band erschien, war Punk samt seiner Mode angesagt, die Zeit des Glamrock ging gerade zu Ende, und Disco war auf dem Sprung. Doch die vier Rheinländer posierten mitten in dieser Periode des hysteric glamour auf dem der Platte beigelegten Poster in wunderbaren Maßanzügen an einem Tischlein mit gemustertem Decklein vor einer Fotowand, die eine deutsche Fluss- und Berglandschaft zeigt. Das handkolorierte Bild sieht wirklich aus, als käme gleich die Kellnerin und brächte vier Schoppen Moselwein, und es wirkt wie ein Faustschlag in die Magengrube der damaligen Pop-Ästhetik. Mit milder Ironie scheint Hütter auf «Trans Europa Express» die mächtige Punk-Bewegung sogar zu veräppeln, indem er die Gewohnheit der Ramones persiflierend den Titel «Schaufensterpuppen» anzählt: «Eins, wie drei, vier!»
Bei dem Eindruck, den Kraftwerk von sich und ihrer Arbeit vermittelt, geht es niemals um den platten Symbolismus Riefenstahl'scher Prägung, mit dem Bands wie Rammstein vor Jahren auf Effekt setzten, sondern um die Darstellung von Identität, der Identität als Deutsche. Diese Darstellung ist bei Kraftwerk so durchweg gelungen und wunderbar unideologisch, dass man Hütter und Schneider sämtliche verfügbaren Bundesverdienstkreuze umhängen müsste. Ich nehme aber nicht an, dass sie ans Telefon gehen, wenn der Bundespräsident anruft, denn sie stehen im Ruf, niemals ans Telefon zu gehen, wenn irgendjemand anruft.

Bad Kreuznach. Gehen Sie ruhig mal in die Zanzibar
17. November 2005

Der Taxifahrer in Bad Kreuznach dreht beinahe durch, als ich ihn frage, ob er beim Fußball für Mainz oder Kaiserslautern sei. Schon wieder so ein irrer Lokalpatriot. Er sei selbstverständlich für Kaiserslautern, und es gebe wohl ein paar Verräter, die zu Mainz übergelaufen seien, arme Irre. Es eine sie hier in Kreuznach eigentlich nur der gemeinsame Hass auf die Frankfurter Eintracht. Am Samstag spielen Mainz und Frankfurt in der Bundesliga gegeneinander. Es wird mit Krawallen gerechnet. Irgendwie kommen mir die Pfälzer ein bisschen vor wie die berühmten Gallier aus dem kleinen Dorf in Frankreich. Immer von Feinden umzingelt und hungrig nach deftigem Essen.

Bad Kreuznach ist eine zauberhafte Stadt mit 50 000 glücklich herumspazierenden Einwohnern, die gerne ins Thermalbad gehen oder durch ihr Klein-Venedig genanntes Altstädtlein, wo Nahe und Ellerbach zusammenfließen, was zum Bau manch entzückender Brücke Anlass gegeben hat. Der Reiz Bad Kreuznachs beflügelte sogar die Weltgeschichte, denn nirgends sonst als hier in Bad Kreuznach trafen sich 1958 Charles de Gaulle und Konrad Adenauer, um das Thema Erbfeindschaft endgültig ad acta zu legen und die platonische Liebe zwischen Frankreich und Deutschland in Gang zu bringen, was mittelfristig zum Elysée-Vertrag und langfristig zu vielen tausend Städtepartnerschaften geführt hat. Bad Kreuznach ist mit Bourg-en-Bresse befreundet.
Städtefreundschaften sind etwas sehr Deutsches. So eine Partnerschaft umfasst nicht bloß einen Nichtangriffspakt für den

Fall, dass sich die Länder doch wieder scheiden lassen und Krieg gegeneinander führen, sondern auch den Austausch von Schülern, Sportmannschaften sowie regionalen Spezialitäten und Blaskapellen. Meine Heimatstadt Meerbusch ist zum Beispiel mit der Gemeinde Fouesnant in Frankreich befreundet. Ich war mal dort, zum Sportleraustausch. Beim hoch verlorenen Fußballmatch gegen eine viel zu alte französische Auswahl bekam ich einen Wadenkrampf, der von einem bretonischen Spieler behandelt wurde, was ich angesichts unserer Unterlegenheit beinahe schon arrogant fand.

Anders als die drei Städte zu Anfang dieser Woche ist Bad Kreuznach auch bewohnt. Ich bin nach Langen, Dieburg und Bodenheim regelrecht ausgehungert und in meiner Alleinreisendenmelancholie ganz scharf auf Menschen, die Bratwürste essend durch Innenstädte latschen.

Lesung in einem auf Anhieb merkwürdigen, dann aber am Ende herrlichen Etablissement, nämlich einer ehemaligen Tanzschule aus den fünfziger Jahren mit einer wunderbaren Bar und plüschigen Sitzecken, die ein bisschen nach Nachtclubkulisse in einem Fernsehkrimi aussehen. Natürlich wird in der «Zanzibar» bei der Lesung geraucht, aber das macht mir nichts aus. Stimmung bestens, auf dem Rückweg durch die Altstadt kurz der Impuls, noch in eine Kneipe zu gehen und Menschen kennenzulernen.

Am nächsten Morgen dann Spaziergang durch den Schlosspark, der nicht nur durch seine Großzügigkeit, sondern ganz klar auch durch seinen Namen den Verdacht erregt, dass hier ein Schloss existiert, welches ich aber nicht entdecke. Die angetrunkenen Bad Kreuznacher auf der Parkbank zucken bloß die Schultern, als ich mich bei ihnen nach dem Verbleib des Schlosses erkundige.

Wiesbaden. Boney M. mit viel Glutamat
18. November 2005

Bin schon wieder in Mainz, diesmal, um nach Wiesbaden umzusteigen. Mainz! Drehscheibe des nationalen Bahnverkehrs. Wenn man wenig später auf dem Wiesbadener Hauptbahnhof ankommt, fühlt man sich augenblicklich wie Ulrich Matthes in einem Kriegsfilm. Man bekommt ganz hohle Wangen in dieser Zeitmaschine von einem Bahnhof. Sollten die auch nicht renovieren, die Gleishalle. Sie ist so schön verrostet, und das große Schild, das von der Decke hängt und auf dem «Wiesbaden» steht, sieht genauso aus wie in einer ungeheuer kostspieligen Bernd-Eichinger-Filmproduktion.
In Wiesbaden, das von manchen Einwohnern Fiesbaden genannt wird, gibt es natürlich eine Menge zu sehen. Eine riesige evangelische, im neugotischen Stil und komplett aus rötlichem Backstein erbaute Kirche, die zumindest von außen ziemlich was hermacht. Vor diesem kremlartig auffälligen und Marktkirche genannten Gotteshaus bauen sie den Weihnachtsmarkt auf. Bald ist es wieder so weit.
Ich werde einen Monat lang nur Crêpes mit Nutella und Bananenscheiben essen und mich fragen, wer eigentlich die Tonnen von müffelnden Bienenwachskerzen kauft!? Höchstwahrscheinlich Omis und Raucher von mit Honig parfümiertem Pfeifentabak, allesamt sogenannte Honigaficionados.

In Wiesbaden leben viele Beamte, denn in Wiesbaden gibt es viele Behörden und eine Landesregierung. Und eine Spielbank, wo die Beamten und die Politiker sowie die Winzer der Gegend ihr Taschengeld abliefern. Das haben vor ihnen auch schon Richard Wagner und Fjodor Dostojewski getan. Die Spielbank ist recht opulent, wie überhaupt die Stadt Wiesbaden mit einigen Baudenkmälern und einer malerischen Lage auftrumpft.

Ich steige die Treppe zu meinem Hotelzimmer hoch und betrachte die schönen Druckgraphiken, die da hängen. Es sind darauf im Stil der fünfziger Jahre gezeichnete Menschen in Abendgarderobe zu sehen, die sich Henkell Trocken einschenken. Warum Henkell Trocken? Die Firma residiert in der Stadt. Unter den eleganten Sekttrinkern steht der Satz: «Mit Henkell Trocken legen Sie Ehre ein.»

Nach einem Nickerchen – heißt heute übrigens in Männerzeitschriften immer Power-Napping – von ungefähr dreißig Minuten treibt mich der Hunger in die Fußgängerzone. Ich lande in einer in den siebziger Jahren erbauten Einkaufsmall von zweifelhaftem Charme. Dort gibt es ein chinesisches Restaurant. Manchmal ist mir danach. Ich liebe diese verschmodderten China-Lokale. Großartiges Dekor! Speisekarte mit dreihundert durchnummerierten Gerichten, von denen sich zweihundertachtzig eigentlich gar nicht unterscheiden. Menüs für fünf Euro! Und dann die Musik, herrlich. Heute wird «Rivers of Babylon» von Boney M. gegeben, natürlich in einer instrumentalen Version des Pekinger Poporchesters: «Pingpingpingpingping ping pingpink.» Das klingt ja für unser europäisches Ohr stets etwas verstimmt, dieses chinesische Folkloregereibe. Aber in diesem Ambiente stört es nicht, im Gegenteil, da will ich das unbedingt.
Das Restaurant verfügt auch über eine leistungsstarke Klimaanlage, die nicht nur vernehmbar rauscht, sondern auch die ganze abgehängte Decke mitsamt dem daran befestigten chinesischen Beleuchtungsklimbim vibrieren lässt. Es rauscht und brummt und klirrt die ganze Zeit. Ich schließe die Augen

und fühle mich sofort in ein Flugzeug versetzt. Das Flugzeug fliegt von Schanghai nach Wiesbaden, und nun bringt die freundliche Stewardess das Bordmenü. Essensmusik: «Girls, girls, girls» von Sailor in der Interpretation der kantonesischen Volksmusikanten.

Großes Publikum. Die ganz hinten sitzen, sehen aber nichts, also mache ich meine Lesung heute im Stehen. Das ist für die Leute auch netter, als wenn da einer sitzt und über seinem Manuskript hängt wie ein betrunkener Sachbearbeiter.

Am nächsten Morgen Abreise nach Hause. Man schleppt, schleppt, schleppt. Der Schaffner des ICE hat die Stimme von Michel Friedman: «Wählen Sie aus unserem Angebot, zum Beispiel einen Kaffee und ein Croissant. Wir wünschen Ihnen eine entspannte Reise.» Vielleicht IST das ja Michel Friedman. Natürlich! Er übt Sozialkompetenz im Umgang mit seinen Mitmenschen und hat daher bei der Bahn angeheuert. Gute Idee. Das klappt auch schon ganz prima. Nur, wenn Fahrgäste ihm richtig auf den Keks gehen, flippt er aus:

Friedman: «Ihren Fahrschein. Ich habe gesagt Fahrschein!»
Hertha Däubler-Gmelin auf dem Weg in den Wahlkreis: «Moment, ich suche noch. Außerdem müssen Sie mich nicht so anherrschen.»
Friedman (lauter): «Darf ich Ihren Fahrschein sehen? Ich habe immer noch das Recht, Ihren Fahrschein zu sehen!»
Däubler-Gmelin: «Ja, sicher, das will Ihnen doch auch niemand nehmen.»
Friedman: «Danke, dass Sie mir das Recht zugestehen, Ihren Fahrschein zu sehen. (kreischt) Aber es steht mir ohnehin zu! Auch ohne Ihre Erlaubnis! Verstehen Sie?»
Däubler-Gmelin: «Ja, aber nicht in diesem Ton.»
Friedman, immer wieder unterbrochen von Versuchen der

Frau, das Wort zu ergreifen: «Darf ich ... darf ... darf ich jetzt Ihren Fahrschein sehen? (Crescendo) Ihren Fahrschein?»

Zwischen Stuttgart und Ulm sehe ich den ersten Schnee. Jetzt geht also das los! Jetzt kommt der Winter!

Andernach. Bukowski und der Bofrost-Mann
21. November 2005

Nach Andernach. Das ist eine lange Zugfahrt, was zu einer Belastung werden kann, wenn man nichts mit sich anzufangen weiß. Ich beschäftige mich immer gut. Ich sehe auf meinem Laptop Filme an, schreibe, lese oder sehe aus dem Fenster und höre Musik. Eigentlich mache ich dasselbe wie fünf Millionen Arbeitslose in diesem Land, aber mir macht deswegen niemand Vorhaltungen. Fühle mich privilegiert.
Am Wochenende habe ich mir neue Musik auf den iPod gespielt, es sind nun 2509 Stücke darauf, darunter auch ein neues von den Toten Hosen mit dem Titel «Der Bofrost-Mann». Das Lied hat einen heiteren Text, der davon handelt, wie einer nach Hause kommt und seine Frau ausgerechnet mit dem Bofrost-Mann erwischt. Der Bofrost-Mann ist für mich eine Achtziger-Jahre-Erinnerung.

Ich war Ende der Achtziger Zivi beim Mobilen Hilfsdienst und betreute alte Leute in deren Wohnungen. Gebiss ausspülen, kochen, putzen, bisschen pflegen, spazieren gehen. Mehrmals in der Woche musste ich zu einem Opa, einem Witwer, den ich schwer in Verdacht hatte, ein alter Nazi zu sein. Die gab es ja damals noch haufenweise. Trotzdem mochte ich ihn, Gott möge mir verzeihen.
Er war lustig. Er war freundlich und gebrechlich. Er war Diabetiker und durfte auch keinen Alkohol trinken. Jeden Tag gestand ihm der Arzt ein halbes Schnapsgläschen Korn zu. Die Flasche durfte nicht von ihm, nur von den Zivis aus dem Kühlschrank genommen werden. Ich gab ihm immer ein ganzes Glas und sagte mit gespielter Sorge: «Ogottogott, jetzt ist mir

die Flasche ausgerutscht.» Dafür war er mir sehr dankbar. Manchmal trank ich einen mit. Wir waren ein merkwürdiges Paar: ein uralter Fascho mit Hosenträgern und zerfledderten Hausschuhen und ein wasserstoffblonder Junge mit stacheligen Haaren und kaputten Hemden. Da passte gar nichts, und ich glaube, das fand er genauso lustig wie ich.

Ich musste ihm auch das Mittagessen machen. Jeden Tag ging ich an seine Tiefkühltruhe und nahm zwei verschiedene Bofrost-Packungen heraus. Ich legte mir ein Spültuch über den Unterarm und trug die Kartons wie ein Oberkellner ins Wohnzimmer. Dann hielt ich «Rehgeschnetzeltes in Preiselbeersoße» und «Königsberger Klopse in Kapernsoße» in die Luft und ließ ihn auswählen. Er lachte mich glücklich an, dann machte ich ihm sein Essen, und nachher brachte ich ihm seinen Schnaps.

Nach einer Weile fiel mir auf, dass die Tiefkühltruhe immer mehr Zeug enthielt, das der Opa gar nicht essen durfte, geschweige denn konnte: Sahnetorten, mit scheußlichen Cremes gefüllte Blätterteig-Monster, fettiger Junkfood. Ich fragte den Opa, was er damit wolle, und er sagte: «Der Bofrost-Mann hat gesagt, es wäre gut, wenn ich was zum Anbieten für Gäste hätte.» Der Opa bekam nie Besuch, und ich hatte bestimmt keine Lust auf Schwarzwälder-Kirsch-Torte. Aber der Bofrost-Mann war nett zu ihm, und der Opa hatte vielleicht nicht viele Leute, die sich mit ihm unterhielten. Für das Gespräch mit diesem Bofrost-Kerl bezahlte er mit seiner Bestellung. Und je länger er den Burschen aufhielt, desto größer wurden diese Bestellungen. Der alte Mann hatte für mindestens zweihundert Mark Torten, Eis und Pommes eingelagert. Er hätte selber ein Geschäft damit eröffnen können.

Ich legte einen Zettel in die Tiefkühltruhe, denn ich wusste, dass der Bofrost-Mann die Sachen eigenhändig dort hineintat – wissend, dass sie keiner aß. Auf dem Zettel stand: «Bitte keine süßen Sachen mehr hineinlegen. Das isst hier keiner.» Eine Woche später war der Zettel weg, dafür war neuer Kuchen drin. Ich schrieb einen neuen Zettel: «HALLO. BITTE BRINGEN SIE KEINE SÜSSEN SACHEN MEHR!!!!» Erfolglos.

Ich wurde wütend. Ich war noch jung, aber ich nahm mir vor, diesen Frostarsch zur Rede zu stellen. Ich fragte den Opa, wann er das nächste Mal käme, und als der Bofrost-Wagen vorfuhr, war ich da. Ich sah dem Typen dabei zu, wie er die Bestellung auslieferte, und als er damit fertig war, setzte ich mich ins Wohnzimmer. Der Lieferant kam und schnackte mit Opa über Fußball. Dessen Verein war Bayer Uerdingen, zufälligerweise galt das auch für Mister Frost. Ich wette, an der nächsten Tür war er für Fortuna Düsseldorf. Der Opa bestellte also, und der Fahrer schlug ihm vor, mal den Apfelkuchen zu probieren. Als er ging, lief ich hinterher.

«Haben Sie meine Zettel nicht gesehen?»

Er stellte sich doof.

«Wat für Zettel?»

«Die Zettel in der Tiefkühltruhe.»

«Ach so, die. Wenn er wat nicht will, dann kann er mir das ja selber sagen. Er ist der Kunde. Und nicht du.»

«Bringen Sie ihm nichts mehr, was er nicht auch isst.»

«Dat kannste mir überlassen. Dat geht dich 'n Scheiß an.»

«Das ist eine richtig miese Tour», sagte ich. Ich war zu jung, um ihm zu drohen. Er antwortete nicht darauf und stieg in seinen Wagen. Er kurbelte das Fenster runter und wollte etwas sagen. Aber ich kam ihm zuvor.

«Das wird er doch nie im Leben verbrauchen. Irgendwann stirbt er und hinterlässt einen riesigen Berg Torte», sagte ich.

Und er: «Na ja, vielleicht erbst du ja was davon. Is alles lecker.»

Dann fuhr er davon. Der Opa starb nicht. Jedenfalls nicht, solange ich meinen Zivildienst bei ihm abgeleistet hatte. Zum Glück.

Andernach liegt etwas unentschieden am südlichen Rand der Eifel und nördlichen Rand des Hunsrücks. Es ist nicht weit

bis zum Nürburgring und auch nicht weit nach Bonn. Nach Koblenz ist es aber ebenfalls nicht weit. Komisch. Nichts ist hier weit weg, und dennoch befindet man sich in der tiefsten Provinz. Auch der Dialekt kommt mir wenig festgelegt vor, irgendetwas zwischen Kölner Singsang und undefinierbarem Platt.
Diese Undefiniertheit hat Tradition. Schon vor Jahrhunderten konnte man sich nicht recht einigen, wer Andernach regieren sollte, nämlich entweder der Bischof von Köln oder der von Trier. Man spaltete die Macht auf, und Andernach wurde in weltlichen Angelegenheiten von Köln regiert und in kirchlichen von Trier.
In Andernach kann man einen kleinen Stadtrundgang machen. Der führt natürlich auch an Vater Rhein entlang. Noch stärker als vom Fluss wird das Örtchen von einer riesigen Malzfabrik dominiert, die wirklich mitten in der Mitte liegt und die Kirche um ein Mehrfaches zu überragen scheint, als habe ein unartiges Kind einen viel zu großen Klotz in sein Spielzeugdorf gelegt. Beinahe anarchisch sieht das Gebäude aus, wie es Andernach unter sich zwingt. Die Malzfabrik verbreitet überall in den Gassen einen stechenden Geruch und hat einen eigenen Anleger am Fluss. Der wurde 1907 erbaut, und bald wird er nicht mehr gebraucht, weil das Unternehmen Richtung Koblenz umzieht, wie es im Ort heißt. Dann duftet es nicht mehr nach Malz.
Ich laufe ein bisschen an der alten Stadtmauer entlang, durch die Straßen der Altstadt. Hier kann man schon leben. Der große Charles Bukowski war gebürtiger Andernacher. Ob Bukowski wohl Annenache Platt gesprochen hat? Man darf diesen Dialekt keinesfalls mit Kölsch verwechseln. Er klingt für Auswärtige zwar ähnlich, hat aber eine Menge eigener Vokabeln. Man spricht zum Beispiel in Anlehnung ans Französische vom Drottewaar, wenn man den Bürgersteig meint, und von der Krommbiere (Kartoffel) und deckt sich nachts mit dem

Plümmo zu. Die Andernacher werden auch «Siwweschlööwe» genannt, also Siebenschläfer.

Das Publikum ist heute auf eine sehr seltsame Art zurückhaltend, geradezu siebenschläferisch. Später berichtet mir jemand, man habe sich einfach Sorgen gemacht, weil ich so erkältet gewesen sei.

In Andernach haben sie einen Weihnachtsmarkt mit einer gigantischen Krippe. Und diese Krippe, Jesusmariaundjosef, diese Krippe wird von echten lebendigen Menschen bewohnt. So kündigt das jedenfalls ein Plakat an. Wäre auch ein schöner Job für ausrangierte Bundesminister. Jürgen Trittin als Josef. Müsste sich natürlich umziehen dafür. Aber sonst würde das schon passen.

Am nächsten Morgen vor meiner Abreise aus Andernach sehe ich fern. Die Wahl von Angela Merkel zur Kanzlerin. Unser neuer Bundestagspräsident Norbert Lammert ist eine echte Betriebsnudel. Ich glaube, er arbeitet darauf hin, den Orden wider den tierischen Ernst zu bekommen. Jedenfalls macht Lammert einige gute Witze bei der Kanzlerinwahl. Immer, wenn es lustig wird, kommt Angela Merkel ins Bild. Sie lächelt gequält. Oder unterdrückt sie am Ende nur einen Rülpser?

Bonn. Beethoven ist taub, die braune Ente ist frei, und Beuel ist gefährlich
22. November 2005

Mir fallen zwei berühmte Leute ein, die aus Bonn kommen: Guido Westerwelle und Ludwig van Beethoven. Bisher ist aber nur einem von ihnen ein Museum gewidmet, das ich mir ausführlich ansehe. Das Beethoven-Haus sei da vorne, brummt ein Bonner Rentner und fuchtelt mit den Armen, aber da seien sowieso bloß Japaner, das lohne sich nicht. Der Mann hat unrecht.

Es rennen zwar tatsächlich Japaner in Ludwigs Geburtshaus rum, aber die stören mich nicht, zumal ich einen akustischen Führer für die Ausstellung geliehen habe und siebzig Minuten durch das Leben des großen Komponisten wandere. Hier die basic facts: Beethoven ist mit zweiundzwanzig Jahren nach Wien gezogen und nie mehr nach Deutschland zurückgekehrt, woran sich Guido Westerwelle mal ein Beispiel hätte nehmen können. Er hat wie Westerwelle nie geheiratet, aber sehr rührende Liebesbriefe an verschiedene Damen geschrieben und der einen oder anderen auch Werke zugeeignet, wie man damals sagte. Die Mondscheinsonate zum Beispiel. Beethovens ohnedies recht tyrannischer Vater fälschte Ludwigs Alter, um ihn besser als Wunderkind vermarkten zu können, als gewissermaßen zweiten Mozart. Das misslang aber und führte dazu, dass sich Beethoven über sein wahres Alter zeitlebens nicht recht im Klaren war. Das ist furchtbar.

Beethoven ist in Wien Dutzende Male umgezogen, eigentlich saß er immer auf gepackten Koffern. Er nutzte dort mindestens zweiundzwanzig verschiedene Wohnungen, dazu Sommerresidenzen und etliche Häuser außerhalb Wiens. Manchmal war er nicht mit den Vermietern, manchmal nicht mit der Aussicht oder mit den Nachbarn einverstanden. Ein misanthropischer Querulant, möchte man sagen.

In der ersten Etage steht eine Büste, die als einzige originalgetreue Abbildung von Beethoven gilt. Der Künstler hat dafür eine Gipsmaske vom Komponisten nehmen dürfen. Man kann daher objektiv sagen, dass Ludwig van Beethoven nicht unbedingt ein Fest fürs Auge war. Er besaß schlimme Pockennarben, eine unförmige Nase und eine große Narbe zwischen Unterlippe und Kinn. Seine Mundwinkel hingen karpfenartig nach unten, der kartoffeleske Kopf saß auf hängenden Schultern. Beethoven war klein und gedrungen und hatte offenbar die Ausstrahlung eines Serienmörders kurz nach seiner Ergreifung.

In einer Vitrine liegen die Gründe für die übellaunige Aura des Mannes: seine Hörgeräte. Gießkannenartige Rohre, gesiebte Trichter, riesige phantastische Blechschnecken, die er sich an den Kopf schnallte, um arbeiten zu können. Leider halfen diese Prothesen kaum. Schon mit einunddreißig war er schwerhörig, sein Zustand verschlimmerte sich stetig, und dann kam auch noch ein beständig durchs Hirn rauschender Tinnitus dazu.

In einem ausliegenden Brief wirbt er um Verständnis. Er sei doch gar nicht schlechtgelaunt, er leide bloß unendlich unter seiner Taubheit. Besucher können sich anhören, wie Beethoven seine eigene Musik in den unterschiedlichen Stadien seiner Ertaubung gehört haben muss. Es klingt, als öffnete man bei strömendem Regen ein Fenster, um weit in der Ferne so etwas wie Musik zu erahnen. In ruhigen Stunden, wenn er in der Natur unterwegs war und – wie man heute sagen würde – mal so richtig runterkam, war er glücklich. Seine Briefe verraten das.

Wie Beethoven wohl reagieren würde, wenn er durch ein Wunder noch einmal auf die Erde käme, man ihm ein topmodernes Hörgerät einsetzte und ihm dann seine fünfte Symphonie vorspielte, unter besten Bedingungen natürlich: im großen Musikvereinssaal der Gesellschaft der Musikfreunde in Wien, mit den Wiener oder Berliner Philharmonikern unter, sagen wir mal, Simon Rattle oder Claudio Abbado. Man darf dabei nicht vergessen, dass die Instrumente heutzutage anders klingen als damals und die Musiker sie viel besser spielen können. Ob Beethoven weinen, in Ohnmacht fallen oder bloß mit offenem Mund staunen würde? Ob sich sein Karpfenmund in den eines Delphins verwandeln würde?

Außer dem Beethovenhaus gibt es natürlich noch viele andere kulturelle Highlights in Bonn. Dazu gehört unbedingt der phänomenale Weihnachtsmarkt mit einer erstklassigen Currywurst, die ich direkt am Stand verzehre. Neben mir steht eine ausgemergelte Kettenraucherin, die sich mit einem Bekannten unterhält. Sie ist offenbar Wirtin und berät den Mann, der eine neue Kneipe aufmachen will. In Bonn-Beuel.

Sie: «Jeh nisch nach Beuel.»
Er: «Nicht?»
Sie: «Beuel is jefährlisch.»
Er: «–»
Sie: «Beuel is jefährlisch. Lasset säin, Beuel is jefährlisch.»
Er: «Was denn sonst?»
Sie: «Nimm doch die ‹Braune Ente›, die is grade frei.»
Er mit wegwerfender Handbewegung: «Doch nisch die ‹Braune Ente›! Wat sollisch denn mitter ‹Braune Ente›?»
Sie: «Die is top, die ‹Braune Ente›. Da is sogarene kleine Küsche dabäi.»
Er: «Wirklisch? Aber isch will auch 'ne Terrasse.»
Sie: «Warum bis' du so auf 'ne Terrasse kapriziert? Dat macht nur Ärjer un Arbeit. Nimm die ‹Braune Ente›, die is am besten für einen wie disch.»
Mein Gott, was würde ich jetzt dafür geben, diese «Braune Ente» zu sehen.

Ich spaziere am Bonner Hofgarten vorbei. Hier war ich schon mal. Demonstrieren. Gegen den NATO-Doppelbeschluss, Pershing zwo und Cruise Missile. Das Tolle an unserer Entrüstung war auch, dass wir ungestraft dem Schulunterricht fernbleiben konnten. An Einzelheiten der Kundgebung erinnere ich mich leider nicht. Das ist fast ein Vierteljahrhundert her.

Heute Lesung in der Aula des Clara-Schumann-Gymnasiums.
Ich warte in einem vergammelten Klassenzimmer. Wenn Clara Schumann wüsste, wie runtergekommen Bildung heute ist. An der verschmuddelten Wand steht mit Edding der schöne Satz: «Schwul sein ist cool». An der Klassentür hängt ein Merkblatt zum Thema «Mülltrennung am Clara». Es wird darauf hingewiesen, dass eine Restmülltonne «13 000 DM» (der Zettel hängt also schon länger da) kostet, und darunter heißt es: «Sauber getrennt ist halb recycelt.»
Das Mülltrennungssystem am Clara funktioniert ausweislich des Merkzettels so: Jede Klasse hat drei Mülleimer. Einen braunen für Restmüll, einen gelben für Verbundstoffe (also Tetrapak, Aludeckel, Bleche, Plastikfolien) und einen blauen für Papier. Na, das ist doch wohl wirklich vorbildlich. Das kleine Problem ist nur: Alle drei Mülleimer in dieser Klasse – sind gelb.

Grevenbroich. Bei Nacht
23. November 2005

Als ich klein war, fuhren alle Autos in unserer linksrheinischen Gegend mit dem Kennzeichen «GV» herum. Das stand für «Grevenbroich». Im Zuge irgendeiner Neuordnung und womöglich, weil Nicht-Grevenbroicher die Abkürzung immer mit «Geschlechtsverkehr» assoziierten, wurden die Nummernschilder Mitte der siebziger Jahre geändert, und seitdem haben alle Autos hier Kennzeichen, die mit «NE» für «Neuss» beginnen.

In letzter Zeit ist die Stadt Grevenbroich zu einiger Prominenz gekommen, weil der Komiker Hape Kerkeling hier Videos für sehr ulkige Lieder gedreht hat. Eines trägt den Titel «Grevenbroich bei Nacht» und ist eine Coverversion von «Strangers in the night». In dem Video trägt Hape Kerkeling eine wunderschöne Verkleidung (Perücke, Zähne, Brille, Mantel) und läuft nachts als Lokaljournalist Horst Schlämmer in der sterbenslangweiligen Grevenbroicher City herum. Im Ort ist man geteilter Meinung über Kerkeling. Eine Hälfte der Bevölkerung findet das Lied lustig und fühlt sich geehrt, dass der Komiker ausgerechnet von Grevenbroich singt. Die andere Hälfte erkennt in dem Titel und vor allem in dem Video eine Provinz-Verarsche und ist beleidigt. Hübsch ist die Bemerkung einer alten Dame, die ich auf das Thema anspreche. Sie ist sehr verwundert: «Isch weiß jar nit, warum der überhaupt Gräwenbreusch genommen hat. An Gräwenbreusch ist doch gar nix besonders.»
Das stimmt! Grevenbroich macht bei einem kurzen Rundgang einen durchaus atombombensicheren Eindruck, ziemlich gut versiegelt und jede Menge überdachte Parkplätze. Übrigens spricht man das «i» in «Grevenbroich» nicht mit aus. Das ist

ein Dehnungs-«i». Wie das «e» in Soest ein Dehnungs-«e» ist. Die Dame behauptet sogar, man spräche auch das «i» in Duisburg nicht mit, erst recht hieße es nicht «Düsburg», sondern «Duusburg». Aber das glaube ich ihr nicht.

In der zweiten Reihe sitzt ein Mann, der noch vor der Pause einpennt. Ich kann das gut verstehen. Wahrscheinlich ist er früh aufgestanden, hat zehn Stunden gearbeitet und musste seine Frau dann noch zu dieser Lesung begleiten. Und alles nur, weil er gerne nach Italien in den Urlaub fährt. Und da nickt er ein. Braver, müder Mann.
Man darf sich durchaus geehrt fühlen, wenn Männer in hässlichen Pullovern bei Lesungen einschlafen, sollte es sogar dankbar als Kompliment auffassen, denn man sitzt in der Oper oder im Theater oder in einer Lesung nicht sagenhaft bequem. Wenn sich jemand trotzdem so sehr entspannt, dass er einknackt, so liegt das auch daran, dass er sich bei dem Vortrag wohlfühlt. So kann man sich das respektlose und total unverschämte Benehmen seiner Mitmenschen jedenfalls schönreden.

Am nächsten Morgen fahre ich zum Aussichtspunkt nach Garzweiler. Das liegt drei Kilometer von Grevenbroich entfernt. Garzweiler war einmal eine Ortschaft. Die ist aber mitsamt ihren Nachbargemeinden in einem dreiundzwanzig Quadratkilometer großen Loch verschwunden. Alle Häuser und Straßen und die ganze Vegetation dort wurden abgerissen und machten dem Braunkohletagebau Platz.
Der Stromkonzern RWE buddelt hier nach Braunkohle, das im bis zu einhundertsechzig Meter tiefen Loch in dunklen Flözen lagert, von riesenhaften Baggern abgetragen und über viele Kilometer lange Förderbänder abtransportiert wird. Wohin man auch sieht, nur aufgeworfene Erde und eine Mondlandschaft, die an ihren Rändern wie Schichtnougat aussieht.
Bald hören sie auf in Garzweiler I. Es ist alles ausgebuddelt,

was sich gelohnt hat. Dann wird renaturalisiert, RWE spielt Gott und bastelt eine Landschaft; ein See soll auch entstehen. Gleichzeitig geht es jenseits der Autobahn mit Garzweiler II weiter. Das wird noch viel größer, noch gewaltiger und noch brutaler. Bis 2045 soll dann auf weiteren achtundvierzig Quadratkilometern Braunkohle gefördert werden. Knapp achttausend Menschen in achtzehn Dörfern verlieren ihre Heimat und werden von RWE umgesiedelt. Ob sie wollen oder nicht.
Dass so etwas rechtlich geht, kapiert man als juristischer Laie eigentlich nicht. Da kommt also jemand und sagt: «Guten Tag, wir brauchen Ihr Haus und Ihr Grundstück. Wir reißen es ab und schaufeln ein einhundertfünfzig Meter tiefes Loch. Und Sie wohnen dann woanders. Auf Wiedersehen.» Die Umsiedelungen haben bereits begonnen. Schon jetzt gibt es Geisterdörfer in der Nähe. Und man erzählt von Plünderungen. Fremde kommen und klauen Schilder oder Holztüren. Wird ja sowieso abgerissen, sagen die, wenn sie jemand erwischt. Noch leben ein paar Menschen zwischen Immerath und Kuckum. In ein paar Jahren erinnert nichts mehr an sie. Auch das ist Deutschland.

Bochum. In diesem Text kommt Herbert Grönemeyer nicht vor
24. November 2005

Schlechtes Wetter. Der Schily kommt aus Bochum, der Winter kommt nach Bochum. In dieser Stadt war ich bisher zweimal in meinem Leben. Das erste Mal im Rahmen einer Klassenfahrt zum Bergbaumuseum. Das ist so ungefähr dreißig Jahre her, und ich weiß noch, dass mir in einem Stollen meine auf sechzig Grad erwärmte Capri-Sonne runtergefallen ist. Einer trat drauf, der Beutel platzte, und der Mann vom Museum schimpfte wegen der Schweinerei. Das habe ich damals nicht verstanden, weil doch sowieso alles pottdreckig war in diesem Bergbau. Und dann regen die sich über ein bisschen Orangenfruchtsaftgetränk auf. Ich verstehe es immer noch nicht.

Das zweite Mal, dass ich Bochum besuchte, war wie mein Bonn-Besuch meiner Zugehörigkeit zur Friedensbewegung geschuldet. Es fanden eine Demo und ein großes Konzert im Ruhrstadion statt: «Künstler für den Frieden». Wir saßen auf einer Tribüne, und vorne traten Harry Belafonte, der damals unvermeidliche Django Edwards und die Band Bots auf. Glaube ich jedenfalls. Gesehen habe ich davon nicht viel. Damals gab es noch keine riesigen Videoscreens und so eine richtige Lightshow auch nicht. Die meisten Künstler spielten im Hellen, und der Sound war mies und leise. Den Pazifismus sollte man in Ehren halten, die Veranstalter solcher Festivals aber pfählen. Damals war uns das egal, wir waren ja nicht zum Vergnügen in Bochum, sondern für den Frieden. Da akzeptierte man sogar die schrecklichen Liedtexte von Bots. Die kamen aus Holland, klangen wie Rudi Carrell auf Droge und verkauften in Deutschland Millionen von Platten, auf denen sie vom Frieden, bürgerlichen Ungehorsam und Kommunardenleben sangen. Mit Letzterem konnten wir nichts anfangen, aber das Lied «Aufsteh'n» war ein großer Partyknüller zu der Zeit. Ich glaube, Bots war einfach eine schreckliche Band. Uns fiel damals aber nicht auf, dass die geringe ästhetische Qualität unseres Protestes ungefähr der tatsächlichen Gefahr der atomaren Aufrüstung entsprach. Der Protest war richtig, aber die Hysterie und die schrecklichen Klamotten nicht. Das kann man auch alles stilvoller und klüger machen. Da muss man mal die Globalisierungsgegner loben, die in puncto Musik und Style wirklich mehr draufhaben als wir damals.

Im Hotel lege ich mich ins Bett, es ist Nachmittag, was soll ich sonst auch machen. Man hat mich weit draußen am Rande der Stadt einquartiert. Der obligatorische Marsch durch Kirchen und Fußgängerzonen fällt damit aus. Schneeregen. Von der Bochumer Universität wird behauptet, dass es in ganz Deutschland keine Hochschule gebe, an der sich mehr Studenten umbringen. Keine Ahnung, ob das stimmt, aber es passt zum Wetter. Das verhindert nach der Lesung auch glanzvolle Aktivitäten im Bochumer Nachtleben. Ich esse noch Chili con Carne aus der Hotelbar-Mikrowelle und trinke dazu Bier. Habe mir mein Leben insgesamt feierlicher, imposanter und auch von tieferen Erkenntnissen durchdrungen gewünscht. Aber es ist bloß ein normales Bochumer Hotelleben. Keine besonderen Vorkommnisse.

Am nächsten Morgen fahre ich mit dem Taxi nicht zum Bochumer Bahnhof, sondern gleich die dreißig Kilometer durch bis nach Ennepetal. Ich habe irgendwie keine Lust auf Zug. Als ich im Hotel den Koffer aufklappe, stelle ich fest, dass ich meinen iPod in Bochum habe liegenlassen. Und ich bemerke, dass ich seit einigen Tagen außer bei den Lesungen praktisch kein Wort mehr mit jemandem gewechselt habe. Vereinsamung. Draußen schneit's.

Ennepetal. Auf der langen Reise zu mir selbst (nach Hause)
26. November 2005

Ennepetal liegt bei Wuppertal, wo Johannes Rau herkommt. Der hat Buchhändler gelernt. Wenn es in seinem Leben anders gelaufen wäre, hätte es passieren können, dass ich in der Buchhandlung Rau aufgetreten wäre. Der Seniorchef hätte mich begrüßt und spätestens nach zwei Minuten damit begonnen, Witze zu erzählen. Johannes Rau ist ein weltweit gefürchteter Witzeerzähler. Im Moment ist Witze-Saison, denn wir befinden uns im Karneval.

Johannes Rau hat keine Buchhandlung und erst recht nicht in Ennepetal, einem Ort, der mir etwas seltsam vorkommt, denn er gehört zwar zum Ruhrgebiet, hat aber keinerlei Ähnlichkeit mit dem Pott. Hügelig und bewaldet ist es hier, Talsperren überall und ungeahnte Mengen von Herbstlaub. Es dauert auch eine Weile, bis ich merke, dass ich überhaupt nicht in Ennepetal bin.
Das Hotel, in dem ich, meinem Reiseplan sklavisch folgend, eingecheckt habe, befindet sich nämlich keineswegs, wie von mir angenommen, im Zentrum von Ennepetal, sondern in einem weit davon entfernten Ortsteil. Später wird mir mitgeteilt, dass Ennepetal elf Stadtteile habe. Auf meinem Spaziergang über allmählich vereisende Gehwege bemerke ich das aber nicht und wundere mich über das Fehlen auch noch der geringsten städtischen Infrastruktur in diesem Ennepetal. Die Lesung findet angeblich in der Stadtbücherei statt, aber diese präsentiert sich unbeleuchtet und geschlossen. Wollen die mich veräppeln, diese Ennepetaler?

Verunsichert rufe ich die Veranstalterin bei der Stadtbibliothek an und erfahre, dass ich weit, weit weg vor einer Zweigstelle stehe. Ich rufe mir ein Taxi und treffe mit viertelstündiger Verspätung im «Haus Ennepetal» ein, wo sich Bücherei und Jugendzentrum befinden. Die heutige Lesung wird von der Bücherei und dem Gymnasium von Ennepetal veranstaltet, genauer gesagt von einem Deutsch-Grundkurs der Jahrgangsstufe elf und dessen Lehrer. Der Kurs hat eine Bühne dekoriert, für die Pause ein Büfett vorbereitet und in der Bücherei eine Bar eingerichtet. Auf der Bühne kommt es zunächst zu einer Spielszene. Ich soll in einem nach gängiger deutscher Inszenierungspraxis schwach angedeuteten Café sitzen und dort mein eigenes Buch lesen. Dann kommen eine Schülerin und ein Schüler ins Café und erkennen mich. Sie setzen sich an einen Nebentisch und verwickeln mich total zwanglos in ein Gespräch, in dessen Verlauf sie mir Fragen stellen. Zum Beispiel die, wie ich in der Schule gewesen sei. Auch möchten sie wissen, wie man ein Buch schreibt und warum und so. Ich gebe bereitwillig Auskunft. Pause. Essen und trinken. Dann lese ich.

Der Lehrer bringt mich zu meinem Hotel. Die Straßen leuchten weiß, eigentlich orange, denn sie reflektieren das Licht der Ennepetaler Straßenlampen. Es ist glatt, und ich lege mich beinahe lang, als ich vor dem Hotel aussteige. Der Wind wirft winzige scharfe Nadeln wie Dartpfeile durch die Luft, mein Gesicht ist das Bull's-eye (fünfzig Punkte jeder Treffer). Plötzlich ist diese Kälte da. Sie hat sich in der vergangenen Woche ein paarmal angekündigt, aber ich hatte sie nicht ernst genommen, in ihr keinen Vorboten für den Winter gesehen, es war noch viel zu früh dafür. Winter ist doch sonst erst kurz vor Weihnachten, wenn überhaupt.

Auf dem Zimmer sehe ich mir im ZDF an, was meine Landsleute für das beste deutsche Lied halten. Das Ergebnis ist erschütternd, zu niederschmetternd, um es hier zu nennen. Ich bekomme es einfach nicht getippt.

Nachts um halb fünf fängt mein Tag an. Es wird einer der längsten meines Lebens. Er beginnt mit lautem Hupen, das ich für einen akustischen Bestandteil meiner Träume halte, bis ich die Augen öffne. Dann Geschrei. Zwei Männer streiten sich unterm Fenster. Ich stehe auf, sehe hinaus. Alles weiß, weißer, am weißesten. Einer kommt nicht mit dem Auto durch den Schnee und ein anderer nicht an ihm vorbei. Da muss man natürlich wie bescheuert hupen. Da muss man sich anbrüllen. Ich schlafe danach nicht mehr ein.

Um acht gehe ich zum Frühstück und lasse gleichzeitig ein Taxi rufen. Mein ICE Richtung Heimat fährt um 9.14 Uhr ab Wuppertal. Eine Stunde, das müsste doch hinhauen, um mit dem Taxi zum Bahnhof Ennepetal und von dort mit dem Zug nach Wuppertal zu kommen. Denke ich.
«Sie sind ja witzig», sagt die Frau an der Rezeption. Und dass keine Züge führen. Und keine Busse. Und ob ich mal rausgeguckt hätte. Und es sei überhaupt nur das Technische Hilfswerk unterwegs. Trotzdem ruft sie bei der Taxizentrale an, und es nimmt auch jemand ab. Die Taxifrau sagt, sie käme, aber sie wüsste nicht, wann. Irgendwann halt.
Ich finde das okay, denn wenn die Züge sowieso nicht fahren, ist mir auch egal, wann ich am Bahnhof bin. Die anderen Hotelgäste bleiben noch, denn ihre Autos sind eingeschneit. Alles Männer. Handlungsreisende. Einer, der auf einer Autoteile-Messe war. Kumpelton. Kaffee. Rausgucken und Radio hören. Das schweißt zusammen.
Die Taxifahrerin erscheint gegen Viertel vor neun. Sie hat ein rasselndes Lachen, eine Kettenraucherstimme. Kaffee und Zigaretten. Geschnittenes Brot. Wachstuchdecke. Bodenständig, sagt man. Sie sieht von der Seite aus wie mindestens drei Le-

ben. Ständig klingelt ihr Handy, und jedes Mal sagt sie auf dieselbe geschäftige und freundliche Art: «Ihr Taxi in Ennepetal», um dann zu melden, dass sie auf dem Weg nach Wuppertal sei und danach den Fahrbetrieb einstellen würde. Es sei kein Durchkommen, nein, leider nicht. Danke sehr, auf Wiederhören.

Einmal ruft ihr Mann an und spricht schwerverständlich davon, dass sie ihren Haustürschlüssel vergessen habe. Hinterher sage ich Doofmann: «Irgendwie kann man Ihren Mann ja nicht so richtig doll verstehen. Nuschelt der immer so?»
«Der kann nicht mehr sprechen, das halbe Gebiss ist weg.» Sie sagt das nicht als Vorwurf an mich. Sie sagt es ganz ruhig, als spräche sie über jemanden, den sie nur flüchtig kennt. Ich entschuldige mich für meine Taktlosigkeit.
«Macht nix. Ich versteh den ja selber manchmal kaum.»
«Was hat er denn?»
Natürlich: Krepps.
Sie haben ihn dreimal operiert, und jedes Mal ist es schlimmer geworden. Die Schleimhäute sind vollständig zerfressen. Bis vor einiger Zeit hat er noch helfen können, auch mal was tragen. Jetzt kann er nicht mal mehr staubsaugen. Da hat sie ihm noch das Essen püriert, inzwischen bekommt er seine Nahrung über eine Magensonde. Er wiegt noch fünfundfünfzig Kilo, und das, wo er früher so ein Kawenzmann war, ein richtiger Kraftprotz. Sie sagt, er sei achtundvierzig Jahre alt. Sie sind schon sehr lange zusammen.
«Und jetzt? Besteht noch Hoffnung?», frage ich.
«Wir warten jetzt», antwortet sie. Sie sagt das so, dass man nicht auf die Idee kommt, zu fragen, worauf.
Die Polizei steht in den Autobahnauffahrten. Keiner soll mehr rauf. Im Radio hören wir, dass es in manchen Gegenden keinen Strom gibt. Die Taxifahrerin ist nett zu mir. Wenn sie nicht wäre, käme ich erst morgen nach Hause. Sie fährt, so

schnell und gut es geht. Trotzdem erreichen wir den ICE nicht. Wir sind erst um zehn Uhr am Bahnhof. Fünfundsiebzig Minuten für vielleicht fünfzehn Kilometer. Sie fährt nach Hause. Ihr Mann wird ihr einen Kaffee machen und ihr die Tasse ins Wohnzimmer bringen. Sie wird sich die Füße massieren und sagen: «Heute bleibe ich zu Hause.»
Ich nehme einen ICE nach Köln. Dort warte ich auf den nach Mannheim. Mit mir warten ungefähr dreihundert Menschen am Bahnsteig. Der ICE wartet ebenfalls, und zwar hundert Meter weiter. Worauf er wartet, weiß niemand. Dann nähert er sich und hält, aber die Türen werden nicht geöffnet. Hunderte Menschen stehen in der Kälte. Zwanzig Minuten lang. Da müsse noch ein Zugteil angekoppelt werden. Na und? Deshalb kann man doch die Leute in den Zug lassen, oder? Schließlich fahren wir mit einer halben Stunde Verspätung los, und leider, «leider kann der ICE nach München in Mannheim nicht warten. Ich wiederhole: Der ICE nach München kann in Mannheim nicht erreicht werden.» Diese Formulierung klingt immer so, als seien die Fahrgäste schuld: «Da hätten Sie eben früher aufstehen müssen.»
In Mannheim warte ich auf den ICE nach München, der hat achtzig Minuten Verspätung, die ich am Mannheimer Bahnhof mit Herumlatschen und In-Zeitschriften-Blättern totschlage. Als wir nach München losfahren, setzt sich Miroslav Nemec, der Münchner Tatort-Kommissar, auf den Platz neben mir. Ich sage: «So muss das sein, wenn man im Kaukasus reist.» Und er antwortet: «Ich komme aus Kroatien, da ist es auch so.» Er ist sehr freundlich und steht ausgesprochen gut im Strumpf für sein Alter. Ich sage das ohne Neid. Okay, bisschen Neid. Vielleicht.

In München auf die S-Bahn nach Wolfratshausen warten, danach noch zwölf Kilometer nach Hause. Elfeinhalb Stunden nachdem ich in Ennepetal das Taxi angerufen habe, ziehe ich meine Jacke aus und lasse mich auf die Couch fallen. Ich öffne den Rotwein, den ich in Bochum geschenkt bekommen habe. Sehr guter Wein. Crianza. Ich denke an die Taxifahrerin.

Dortmund. Entschuldigung, lieber Mann im Museum!
28. November 2005

Die Fahrt an diesem Montagmorgen dauert sieben Stunden. Im Großraumwagen sitzen ungeschlachte schwäbelnde Frauen im Viererpack, die stinkende Wurstbrote verzehren und sich hemmungslos über das Vereinsleben in Ulm auslassen und – ich schwöre es – einen gemeinsamen Chef namens Weiler. Sie steigen in Mannheim aus, und leider kann man nicht lüften. Dafür steigt ein Außendienstmitarbeiter ein, mit einem Handyhörer, der hinter dem Ohr verknotet wird. Er spricht in Rätseln. Ob man den Spiff schon im Commission-Plan habe? Der Bernd habe das Spiff-Tool bereits auf dem Rechner. Und ob die Kollegen mittags schon gesoffen hätten? Hahaha. Die seien ja drauf! Und dass bis auf die «K» alles lieferbereit sei. Und dass er nun in einen Tunnel führe. Und das es Kraut und Rüben sei, was bei Fiege passiere. Und dass es von ganz oben eins auf den Deckel gäbe, wenn man es nicht schaffe, die Sache online zu kriegen. Und ob der Termin mit Ratio noch stehe? Es sei ja alles viel Arbeit und wenig Output. Jaja. Und dass er den ganzen Sheet schnell durchpauken müsse.

Zwischen Köln und Düsseldorf ist die Strecke gesperrt, wegen polizeilicher Ermittlungen, was immer das bedeuten mag. Also fahren wir einen Umweg und rollen dann ganz langsam durch Düsseldorf. Da kommt man immer an einem Puff vorbei. Es sitzt nur eine junge Frau am Fenster. Es ist das Fenster mit der Nummer zweiunddreißig. Der Zug fährt sehr langsam, und ich sehe sie ganz genau. Sie ist blond und jung und wunderschön. Ich glaube, sie hat mich auch angesehen. Mich oder einen der anderen Männer, die aus dem Zug in ihr Fenster starren.

Ob wohl einer von ihnen den Weg vom Bahnhof zu dem Bordell zurückläuft? Bestimmt gibt es dort einen Portier.

«Guten Tag.»
«Tag.»
«Ich bin da gerade mit dem Zug vorbeigefahren.»
«Aha.»
«Ja. Und da sah ich eine junge Dame am Fenster zweiunddreißig sitzen.»
«Ja, das wundert mich nicht.»
«Gut. Und ich dachte, dass es vielleicht möglich wäre, mit dieser jungen Frau den Geschlechtsverkehr auszuüben. Gegen Bezahlung natürlich.»
«Sicher lässt sich das einrichten. Wir bieten aber außer dem reinen Koitieren auch andere Spielarten des körperlichen Vergnügens an.»
«Ach. Tatsächlich. Nun bin ich aber neugierig. Was ist denn da im Angebot?»
«Was möchten Sie denn anlegen?»
«Na, ich dachte so an zwanzig Euro. Dreißig?»
«Für diesen vergleichsweise geringen Betrag kann ich Ihnen leider nicht mehr anbieten als eine Flasche Bier und die zehnminütige Betrachtung der jungen Dame von zweiunddreißig. Tut mir leid.»
«Ach so. Vierzig?»
«Kaltes Bier.»
«Das sind ja gehörige Preise, die Sie da aufrufen. Ich bin nicht sicher, ob wir so ins Geschäft kommen.»
«Ich bitte Sie, das sind doch noch gar keine Beträge. Für fünfzig würde sie außerdem zu Donna Summer tanzend ihren zuckenden Leib im Lichte eines Stroboskops winden.»
«Und wie wäre es doch optional mit Geschlechtsverkehr?»
«Der kostet ab einhundertzwanzig Euro. Ich muss Sie allerdings darauf hinweisen, dass die Benutzung eines Latex-Prä-

servativs in unserem Hause obligatorisch ist und eine Benutzungs- sowie eine Hygienegebühr nach sich zieht.»
«Und wie hoch fällt die aus?»
«Achtzehn Euro.»
«Und wenn ich selbst ein Präservativ beibringe?»
«Das kann ich leider nicht erlauben. Ich bin hier für die Sicherheit zuständig. Dafür werden Sie Verständnis haben.»
«Selbstredend. Aber Sie werden im Gegenzug verstehen, dass ich unter diesen Umständen die Masturbation unter Zuhilfenahme eines Telefongesprächs vorziehe. Das kostet nur etwa zwölf Euro.»
«Aber es entgeht Ihnen das sensorische Erlebnis.»
«Damit muss ich leben. Als geschiedener Mann bin ich das gewohnt.»
«Gut, dann danke ich Ihnen auf jeden Fall für Ihr Interesse.»
«Ja, danke auch für das Angebot. Vielleicht komme ich noch darauf zurück. Ich bin in zwei Tagen wieder in Düsseldorf.»
«Da müsste ich Sie enttäuschen. Die junge Dame von Zimmer zweiunddreißig ist nur noch bis heute Abend bei uns. Sie reist dann weiter nach Bremen.»
«Ach so.»
«Ja, ich wünsche Ihnen noch einen schönen Tag.»
«Augenblick. Ich überlege gerade, ob es nicht doch einen Weg gäbe. Wenn Sie mir geringfügig entgegenkämen.»
«Um zehn Euro. Mehr ist nicht möglich. Wir müssen auch kosteneffizient arbeiten.»
«Sicher. Einverstanden.»
«Dann darf ich Sie nun bitten, mitgebrachte Speisen und Getränke bei mir abzugeben.»

Ich kenne keine Stadt, die für mich so von einer Farbe geprägt ist wie Dortmund: Gelb. Das hat natürlich mit den Trikots der Borussia zu tun. Dortmund ist gelb. Und nicht besonders schön. Jedenfalls nicht auf der Strecke, die ich mit dem Zug

passiere. Es ist aber auch nicht hässlich. Es sieht nur so ungeliebt aus, so aufgegeben. Dortmund ist wie eine Frau, die sich nach dem fünften Kind nicht mehr die Haare kämmt, weil sowieso alles egal ist.
Kurz vor der Einfahrt in den Hauptbahnhof, also immerhin mitten in der Stadt, passieren wir eine riesige Brachfläche, in deren Mitte ein kaputter Ziegelturm steht, auf dem noch das riesige «U» der Union-Brauerei thront. Soll hier ein Shoppingcenter entstehen, oder weiß man da jetzt auch nicht weiter?

Dortmund hat einen riesigen, wenn auch durch die ganze Innenstadt zersiedelten Weihnachtsmarkt. Nicht so hübsch wie in Bonn, aber viel, viel größer. Das Angebot ist überall dasselbe, und man kennt es seit Jahren. Neu sind nur diese großen Deko-Figuren. Mag ich nicht. Besonders blöd finde ich Dick und Doof als Kellner, gerne auch als besoffene Kellner. Man kann ihnen Flaschen aufs Tablett stellen. Da lobe ich mir doch die Schnitzkunst des Erzgebirges. Die brennt wenigstens richtig.

In Dortmund ist mir mal etwas sehr Peinliches passiert. Ich nutze die Gelegenheit, mich hier und jetzt bei einem Dortmunder zu entschuldigen, dessen Namen ich nicht kenne. Ich weiß nicht einmal mehr, wie er aussah, aber die Sache war wirklich sehr unangenehm.
Ich war damals auf der Zivildienstschule in Herdecke. Wir haben da zum Beispiel gelernt, wie man Betten faltenfrei bezieht. Das lernt man bei der Bundeswehr auch, und es ist die einzige Gemeinsamkeit der beiden Ausbildungen, würde ich sagen. An einem Tag fuhren die Zivis mit ihren Ausbildern in die Dortmunder City. Dann wurden Rollstühle aus dem Bus geholt und Wolldecken. Die eine Hälfte von uns setzte sich in die Rollstühle, die andere Hälfte schob. Wir sollten auf diese Weise lernen, die Welt aus der Perspektive eines Behinderten

zu sehen und die Schwierigkeiten zu erfahren, mit denen man als Rollstuhlfahrer leben muss.
Ich wählte mit zwei Kollegen ein Dortmunder Museum aus. Es war ein modernes Haus mit sehr steilen Treppen im Inneren. Da war kein Hochkommen, keine Chance. Ich saß im Rollstuhl und jammerte. Da tauchte ein Herr auf und bot meinen Kollegen an, mich gemeinsam im Rollstuhl die ungefähr vierzig Stufen hochzutragen. Bevor wir sagen konnten, dass dies nur eine Übung, quasi das Äquivalent zu einem Bundeswehrmanöver war, legte er schon Hand an, und wir ließen ihn gewähren. Gemeinsam asteten sie den Rollstuhl über die Treppe. Oben angekommen, dankten wir ihm sehr, und er antwortete, das sei doch absolut selbstverständlich.
Nach ein paar Minuten drängte ein Zivi-Kumpel darauf, jetzt mal zu tauschen. Wir rollten in einen Raum, in dem sich gerade niemand befand, ich stand auf, er setzte sich in den Rollstuhl. Genau in dem Moment, als ich fürsorglich die Wolldecke über seine Beine legte, stand der Mann in der Tür. Er starrte uns an. Er sagte die Worte, die ich nicht vergessen kann, denn es klang so viel Enttäuschung darin mit. Menschliche Enttäuschung. Er sagte: «Ihr seid richtige kleine Arschlöcher.» Dann ging er weg. Mein Gott, war das peinlich. Ich bin sicher, dass er nie wieder einen Rollstuhl samt Inhalt in den ersten Stock getragen hat. Bitte, lieber Mann, entschuldige.

Wieder Lesung in einer Stadtbücherei. Fröhliche Dortmunder sitzen auf Bierbänken, was mir leidtut. Auf Bierbänken kann man nicht die ganze Dauer einer Lesung schmerzfrei sitzen. Die haben morgen alle Rückenschmerzen. Anschließend signieren. Viele Weihnachtsgeschenke heute Abend. Es sind nur noch knapp dreieinhalb Wochen bis Heiligabend.

Iserlohn. Beinahe im Nichts
29. November 2005

Ich bin ja der Auffassung, dass es immer irgendwas zu erzählen gibt. Es ist völlig unmöglich, dass einem Menschen an einem Tag wirklich gar nichts passiert. Selbst ein den ganzen Tag meditierender Yogi wird abends beim Bier im Pilspub etwas zu berichten haben – und sei es nur, dass sich ein Schmetterling auf seinen Fuß gesetzt hat. Irgendwas ist immer. Außer heute.

Ich komme mit dem Zug aus Dortmund, was als Reise schon wegen der kurzen Fahrzeit nicht erwähnenswert ist, und nehme auf dem vollkommen runtergekommenen Bahnhof von Iserlohn ein Taxi. Auf mein Stichwort («Und? Wie ist denn Iserlohn so?») beginnt der Fahrer wüste Verwünschungen gegen seine Heimatstadt auszustoßen. Das sei hier alles Schrott, sagt er. Alles im Arsch, nicht einmal die Straßen würden nachts so richtig beleuchtet. Wo man denn abends hinginge, frage ich. Er zeigt auf ein Kino und sagt, dass dort alle abhingen, da sei der «Apfelbaum» drin, eine Kneipe. Nur besoffene Blagen seien da, schimpft er. Überhaupt sei Iserlohn das Letzte. Schuld daran seien nicht nur, aber auch die Ausländer. Er kann sich gar nicht mehr beruhigen. Der Umgang mit Taxifahrern ist nicht immer angenehm, aber besonders dann nicht, wenn man neben einem sauerländischen Vulkan sitzt.
Tatsächlich hat es Iserlohn nicht leicht, denn sie ist zwar die größte Stadt des Sauerlands, aber richtig groß ist sie dennoch nicht: Ab 100 000 Einwohner darf man sich Großstadt nennen, und Iserlohn liegt knapp darunter, kann also nur behaupten, beinahe groß zu sein, was viel schlimmer ist, als klein zu sein.

Das Hotel finde ich eingedenk der Anreise überraschend schön, und das Personal trotzt dem Iserlohner Schicksal städtischer Agonie mit ganz ungewöhnlicher Freundlichkeit.
Jede Woche auf meiner Reise war die Woche von irgendwas. Es gab die Wahlwoche, die Koalitionswoche, die Heiserkeitswoche und die Ferienwoche. Was für eine Woche gerade ist, habe ich noch nicht entschieden. Es gibt drei Möglichkeiten: die Wintereinbruchswoche, die Regierungserklärungswoche oder die Woche der Geiselnahme. Heute ist der Tag des Nichts in der Woche nach dem Gammelfleisch.

Von einer Sache muss man aber doch berichten. Das Publikum in Iserlohn. Die Leute sind so was von anders als die beinahe große, unbeleuchtete, gequälte Stadt, dass man es nicht glauben kann. Sie sind heiter, offen, modern. Sie passen gar nicht hierher, oder mein Iserlohn-Bild ist grundfalsch. Wie dem auch sei, am Ende hatte der Tag doch ein besonderes Ereignis: Menschen.

Hagen. Kein Wagen in Hagen
30. November 2005

Manchmal wache ich auf und weiß nicht, wo ich bin. Also nicht nur, in welcher Stadt ich mich befinde, ist mir unklar. Ich weiß auch nicht, in welcher Richtung ich aus dem Bett steigen muss, um ins Bad zu kommen. War das Bad nun rechts oder links. Ach so, links war es in Dortmund, heute ist es auf der rechten Seite. Und was ist das da geradeaus für eine Tür? Und wie spät ist es? Ich verliere jetzt öfter die Orientierung. Manchmal muss ich in meinem Reiseplan nachsehen, wo es als Nächstes hingeht. Ich zeige geistige Auflösungserscheinungen. Ich bin immer noch in Iserlohn, vielleicht liegt es daran.

Heute muss ich nach Hagen. Dort übernachte ich aber nicht, denn ich will nach der dortigen Lesung noch weiterreisen. Ich nehme daher ein Iserlohner Taxi und lasse mich zur Autovermietung Sixt bringen. Der Mann am Schalter ist sehr unangenehm überrascht von meiner Absicht, bei Sixt ein Auto zu mieten. «Autos haben wir nicht», sagt er. Aber das sei doch eine Autovermietung, insistiere ich. Daraufhin bietet er mir einen Kleinlaster an und weidet sich an meiner Verzweiflung. Sie hätten eigentlich nie Autos, erklärt er mir. Ich bitte ihn, in der nächstgelegenen Filiale zu fragen. Die ist in Menden, und dort gibt es ebenfalls keine Autos. Ich nötige ihn, in Hagen anzurufen. Das macht er und teilt mit, auch in Hagen gäb's keinen Wagen. Eigentlich habe man grundsätzlich nur Autos auf Reservierung.
Ich stelle mir vor, dass der Sixt-Mann morgens in eine Bäckerei geht und ein Brötchen kaufen will. Der Bäcker sagt, dass man keine Brötchen habe und dass dies auch auf sämtliche anderen Filialen zuträfe. Und Brot führten sie auch nicht. Eigentlich

gar keine Backwaren. Was würde der Sixt-Mann von so einer Bäckerei halten? Ganz einfach: nichts. Er würde eine andere Bäckerei aufsuchen.
Das mache ich auch und schleppe mein Gepäck auf Anraten des Sixt-Angestellten zu Avis. Mein Ansinnen, ein Auto zu mieten, findet der Avis-Bursche zum Piepen, und dann erklärt er mir, dass er kein Auto habe. Ich verlasse diesen kafkaesken Ort, fahre mit dem Zug von Iserlohn nach Düsseldorf und leihe am dortigen Hauptbahnhof bei Sixt das letzte Auto.

Ich verbringe den Rest des Tages bei meinen Eltern und untersuche den Kühlschrank und die Schränke nach abgelaufenen Lebensmitteln. Das ist mein Hobby. Obwohl ich es seit Jahren ausübe, wenn ich zu Besuch bin, finde ich immer etwas. Zum Beispiel Gelatine, mindestens haltbar bis Juni 1992. Meine Mutter behauptet, Gelatine halte sich ewig. Das mag wohl sein und verweist darauf, dass sie die Packung vermutlich im Jahre 1979 gekauft hat, wenn sie ewig, also bis 1992, haltbar war. Das Verpackungsdesign scheint das jedenfalls zu bestätigen. Und der Preisaufkleber stammt von einem Supermarkt, der schon vor vielen, vielen Jahren geschlossen wurde. Da muss ich sehr lachen. Es findet hier gerade die Austragung des Generationenkonfliktes zwischen den letzten Deutschen statt, die noch hungern mussten, und ihren Kindern, die nie hungern mussten.

Abends dann Hagen. Ist das nicht die Heimatstadt von Extrabreit und Nena? Die ging ja, wenn ich mich richtig erinnere, damals von Hagen nach Berlin und jobbte bei dem Musikmanager und Fotografen Jim Rakete. In Berlin wurde sie jedenfalls entdeckt und startete ihre Karriere. Ich möchte folgende Theorie in den Raum stellen: Wäre Hagen bloß ein bisschen schöner und interessanter, dann wäre Nena nicht nach Berlin geflüchtet, und uns wäre «Kleine Taschenlampe brenn'» erspart geblieben.

Außerdem in Hagen: Brandt-Zwieback. Das Leben ist hier also nicht nur hart, es krümelt auch, und zwar an allen Ecken und Kanten. Was die alte Bausubstanz angeht, zerbröselt Hagen wie ein Stück Zwieback.

Wie erwartet, hat Hagen auch einen Weihnachtsmarkt, vergleichsweise klein. Da gibt es Hot Dogs. Hmm. Wenn ich mich recht erinnere, bestehen Hot Dogs aus einem Wiener Würstchen, das mit gerösteten Zwiebeln, Essiggurken, Mayo und Ketchup, vielleicht auch Senf in ein weiches Brötchen gelegt wird. So kenne ich das. Bei Ikea gibt es ganz passable Hot Dogs und in New York natürlich sowieso an jeder Straßenecke.

Ich bestelle also ein Hagener Hot Dog, und was soll ich sagen: In Hagen werden die Hot-Dog-Würstchen frittiert! Shocking! Die Frau FRITTIERT den Hot Dog.

Hagen, Stadt der frittierten Hot Dogs.

Bin nach der Lesung erst gegen zwei Uhr nachts im Bett und muss noch ein bisschen fernsehen. Die Regierungserklärung der Bundeskanzlerin. «Bundeskanzlerin Merkel», sagen die Nachrichtensprecher jetzt. Ich bin überrascht, dass ich mich daran so schnell gewöhne: «Bundeskanzlerin Merkel».

Eigentlich dachte ich, dass ich größere Schwierigkeiten damit haben würde. Genau wie damals mit den fünfstelligen Postleitzahlen. Ich habe gedacht, die setzen sich nie durch. Es gab deshalb dieses mediokre Comicmännchen, diesen Fünf-Finger-Rolf, der uns an die Postleitzahlen gewöhnen sollte. Aber eigentlich war der Rolf ganz unnötig, die fünfstelligen Postleitzahlen schraubten sich auch so im Bewusstsein der Deutschen fest. Ging ganz schnell damals.

Was der Postleitzahl ihr Rolf, ist der Angela Merkel ihr Joachim.

Meerbusch. Kleine Stadt. Große Aufregung
1. Dezember 2005

Die Stadt Meerbusch ist in Wahrheit keine Stadt. Es handelt sich eher um die Zwangsvereinigung einiger Dörfer, die dafür gar nicht vorgesehen waren. Wenn man es recht bedenkt, waren erdgeschichtlich nicht einmal die Dörfer vorgesehen. Sie entstanden aus purem Zufall in göttlicher Sektlaune.

Die Schöpfungsgeschichte Meerbuschs geht ungefähr so: Gott erschuf also Deutschland und malte mit einem blauen Pinsel den Rhein. Anschließend griff er nach einem roten Pinsel und kleckste die Städte als größere Punkte ans Ufer, mal links vom Rhein (Köln), mal rechts (Düsseldorf), wieder links (Krefeld) und wieder rechts (Duisburg). Dann nahm er einen Schluck Champagner, weil er so zufrieden war. Der Champagner kitzelte ihn in der Nase, und er musste niesen, hatte aber noch den Pinsel in der Hand. Aus dem Pinsel spritzten rote Tröpfchen und landeten genau zwischen Düsseldorf und Krefeld, auf der linken Rheinseite. Der Schöpfer überlegte, ob er einfach ganz viel rote Farbe nehmen sollte, um alle roten Punkte im Umkreis zu einer riesengroßen Stadt zu übermalen, aber das hatte er schon in Hamburg und in Berlin gemacht, und es gefiel ihm nicht besonders.

Also ließ er die kleinen roten Fleckchen kleine rote Fleckchen sein und gab ihnen (er war ein klein wenig beschwipst) sehr merkwürdige Namen: Ossum-Bösinghoven, Lank-Latum, Strümp, Osterath, Büderich, Ilverich, Nierst und Langst-Kierst.

Danach trank er sein Glas aus und ging mit seinem Hund zum Altglascontainer, um die leere Flasche wegzubringen. Dabei erkältete er sich, bekam einen mörderischen Schnupfen und setzte sich wieder an den Schreibtisch. Kurz darauf entstand unter furchtbarem Geniese das Ruhrgebiet.

Viel später wurden die Dörfer zwischen Krefeld und Düsseldorf im Rahmen irgendeiner Gebiets- oder Verwaltungsreform unter dem Namen Meerbusch zusammengefasst. Eigentlich wollte Düsseldorf gerne den Ortsteil Büderich eingemeinden, weil da so viele reiche Steuerzahler wohnen, aber das klappte irgendwie nicht. Meerbusch wurde also Meerbusch. Den Namen der Stadt haben sie sich irgendwie bei einem Brainstorming ausgedacht, er ist jedenfalls nicht älter als die Stadt selbst. Die sollte erst «Rheinaue» heißen, aber der Name war nicht sehr originell, Rheinaue gibt es schon ein paarmal. Also Meerbusch. Es hat ein Hallenbad im Angebot, zwei Gymnasien, 55 000 Einwohner und eine gute Kneipe.
Die Meerbuscher Dörfer verteilen sich auf eine nicht unerhebliche Fläche, dazwischen liegen Felder und Wälder, und das könnte ganz schön sein, aber überall sind Autobahnen in der Nähe, die das Stadtgebiet sauber teilen wie Linien auf einem Schnittmusterbogen. Ich bin in Strümp aufgewachsen. Dort und im Ortsteil Ilverich wurde vor einigen Jahren ein neuer Autobahnabschnitt der A 44 nebst Rheinbrücke gebaut. Man ist jetzt von dort aus in weniger als zehn Minuten am Düsseldorfer Flughafen. Dafür hat man aber auch einen furchtbaren Lärm im Garten. Bei schönem Wetter hört man die Autos über die Brückenschweller fahren: «Flappflapp» macht das.
Ich bin vor fünfzehn Jahren weggezogen. Seitdem hat sich die Stadt nicht unbedingt zu ihrem Vorteil verändert. In Lank-Latum hat man den Ortskern verkehrsberuhigt, in Osterath ebenfalls, was zumindest im letzteren Fall dazu geführt hat, dass man nun kaum mehr ins Dorf kommt. Man hat sich gegen Besuch von außen abgeschottet und eine Umgehungsstraße gebaut. Osterath ist die DDR Meerbuschs.
In Strümp soll an der Autobahn ein neues Wohngebiet mit

winzigen Reihenhäuschen entstehen. Angeblich läuft der Verkauf der Grundstücke nicht besonders, weil erstens das Grundwasser auf dem zu bebauenden Acker sehr hoch steht und zweitens die Nähe zur Autobahn nicht ernsthaft als Verkaufsargument herhalten kann. Man wirbt mit der Nähe zu Düsseldorf und dessen Flughafen. Schon merkwürdig: Menschen sollen irgendwo hinziehen, weil sie von dort schnell wegkönnen. Wenn Sie das jetzt merkwürdig finden: Das ist niederrheinische Dialektik.

Wir Jungs orientierten uns mit vierzehn Richtung Düsseldorf. Sobald wir alt genug waren, fuhren wir mit der Straßenbahn in die Altstadt, wo wir auf der Ratinger Straße landeten. Das war in den achtziger Jahren eine Art Abenteuerspielplatz für Jugendliche. Man trank Bier und stand herum und wechselte ständig das Lokal. Man begann entweder in der «Uel» oder im «Einhorn», wo man gut flippern konnte. Danach gingen wir in den berühmten «Ratinger Hof», dem damaligen Zentrum deutscher Sub- und Popkultur. Man hoffte immer, vielleicht mal Beuys oder Immendorf oder wenigstens Lüpertz dort zu sehen, aber die waren in den Achtzigern nicht mehr dort.
Im «Ratinger Hof» gab es auch Konzerte, meistens aber stand man rum und wartete auf irgendwen. Dass er damals ein berühmtes Lokal war, war uns nicht bewusst. Wir waren gerne dort, weil eine aufregende, aber zugleich niemals gefährliche Spannung herrschte. Jetzt ist eine Techno-Disco drin. Sieht jedenfalls von außen so aus. Ich war seit vielen Jahren nicht mehr da. Den Rest der Altstadt, die selbsternannte «längste Theke der Welt» mit ihren miesen Pizzabuden und Spießerkneipen, fanden wir langweilig, da brachten uns keine zehn Pferde hin.

Wenn ich in Meerbusch bin, erkundige ich mich immer bei meinen Eltern nach den Nachbarn. In letzter Zeit wird dort beunruhigend häufig gestorben. Die Generation unserer Eltern wird gebrechlich. Sie kauft auch nicht mehr so viel ein, weil sie immer weniger isst. Die Straßen, auf denen früher fünfzig Kinder spielten, sind leer.

Ich bin immer ein wenig traurig, wenn ich in Meerbusch bin. Meine Freunde aus der Schule sind weggegangen wie ich, sie haben Kinder, sind schon wieder geschieden, oder sie sind immer noch da und haben sich damit abgefunden. Ich habe kaum noch Kontakte hier. Vielleicht sind es fünf. Oder nur vier. Aber ich habe gehört, dass heute Abend ein paar zu meiner Lesung kommen wollen. Es gibt ein paar Leute, die ich in Verdacht habe, laut zu johlen, sobald sie mich sehen. Aber alles geht gut. Eine Freundin fährt mich später nach Hause, wo ich vor lauter Aufregung nicht einschlafen kann. Wegen der Ratten.

Meerbusch hat nämlich ein Rattenproblem. Ausgerechnet das saubere Meerbusch. Die Stadt legte Gift in den Abwasserschächten aus, um die Plage zu bekämpfen. Alle vergifteten Gullys sind mit einem roten Punkt markiert. Meine Mutter hat sich wegen dieser Markierungen erst gesorgt. Man kennt das ja von Einbrecherbanden, die in Wohngegenden Häuser kennzeichnen, in die man einbrechen kann. Sie informierte sich dann, und es hieß: Da, wo die Punkte sind, liegt Gift. Also auch direkt vor ihrem Haus.

Erkrath. Die geblendete Frau
2. Dezember 2005

Erkrath ist in seiner Nachbarschaft als der Ort bekannt, wo mehrere Autobahnen aufeinandertreffen. Etwas weiter oben mündet die A 44 auf die A 3, ein paar Kilometer südlich kreuzen sich A 46 und A 3. Es ist viel Verkehr, und Erkrath ist jeden Tag im Radio – wenn die Staumeldungen kommen. Man rauscht so durch. Haan, Hilden, Mettmann und eben Erkrath. Alles Orte, von denen nichts haftenbleibt, was natürlich wieder ungerecht und einseitig betrachtet ist.
Sicherlich wäre Erkrath weltberühmt, wenn es nicht Erkrath hieße, sondern Neander, denn genau dort befindet sich das Neandertal, wo vor zweihunderttausend Jahren der megahammermäßig berühmte Neandertaler gelebt hat. Weiß aber leider kaum jemand, außer die Erkrather.

Noch zwei Sachen, die man nur in Erkrath weiß: Hier gibt es die steilste ohne Zahnradstange betriebene Eisenbahnstrecke Deutschlands. Sie führt von Erkrath nach Hochdahl. Und: Erkrath war im neunzehnten Jahrhundert mal Kurort, was man einer schwefelhaltigen Quelle verdankte. Damals sprach man von Erkrath als dem bergischen Nizza. Reiche Düsseldorfer lebten hier, es entstanden ein prachtvolles Kurhaus, Badehäuschen und Respekt heischende Villen. Um 1870 versiegte die Quelle, und damit war die kurze glanzvolle Karriere von Erkrath auch schon wieder vorbei.
Erkrath ist heute wie Meerbusch ein Vorort von Düsseldorf, allerdings auf der rechten Rheinseite. Die Stadt feiert demnächst ihr vierzigjähriges Bestehen. Seit 1975 gehört Hochdahl zu Erkrath, was die Hochdahler offenbar verbittert. Jedenfalls legen sie bei der Lesung im evangelischen Gemeindesaal großen

Wert auf die Feststellung, dass ich in Hochdahl sei und NICHT in Erkrath. Das ist irgendwie vermintes Gebiet, vielleicht hatten die mal Krieg.

Bremen. Magensäure frisst Lebensfreude
7. Dezember 2005

Die neue Woche führt mal wieder in den Norden unserer unförmigen, ausgefransten Republik. In das sympathische Bremen. Es gilt als pleite, aber schön. Die freie Hansestadt ist aus Gründen, die mit der föderalistischen Schrulligkeit unseres Staates zu tun haben, unter Hinzufügung von Bremerhaven sogar Bundesland. Heute habe ich die größtmögliche Konkurrenz: Champions League, Heimspiel im Weser-Stadion. Da kommen nur Frauen, ganz sicher.

Am Bremer Flughafen werde ich von zwei Mitarbeitern der kleinsten öffentlich-rechtlichen Sendeanstalt Deutschlands abgeholt. Zuerst muss ich in eine Live-Mittagssendung von Radio Bremen. Diese wird von einer Frau moderiert, die sich in eine Moderationstaube verwandelt, sobald sie on air ist. Sie spielt «Wildflowers» von Tom Petty und gurrt dann: «Ein Strauß wilder Blumen, überreicht von Tom Petty.» Ich schwöre, während die Musik lief, war sie noch ganz normal.
Radiomenschen sind entspannter als Fernsehleute. Und beim Radio kommt es auch nicht so sehr auf die Optik an – das gilt übrigens nicht nur für das Programm. In einem Funkhaus rennen Gestalten rum! Man meint, es handele sich bei einem öffentlich-rechtlichen Rundfunksender um ein Ausbildungszentrum für Schiffsschaukelbremser. Andererseits sind alle sehr freundlich.

Danach gehe ich spazieren und sehe mir die Fußballfans von Panathinaikos Athen an, die irritierenderweise nicht von den Bremer Anhängern zu unterscheiden sind, weil beide grün und weiß gekleidet sind. Die Polizeiwagen in der Innenstadt haben dasselbe Dekor und sehen aus wie Fan-Mobile. Ich besichtige den Dom und würde auch gerne die Mumien bestaunen, aber der Bleikeller hat geschlossen. Gehe ich halt über den Weihnachtsmarkt, danach durch das Schnoorviertel, so heißt die historische Fachwerkgasse hier. Es schieben sich mehrheitlich Senioren auf der Suche nach Kuchen hindurch.

Am späten Nachmittag geht es nach Nienburg, wo ich heute Abend lese. Es ist nicht wirklich viel los hier. Ich habe noch ein wenig Zeit und laufe durch die Fußgängerzone, deren Beleuchtung genau wie der Weihnachtsmarkt gerade ausgeschaltet wird. Stecker raus, Dunkelheit, Feierabend. Laufe ersatzweise in eine Kneipe und blättere in einer Zeitschrift namens «Nienburger Journal», wo große Formulierungskünstler am Werk sind. Ein Beitrag trägt den alarmierenden Titel «Magensäure frisst Lebensfreude». Na, so was! Auch gut: «Rückenschmerzen: Es geht auch ohne Cortison.»
Mein Lieblingstext handelt von Korporal Dieter Schröder, der die Kommission zur Planung des wichtigsten gesellschaftlichen Ereignisses in Nienburg leitet, dem Winterball des Offiziers- und Unteroffizierscorps der Bürgerkompanien der Stadt. Über Dieter Schröder heißt es hier: «In Sachen Ball ist er ein alter Hase.»

Die Lesung (geschätzter Männeranteil tatsächlich 3,4 Prozent) findet in einem modernen Saal der Sparkasse statt. Hinterher bekomme ich vom Sparkassenchef einen Karton mit zwei Flaschen Wein und einem Christstollen geschenkt. Danke sehr.

Erfurt. Müde bei Fröhlich
9. Dezember 2005

Diese Stadt gehört zu den gleichzeitig angenehmsten und nervtötendsten Orten Deutschlands. Angenehm, weil wirklich eine Reise wert, nervtötend, weil praktisch nicht erreichbar. Erfurt ist nur gut mit dem Hubschrauber zu bereisen. Da mir kein Hubschrauber zur Verfügung steht, nehme ich den ICE von Bremen nach Göttingen, von dort geht es mit einem Regionalzug weiter. So reist man Stunde um Stunde durch eine Gegend, in der man sich Postkutschen gut vorstellen kann. Thüringen ist schön, außer man hat es eilig.
Ich muss heute nach Erfurt, weil der dort ansässige Mitteldeutsche Rundfunk mich in die Sendung «Fröhlich lesen» eingeladen hat. Gastgeberin dieser kleinen Plauderrunde ist Susanne Fröhlich, vor der ich mich fürchte. Sie besitzt nach allem, was man weiß, ein forsches Wesen und eine erstaunliche Anzahl von langen dicken Haaren. Komisch, aber das macht mir nun einmal Angst.

Der MDR ist ganz anders als Radio Bremen, nämlich super topmodern. «Klar», denken jetzt Leser aus dem maroden Bremen. «Die da drüben kriegen's wieder vorne und hinten reingeblasen. Bei uns in Bremen gehen die Geräte in der Rundfunktechnik nicht, und die in Erfurt haben natürlich ein picobello Studio mit blitzblanker Technik und einem superschicken Foyer.» Tja, das kann ich jetzt nicht ausräumen. Das ist wohl so. Andererseits mussten die in Erfurt auch vierzig Jahre darauf warten, in einem schönen Haus ein von der freiheitlichdemokratischen Grundordnung geprägtes Programm machen zu dürfen. Was dabei rauskommt, ist zwar zum Teil sehr seltsam, aber das mögen die Leute hier. Basta.

Susanne Fröhlich stellt sich trotz der vielen Haare und dem riesigen Mund als eine ausgesprochen angenehme Dame heraus. Als ich sie sehe, denke ich: Das ist eine Frau, der man augenblicklich was Süßes schenken muss. Also überreiche ich ihr zur Begrüßung den Christstollen aus Nienburg. Diese vertrauensbildende Maßnahme verringert deutlich das Risiko, von Frau Fröhlich verspeist zu werden. Nach der Sendung sitzen wir noch bei Kaffee und belegten Broten zusammen und plaudern. Dieses Gespräch ist eigentlich besser als das in der Sendung. Man sollte diese Unterhaltungen senden und nicht die eigentliche Aufzeichnung. Das ist oft so beim Fernsehen. Das Beste sieht man gar nicht.

Der Flughafen von Erfurt ist sehr putzig, genau wie das Flugzeug nach München. Es handelt sich um eine stark schaukelnde Indiana-Jones-artige Propellermaschine. Mir ist schlecht. Zu viel Kaffee in Erfurt. Ich sollte gar keinen Filterkaffee trinken.

München. Hirsepelz und Zimtschuhe
12. Dezember 2005

Seit Jahren geht München dem Rest der Welt mit einer Formulierung auf den Wecker, die zum Ausdruck bringen soll, dass sich in Bayern und eben ganz besonders in München Tradition und Gegenwart im scheinbaren Gegensatz, aber eben enorm erfolgreich und somit natürlich beispielgebend verbinden. Die Horrorformulierung lautet «Laptop und Lederhose» und hat den Freistaat mitsamt seiner Hauptstadt schon oft in Misskredit gebracht, weil es durchaus Menschen gibt, die den technischen Fortschritt eines Landes für selbstverständlich und die Tradition nicht unbedingt für erwähnenswert und den ganzen Ausdruck daher für das genaue Gegenteil von gelebtem Selbstbewusstsein halten. Dies alles ändert aber nichts daran, dass München nicht nur die deutsche Großstadt mit der höchsten Bevölkerungsdichte, sondern auch die lebenswerteste ist. Wer hier wohnt, hat es gut: Die Stadt ist schön, das Klima angenehm und die Stimmung nicht zu aufgedreht. Millionendorf sagen die Berliner dazu, aber selbst zugereiste Münchner haben für derartige Anfeindungen bloß ein Schulterzucken übrig. Genau diese Lässigkeit, die einen der Ort lehrt, die man nicht üben und nicht künstlich herstellen kann, wie es in Berlin immer versucht wird, diese Lässigkeit, die ist das Beste an München.

München ist unter anderem bekannt für seine Volksfeste. Das Oktoberfest kennt jeder, aber das ist natürlich bei weitem nicht alles. Das Tollwood-Festival zum Beispiel bildet den alternativen Gegenentwurf zu Christkindlmarkt und Musikantenstadl. Im Sommer findet ein Tollwood-Festival statt und eines im Winter. Im Sommer kann man bunte Mützen mit Glöckchen dran er-

werben. Und Räucherstäbchen und allerlei esoterischen Krimskrams für die Badewanne und leuchtende Riesensalzkristalle, die man sich in die Bude stellen kann. An jeder Ecke trifft man auf jonglierende Lebenskünstler in zu engen Lederhosen, im Musikzelt spielen Emerson, Lake und Powell oder Herman van Veen, und es gibt Falafel und Knoblauchsoße. Falafel haben sie aber auch im Winter. Und ein Musicalzelt, in dem «Poe» gespielt wird, ein Dramolett mit Musik von Heinz-Rudolf Kunze für alle, denen Edgar Allan Poe nicht gruselig genug ist.
Auf dem Winter-Tollwood steht ein gigantisches Zelt mit dem sogenannten Basar. Da haben viele auf mittelalterlich gemachte Kleinhändler ihre Stände drin aufgebaut und verkaufen drollige Sachen. Zum Beispiel Hirsepelz. Würde ich gerne kaufen, bloß um des Namens willen. «Was trägst du denn da?» «Hirsepelz natürlich!» Woanders gibt es Zimtschuhe. Man wirbt mit dem Satz: «Natürliche Wärme ohne Schweiß.» Das Tollwood zieht wirklich alle Register des heiteren Konsums von Konsumkritik unterlaufenden Konsumgütern. Das Lesezelt heißt – hihi – «Wörtersee» und das Clubzelt – haha – «Gabi Dom». Man kann in der «Genusswerkstatt» essen oder im «Almrausch» was trinken. Das Tollwood-Festival ist eine große, nach Zwiebeln und Punsch duftende Wortspielschmiede.
Trotzdem ist es natürlich eine Ehre, hier aufzutreten, weil die Veranstalter ein sehr gutes Programm auf die Beine stellen. Die Wahrheit ist aber auch: Es macht genauso viel Spaß, über die scheinbar antibürgerliche Spießigkeit des Tollwood-Festivals zu lachen wie über die bürgerliche Spießigkeit der Musikantenscheune. Beruhigendes Fazit: Wir Deutschen sind alle kleine Spießer.

Nach der Lesung noch mit Freunden in meiner Lieblingsbar. Es ist auch ein Wiener dabei. Ich liebe es, wenn Wiener was erzählen. Dieser leicht träge, fast herablassend klingende Ton. Wunderschön. Das bekommen wir Deutschen einfach nicht hin. Ich trinke Guinness, esse ein Käsebrot und lausche dem Wiener Gesang von gegenüber. Versuchen Sie mal, Arschloch auf Wienerisch zu sagen. Das hat wirklich Sex. Oaschlooch.

's ist Advent.

München. Darf man bügeln, wenn es um Hitler geht?
14. Dezember 2005

Am Wochenende lache ich sehr, als ich eine Anzeige in der Zeitung sehe. Die bewerben da Bücher von Paulo Coelho, und unter den abgebildeten Titeln steht: «Aus dem Brasilianischen von ...», und dann kommt ein Übersetzername. AUS DEM BRASILIANISCHEN? Was soll das denn sein? Wissen die denn nicht, dass die da unten Portugiesisch sprechen? Das ist ja wie: «Aus dem Österreichischen».
Ich habe endlich mal Zeit zu bügeln. Und ich habe Zeit, «Der Untergang» auf DVD anzusehen. Also mache ich beides. Bekomme aber ein schlechtes Gewissen. Ich bin moralisch im Zweifel, ob man «Der Untergang» gucken *und* dabei bügeln *und* Marzipankartoffeln in der Backentasche auseinanderfallen lassen darf. Ist das noch in Ordnung? «Tatort» und Bügeln, das ist okay. Aber Bruno Ganz als Hitler, ich meine: HALLO! Bruno Ganz, Träger des Iffland-Ringes, spielt sich hier als Hitler in einem wirklich total wichtigen Film den ARSCH ab, und ich bügle dabei Oberhemden und esse Marzipan. Das ist doch Zynismus pur!
Andererseits: Ich bin sicher, dass Bruno Ganz beim Dreh dieses wahnsinnig wichtigen Filmes auch mal gemütlich im Hitler-Outfit in der Kulisse ein Wurstbrot gegessen hat und sich mit dem Produzenten Bernd Eichinger über Flachbildschirme oder Mallorca oder Schuppenflechte unterhalten hat. Wenn der das darf, darf ich auch bügeln.

Abends vorletzte Lesung des Jahres, wiederum in München. Genauer gesagt Schwabing. Ich trete auf der winzig kleinen Kleinkunstbühne von Heppel & Ettlich auf. Ich mag den Laden. Ist mal was anderes. Hier mache ich auch gerne eine kleine Pause, damit die Biere verkaufen können. Morgen muss ich noch einmal lesen, im Rathaussaal der Stadt München. Dann reicht es aber auch echt. Das Angebot, noch was zu trinken, lehne ich dankend ab und eiere nach Hause. Es ist ein bisschen glatt. Das ist im Winter oft so. Trotzdem bin ich überrascht.

Dieses Brasilienthema lässt mir keine Ruhe. Ich google das am nächsten Morgen. Ein abschließendes Urteil lässt sich nicht fällen, aber es gibt tatsächlich Sprachführer fürs Brasilianische. Am Ende ist es wohl strenggenommen nicht ganz korrekt, weil Brasilianisch so etwas wie ein portugiesischer Dialekt ist, ähnlich wie «Amerikanisch». Das hat sich auch eingebürgert, und man darf deshalb ruhig schreiben, Paulo Coelho werde aus dem Brasilianischen ins Deutsche übersetzt. Meinetwegen. Die Adventszeit macht einen milde.

Zu Hause sein ist auch schön. Ich esse Plätzchen und sortiere Belege. Dann ist Weihnachten.

Bayreuth. Zwei Wagners in einem einzigen Text
21. Januar 2006

Manchmal wacht man morgens auf, und ein Wort hat sich über Nacht im Schädel verklebt. Irgendein Begriff, der sich parasitär von Hirnströmen ernährt, dick und fett wird und sich weigert, den Kopf wieder zu verlassen. Dann muss man ständig an dieses lästige Wort denken. Ich habe seit zwei Wochen so ein Wort, eigentlich sind es zwei, sie funktionieren nur zusammen, denn es handelt sich um einen Namen. Er lautet: Olmützer Quargel.

Ist das nicht entzückend? Man möchte das wieder und wieder rufen, laut: «Olmützer Quargel, Olmützer Quargel!» Ich nenne meinen Hund so, ich nenne mein Auto so, ich kann nicht mehr von diesem Olmützer Quargel lassen. Olmützer Quargel. Ich habe mir diesen Begriff übrigens nicht ausgedacht, es gibt ihn wirklich, den Olmützer Quargel. Das ist ein Käse.

Ich entdeckte ihn nach Neujahr im Kühlregal des kleinen Edeka-Ladens bei uns auf dem Dorf. Ich hatte über die Weihnachtszeit ungefähr zwölf Kilo Plätzchen verzehrt, und nun suchte ich nach Lebensmitteln, die mir helfen sollten, wieder in Form zu kommen. So. Und was fand ich? Olmützer Quargel. Für mein Empfinden ist dies übrigens nichts anderes als ein Harzer Käse, jedenfalls sah er aus wie eine dicke, gelblich gläserne Schicht Hornhaut und verströmte schon bald einen Geruch, mit dem man auf Urwaldexpeditionen Moskitos verjagen kann.

Mein Olmützer Quargel. Übrigens kommt der gar nicht aus Olmütz. Kennen Sie Olmütz? Das ist eine Stadt in Mähren, also in Tschechien. Olmütz hat 100 000 Einwohner, eine Universität, einen Flughafen und einen berühmten Sohn, nämlich Franz-Josef Wagner. Das ist der Typ, der in der BILD immer offene

Briefe an irgendwelche Leute schreibt, manchmal aber auch an «den Sommer» oder «die deutsche Industrie».

Der Olmützer Quargel im Kühlregal des Edeka-Ladens von Münsing kommt hingegen nicht aus Olmütz, sondern aus irgendeinem Kaff in Sachsen. Olmützer Quargel scheint demnach nicht denselben Markenschutz zu genießen wie Nürnberger Rostbratwürstchen. Da muss sich mal jemand drum kümmern. Ich habe bereits den kompletten Münsinger Edeka-Bestand von Olmützer Quargel verputzt und frage mich, ob vielleicht beim Hersteller nun ein kleines rotes Lämpchen auf seiner Deutschlandkarte aufleuchtet: «Achtung, Achtung, wir müssen sofort dreihundert Kilo Quargel nach Münsing liefern.»

Gestern war ich in der oberfränkischen Metropole Bayreuth, einer Stadt, die mich auf Anhieb sehr überrascht hat, vor allem dadurch, dass man sie auf der ersten Silbe betont. Achtunddreißig Jahre lang habe ich immer Bay*reuth* gesagt, und nun muss ich feststellen, dass es tatsächlich *Bay*reuth heißt. Behauptet nicht nur die Taxifahrerin, sondern auch die junge Dame im Hotel «Goldener Anker», die gekleidet ist wie der zehnjährige Wolfgang Amadeus Mozart. Das ist hier die Dienstuniform. Im «Goldenen Anker» haben schon total viele berühmte Persönlichkeiten übernachtet: Friedrich Nietzsche, Mark Twain, Herbert von Karajan, Peter Tschaikowsky, Richard Strauss. Dafür geht der Fernseher nur an, wenn man das Batteriefach der Fernbedienung öffnet und die Batterien dreht. Wieso funktionieren Fernbedienungen wieder, wenn man die Batterien dreht? Und darf man anstatt «Fernbedienung» auch «Quargel» dazu sagen?

Ich mache meinen obligatorischen Stadtrundgang, passiere dabei das Opernhaus (leider geschlossen), das Schloss der Markgräfin Wilhelmine (leider geschlossen) und das Haus Wahnfried (leider geöffnet). Hinter diesem früheren Wohnsitz

Richard Wagners befindet sich im Garten das Grab des Komponisten und seiner Gattin, zudem das seines Hundes Russ. Dessen Grabinschrift lautet: «Hier liegt Russ und wartet.» Hübsch. Allerdings liegt hier nicht nur ein Hund begraben, sondern zumindest nach aktueller Auffassung auch ein eklatanter Verstoß gegen das «Tierische Nebenprodukt-Beseitigungsgesetz» vor. Dieses verbietet nämlich das Vergraben toter Haustiere. Es gibt Ausnahmen, die von den Landesbehörden definiert werden, und sie betreffen mehrheitlich Wellensittiche, Meerschweinchen und Katzen, nicht aber Neufundländer, die man mindestens einen halben Meter tief vergraben muss, sofern das Grundstück nicht in einem Wasserschutzgebiet liegt, wo man überhaupt niemanden vergraben darf.

Tiere, erst recht in der Größenklasse von Russ, gelten als Objekte der Materialkategorie 1, es besteht demnach Seuchengefahr. Heutzutage würde Richard Wagner für das Beerdigen seines Hundes im eigenen Garten eine Geldbuße in Höhe von bis zu 200 000 Euro drohen. Es ist unter diesen Umständen überhaupt kein Wunder, dass es so geniale Künstler wie Richard Wagner in Deutschland gegenwärtig nicht gibt, denn heute hätte so jemand gar keine Zeit, sich mit der Tonsetzerei zu befassen, weil er ständig seinen Müll trennen müsste und Ärger mit dem Bayreuther Gesundheitsamt hätte, weil denen der Tristan zu laut wäre: «Herr Wagner, wenn Sie die Waldhörner und die Kesselpauken entfernten, ergäbe sich eine Lautstärkereduktion von vierzehn Dezibel.»

Wagner hat tiefe Spuren in Bayreuth hinterlassen, die man aber fast das ganze Jahr über kaum sieht. Ein paar Wochen vor dem jährlichen Beginn der Richard-Wagner-Festspiele explodiert das kleine Städtchen aber regelrecht und putzt sich und schmückt sich und ändert die Preisschildchen am Kuchen. Dann können die Gäste kommen. Das sieht man in der Tagesschau vor dem Wetter.

Bayreuth soll eine ausgesprochen vitale Sexszene haben, be-

sonders zu Festivalzeiten. Männer mit weißen Brusthaaren unterm Frack geben hinterher einen aus und spielen mit tschechischen Prostituierten die Schlüsselszenen des Rings nach.
Die Stadt lediglich auf Wagners Wirken zu reduzieren, wäre übrigens ungerecht, denn immerhin lebte hier auch Wilhelmine von Bayreuth, und die hat einiges für den Ort getan, zum Beispiel den Bau des Markgräflichen Opernhauses in Auftrag gegeben. Dieses hölzerne Theater steht heute noch, auch weil es nach dem Tod von Wilhelmine nicht mehr benutzt wurde und es auf diese Weise wenig Gelegenheit hatte abzubrennen. Wilhelmine war eine ziemlich interessante Person und die Schwester von Friedrich dem Großen. Beide litten als Kinder unter ihrem strengen Vater Friedrich I., einem autoritären Knochen, der es sich angeblich nicht nehmen ließ, den besten Freund des Sohnes vor dessen Augen hinrichten zu lassen. Hans Hermann von Katte hatte Friedrich II. bei dem Versuch unterstützt, vor dem Vater und damit dem Hof zu fliehen. Wilhelmine, die vom Vater ebenfalls der Mittäterschaft bezichtigt wurde, sollte in Festungshaft genommen werden oder sich den Heiratsplänen ihres Vaters beugen, was sie schließlich dem Gefängnis von Spandau vorzog. Sie heiratete also Friedrich von Brandenburg-Bayreuth, und die beiden vertrugen sich leidlich, womit bei einer arrangierten Ehe nicht unbedingt zu rechnen ist. Das Paar modernisierte das Land, betätigte sich als Rokoko-Bauherren und gründete in Bayreuth eine Universität. Wilhelmine unterhielt eine Brieffreundschaft mit Voltaire und schrieb tatsächlich sogar eine Oper.

Nach dem Lesen signieren und mit den Veranstaltern in eine Bar gehen. Mache ich heute mal. Ist ja der erste Termin dieses Jahr. Da bin ich noch frisch.

Am nächsten Morgen fahre ich wieder weg aus Bayreuth. Ich hatte ja gedacht, der Ort sei so ein Schatzkästlein wie Bamberg, aber leider ist das nicht so. Womöglich wegen Hitlers Wagner-Tick hielten die Alliierten Bayreuth für würdig, pulverisiert zu werden, was dann rechtzeitig zum Kriegsende sehr gründlich geschah.

Beim Stichwort Hitler fällt mir im ICE ein Abendessen ein, zu dem ich neulich eingeladen war. Es entwickelte sich anschließend beim Espresso (man bekommt auch in privaten Küchen nirgends mehr Kaffee, nur Espresso oder Latte Macchiato, obwohl das ein Frühstücksgetränk ist, was man Deutschen nicht beibiegen kann, aber das ist ein anderes Thema) eine lebhafte Diskussion, die indirekt mit Hitler zu tun hatte. In München gibt es nämlich ein jüdisches Restaurant, welches mit Hilfe einiger Werber eine sehr auffällige Eigenreklame an die Öffentlichkeit gebracht hat. Auf einem Plakat steht in Frakturschrift: «Deutsche, esst bei Juden.» Auf einem anderen ist zu lesen: «Deutsche, trinkt bei Juden.» Nun stellt sich die Frage: Darf man das?

Die Werber sagen natürlich: ja. Klar dürfe man das. Hurra, endlich sei das Verhältnis von Juden und Deutschen so wunderbar unverkrampft, dass man mit der Pogrom-Parole «Deutsche, kauft nicht bei Juden» umgehen könne wie mit «Willi wählen» oder «Wir sind das Volk». Und der jüdische Wirt des Lokals äußerte in der «taz», er habe «provozieren» wollen.

Meine Meinung dazu ist, dass der Wirt lieber anständig kochen soll. Ich gehe nämlich nicht deshalb in ein Restaurant, weil es von Juden geführt wird, sondern weil das Essen dort gut ist. Das mache ich bei italienischen Restaurants und bei japanischen genauso. Außerdem rückt die Reklame des Restaurants den Holocaust nicht fünftausend Jahre in die Vergangenheit, sondern direkt in die Gegenwart. Sonst würde man nicht zwei Stunden lang darüber diskutieren.

Aber letztlich führt diese Werbung ohnehin in eine gedankliche Sickergrube. Das merkt man spätestens, wenn man sich überlegt, wie die Kampagne fortgesetzt werden könnte. Ich hätte Vorschläge für die Agentur. Da gibt es doch noch mindestens zwei berühmte Sätze, die das Verhältnis von Juden und Nazis recht treffend beschreiben. Einer lautet «Jedem das Seine». Dies stand auf dem Tor des Konzentrationslagers Buchenwald. Könnte man das nicht wunderbar umdichten in: «Jedem das eine: Unsere Weine.» Oder dieser Satz: «Arbeit macht frei» (Dachau, Auschwitz, Sachsenhausen, Flossenbürg, Groß-Rosen). Nach einem Gläschen Wein wird daraus spielend: «Arbeit macht Brei.» Ach, das finden Sie nicht komisch? Ich auch nicht. Und wenn die Werber und der Wirt noch alle Tassen im Schrank haben, finden sie ihr eigenes Plakat auch nicht mehr komisch.

Berlin. Im Taumel zwischen Alt und Neu
27. Januar 2006

Man fährt mit dem Taxi vom Flughafen Tegel in die Stadt und denkt sich: Klar! Det is Osten. So wat von runtajekomm'. Dabei fährt man gar nicht durch den Osten, sondern durch Moabit, altes Westgelände. Dann aber auch durch ein Stück Osten, an der Charité vorbei. Ist ja sehr hässlich. Klar. Bei mir gibt es immer noch Osten und Westen, zumindest in Berlin. Vielleicht wäre das etwas anderes, wenn ich hier leben würde. Aber als Besucher spüre ich immer noch und immer wieder das prickelnde Gefühl, zwischen Ost und West zu pendeln. Diese Pendelei erzeugt aber nicht nur das Gefühl, ständig Zeitzeuge des Wandels in dieser Stadt zu sein, sondern auch einen elenden Entscheidungsdruck.

Ständig muss man sich entscheiden: zwischen dem alten und dem neuen Berlin. Also dem Günther-Pfitzmann-Berlin und dem Wir-sind-Helden-Berlin, dem Harald-Juhnke-Berlin und dem Leander-Haußmann-Berlin. Zwischen dem Welt-Berlin und dem Frankfurter-Allgemeine-Sonntagszeitungs-Berlin. Zwischen Charlottenburg und Mitte.

Ich entscheide mich aus lauter Furcht vor dieser Stadt für das neue Berlin und wohne in einem Hotel bei den Hackeschen Höfen, in dem außer mir ausschließlich männliche Models aus Lateinamerika abgestiegen sind. Morgen fängt (im neuen Berlin) die Modemesse «Bread & Butter» an, und deshalb ist auf den Hotelfluren ein fröhliches und ungeheuer schwules Gerenne in Unterhosen zu verzeichnen.

Das alte Berlin kenne ich ganz gut. Als Kind war ich oft hier, denn meine Großeltern, richtige Berliner, lebten in Wilmersdorf, Nassauische Straße. Ich durfte im Omnibus oben ganz vorne sitzen und spielte Busfahrer. Wir fuhren in den Grunewald oder in den Zoo. Oder sogar ins Kino! Abends bekam ich Toasthäppchen und Fanta aus einem winzigen, mit einer Städteansicht von Berlin bedruckten Glas. Berlin roch ganz anders als Düsseldorf. Später habe ich begriffen, dass das an den in den siebziger Jahren auch in Westberlin noch verbreiteten Kohleheizungen lag.

Dass da eine Mauer rund um Berlin war, haben sie mir nicht erzählt. Warum auch? Jedenfalls befand man sich im Ku'-damm-Berlin. Im Gedächtniskirchen-Berlin. Im Kaufhaus-des-Westens-Berlin. Im Toasthäppchen-und-Fanta-Berlin. Dieses Berlin war geschunden, unübersichtlich, staubig und vor allem geheimnisvoll. Damals flog noch die Pan Am. Nach Tempelhof. Und ich bekam von der Stewardess Schiebepuzzles geschenkt.

Ich fürchtete mich vor dem Treppenhaus in der Nassauischen Straße. Es war so furchtbar dunkel und groß, und man bekam die schwere Haustür nur unter Aufbietung sämtlicher Kräfte auf. Um ins Haus zu gelangen, musste ich die Brötchentüte erst abstellen, dann die Schulter gegen die Tür stemmen und, wenn ich sie weit geöffnet hatte, wie der Blitz die Brötchentüte greifen und mit ihr in den Eingang zischen, bevor die Tür wieder krachend ins Schloss fiel. Meine Oma sagte nicht Brötchen, sondern Schrippen.

Es gab weitere Großmütter dort, die in düsteren Altbauwohnungen mit schweren Vorhängen, Möbeln und Teppichen darauf warteten, dass ich zu ihnen kam, um guten Tag zu sagen. Es roch immer ein wenig nach Gas, und ich hatte Angst, dass das ganze Haus in die Luft flog, wenn meine oder irgendeine andere Oma ein Streichholz an den Gasherd hielt, um mir Milch für den Kakao warm zu machen. Also lehnte ich das Angebot warmen Kakaos lieber ab.

Natürlich: Es ist wahnsinnig aufregend im neuen Berlin. Das Regierungsviertel! Ohh! Die Friedrichstraße! Ahh! Der Ampelmännchen-Osten. Hihi. Der Reichstag. Huch! Alles ist um so vieles bedeutender als der Grunewald und der Zoo und der Kurfürstendamm. Das ist es vielleicht, was mich am neuen Berlin immer so fertigmacht: Diese Stadt klopft ständig ihren Mantel der Geschichte aus. Es staubt gewaltig, und die Rockschöße des Mantels schlagen einem ins Gesicht. Es ist schon geradezu ein Peitscheknallen mit Geschichte – und mit der Gegenwart. Dauernd geben die Taxifahrer mit den Großbaustellen an. Ständig werden in Berlin neue Halogenstrahler in abgehängte Rigips-Decken gefummelt. Es ist das Berlin des Trockenbaus, der Filialkultur, der aufgeschäumten Milch. Überall wird ununterbrochen renoviert. Das kann und wird noch hundert Jahre so weitergehen, bis es überall beschissenes Essen und Radeberger Pils und unangenehme indirekte Beleuchtung gibt. Berlin ist kein Ort des Aufbruchs, sondern einer des Abbruchs. Demnächst ist der Palast der Republik dran. Erichs Lampenladen. Ich habe aber Zweifel, dass es anschließend dort entschieden schöner sein wird als jetzt.

Mitten auf einer der Mondoberfläche nicht unähnlichen Brache inmitten der Mitte Berlins, die von Berlinern euphemistisch Spreebogen genannt wird, entsteht aus dem Lehrter Bahnhof der neue Hauptbahnhof. Bald werden hier ICEs aus Hamburg ankommen. Die werden nur ungefähr 10,5 Minuten vom Dammtorbahnhof bis hierher brauchen, und stündlich steigen wichtige Menschen aus: Sabine Christiansen (altes Berlin), Anne Will (neues Berlin).

Riesig wird der Bahnhof, das sieht man schon. Alles aus Glas. Tausende Menschen sollen hier nicht nur reisen, sondern auch fressen und kaufen. Die Stadt drum herum muss allerdings erst noch gebaut werden. Wahrscheinlich wird sie genauso aussehen wie der Bahnhof. Die Berliner werden es lieben.

Der alte große Bahnhof im Westen, im alten Berlin, der Bahnhof Zoo, wird dann nur noch Regionalbahnhof sein. Fernzüge halten dort nicht mehr, kein weit Reisender steigt mehr aus, bloß Pendler. Zweihundert Meter weiter, in der Kantstraße, hat gerade die Paris Bar Pleite gemacht. Armes, altes Otto-Sander-Berlin.

Im Hotel lege ich mich aufs Bett und schlafe ein. Um acht ist meine Lesung.

Die Lesung findet im sogenannten Prenzelberg statt. Prenzelberg sagen nur die Zugereisten. «Det heißt Prenzlauer Berg», mault der Taxifahrer. Wie erwartet sind nicht sehr viele Leute da, gemessen an der Größe der Stadt. In Kleinstädten kommen mitunter zwei- oder dreimal so viele. Aber in Berlin sind sie verwöhnt. Nach der Lesung könnte ich auf eine Party gehen. Bin aber zu müde. In Berlin müde zu sein, ist natürlich verboten. Müde sein kann man in Hildesheim oder in Grevenbroich. In Berlin gehört sich das nicht. DA IST ES AUFREGEND! Ich gähne nicht einmal, als ich mich hinlege. Sofortiger Tiefschlaf. Träume von einer Dreizimmerwohnung in Wolfgang Thierses Bart.

Nach dem Frühstück fahre ich mit dem Taxi zum Reichstag. Ich will mir mal diese Norman-Foster-Kuppel ansehen und rechne mit einer langen Schlange. Ist aber keine da. Das hängt vielleicht damit zusammen, dass auch Berlin gar nicht da ist. Es ist heute nämlich so diesig, dass man nur die Charité sehen kann. Und unten im Plenarsaal ist eine Sitzung. Ob ich da auf die Tribüne könne, frage ich unten im Empfang. Neee, natürlich nicht. Die Dame ist regelrecht schockiert über die Frage. «Beim nächsten Mal im November anfragen», sagt die Frau, und das finde ich jetzt ziemlich unverschämt. Wie kommen die sich eigentlich vor mit ihrem komischen Bundestag. Wohl Merkel mit Madonna verwechselt. Da will man so 'n kleenet

bisschen Demokratie live erleben, und die lassen einen nicht rein.
Geh ick halt woandas hin. Hinter dem Reichstag stehen mindestens fünfhundert Mercedes-Limousinen. Klaro: Die Damen und Herren Abjeordneten müssen gleich zum Flughafen. Ab innen Wahlkreis, is ja Wochenende. Ich gehe zum Spreeufer und blicke auf Zehntausende Eisschollen, die armdick im schwarzen Wasser schaukeln. Man bekommt Lust, hineinzuspringen. Es weht ein Moskowiter Wind durch Berlin, und ich entschließe mich, zur Nationalgalerie zu fahren, denn dort soll es eine Picasso-Ausstellung geben. Ich stehe zwar nicht so auf Picasso, aber das muss man mitnehmen, ist schließlich Berlin. Nachdem ich das Taxi verlassen habe, stelle ich fest, dass die Picasso-Ausstellung in der NEUEN Nationalgalerie hängt, ich hingegen hänge vor der ALTEN Nationalgalerie, allerdings im NEUEN Berlin. Museumsinsel. Keine Sau zu sehen. Ich entscheide nun, das Pergamon-Museum zu besuchen, was klug ist.
Danach irre ich am Berliner Dom herum und sehe mir den Palast der Republik von außen an. Da war ich mal drin. Einundzwanzig Jahre ist das her. Wir waren auf Klassenfahrt in Westberlin, und an einem der Tage besuchten wir unter Schaudern und Gelächter den Osten. Das war am 8. Mai. Alle Läden geschlossen. Es gab nur zwei Möglichkeiten, den Zwangsumtausch auf den Kopf zu hauen. Vor dem Palast der Republik stand ein Softeis-Stand, anbei eine Schlange von circa zweihundert Ostberlinern. Und im Palast der Republik gab es eine geöffnete Bar. Wir bestellten dort Gin Tonic, der zwar mit Wodka serviert wurde, aber bloß zwomarkeinundachtzig kostete. Es gelang uns nicht, den Zwangsumtausch zu versaufen, also knallten wir das restliche Geld auf den Tisch, bevor wir gingen. Ich glaube, dies war gängige Praxis bei Millionen von Touristen. Kellner im Palast der Republik zu sein war damals bestimmt ein einträglicher Job.

Im Taxi zum Flughafen erzähle ich dem Fahrer von meinem vergeblichen Versuch, auf die Besuchertribüne des Reichstags zu kommen, und frage den Mann, ob er freitags viele Abgeordnete zum Flughafen fahre. «Nee, freitags nich so, da is selten Sitzung», antwortet er. Aber heute schon, entgegne ich. «Nee, da war heute Vormittag die Gedenkstunde zur Befreiung von Auschwitz», sagt er. Da halte ich mein Maul.

Tübingen. Der Neckar friert. Ich auch
31. Januar 2006

Und wieder beginnt eine Woche mit Zugfahren. Es geht in die schwäbische Provinz, ins Neckartal. Umsteigen in Stuttgart, dann mit dem Regionalexpress nach Tübingen, angeblich eines der großen geistigen Zentren unseres Landes. Mal sehen.
In Tübingen stellen die GRÜNEN die größte Rathausfraktion. Ach, wie reizend, dieses Tübingen. Hier möchte man gleich studieren, am liebsten jahrzehntelang. Wenn ich ein Tübinger Student wäre, würde ich vielleicht in Herrn Steins Hauptseminar «Sozialarbeit und Geld» gehen. Das gibt es wirklich. Das Thema lädt zu Spekulationen ein, denn es ist ja nicht ganz sicher, wie es gemeint ist. Es wird aber wohl kaum um die Verdienstmöglichkeiten als Sozialarbeiter gehen. Eher schon darum, wie man mit den immer weniger werdenden Mitteln, die noch zur Verfügung stehen, sinnvolle Sozialarbeit verrichtet. Ich werde es leider nicht herausfinden, denn ich bin leider kein/e StudentIn in Tübingen, sondern bloß ein Reisender, der am Hölderlinturm vorbeiläuft und an der evangelischen Kirche und an Walter Jens.
Stopp! War das da nicht wirklich gerade Walter Jens? Der echte? Da, vor dem Schaufenster mit der Wolle und dem Kammgarn? Stand da nicht gerade Walter Jens und hat überlegt, ob er seiner Frau Inge einen Wollknäuel mitbringen soll? Nein, das kann doch gar nicht sein. War er wohl nicht. Wäre auch zu viel verlangt. Kommt man zum ersten Mal nach Tübingen, und schon steht Walter Jens vor dem Schaufenster. Hans Küng treffe ich auch nicht, obwohl die Stadt klein ist. Was haben Hans Küng und Inge und Walter Jens gemeinsam? Sie sind Ehrenbürger von Tübingen.

Tübingen gilt als evangelisch, der Ort der abendlichen Lesung hingegen ist eine katholische Hochburg: Rottenburg. Das merkt man schon daran, dass hier für die Fastnacht geschmückt wurde, wovon in Tübingen nichts zu sehen war. Tübinger Evangelen knacken an Karneval Walnüsse und trinken Holundersaft, in den sie, damit er mehr kickt, Sprudel mischen. Dann sagen sie leise: «Jetzt aber nicht übertreiben.» Und gehen mit Socken ins Bett.

In Rottenburg hingegen thront der Bischof in einem überheizten Gemach, öffnet guten Rotwein und beißt in einen Hühnerschenkel, dass das Fett auf den Hermelin tropft. Der Bischof war gerade erst in den Schlagzeilen, weil er den Rücktritt des baden-württembergischen Sozialministers Andreas Renner sozusagen verursacht hat. Die Kirche hatte den CDU-Politiker dafür kritisiert, die Schirmherrschaft über das schwule Straßenfest Christopher Street Day übernommen zu haben. Und da soll der Renner zum Bischof Fürst gesagt haben: «Halten Sie sich da raus. Fangen Sie doch erst einmal damit an, Kinder zu zeugen.» Hammer. Rücktritt.

Es wird in einem historischen Saal mit einer hellerleuchteten Bühne das zehnjährige Bestehen einer Buchhandlung gefeiert. Im Hotel schlafe ich schnell ein. Tübingen ist zu kalt, um noch auszugehen. Schade. Sozialstudien müssen auf den nächsten Besuch verschoben werden.

Koblenz. Machen Erkältungen Pausen?
1. Februar 2006

Heute leider keine ausführliche Beschreibung von Kirchen, Museen, Einkaufscentern oder sonstigen Stätten der Erbauung. Auch keine zufällige Begegnung mit Thomas Anders, der in Koblenz lebt. Der Grund: Ich liege den ganzen Tag im Bett, und das ist nicht spannend.
Ich bin krank. Total verrotzt. Verschleimt. Alles tut weh. Ich frage mich nur, warum? Vielleicht habe ich eine Taube berührt oder ein halbes Hähnchen und habe mich mit einer bei meiner Person erstmals erfolgreich in Richtung Mensch mutierten Form der Vogelgrippe angesteckt. Jeder, der mich berührt, muss sterben.

Ich bestelle per Taxi ein Erkältungsbad und Emser Salzpastillen, die mir von einem Koblenzer Stefan-Effenberg-Verschnitt gebracht werden. Die Langeweile tut meinem Hals gut, und die Erkältung macht eine kleine Pause. Während ich lese, sitzt sie am Rand meines Körpers und schaut hier und da ungeduldig auf die Uhr. Anschließend bekomme ich zwei kleine Glasschwäne mit Pralinen überreicht. Die Erkältung beendet ihr Päuschen, steht wieder auf, klatscht in die Hände und sagt: «So! Genug gefaulenzt! Jetzt wollen wir mal wieder an die Arbeit gehen.»

Speyer. Der alte kranke Vogel
2. Februar 2006

Eine Fahrerei ist das. Bin gerade erst von Schwaben nach Koblenz gefahren, um heute gleich wieder in den Süden zu reisen, nach Speyer, das zwischen Mannheim und Karlsruhe in der Nachbarschaft des berühmten Hockenheim-Ringes liegt.
In der Dom- und Kaiserstadt Speyer nölt mich zur Begrüßung der Taxifahrer an, weil ihm die Fahrt zu kurz ist. Das hatte ich in Tübingen auch schon. Inzwischen ist mir das übrigens schnuppe, das Gemecker. Denn erstens kann ich nicht wissen, dass das Hotel nicht sehr weit vom Bahnhof entfernt liegt. Zweitens liegt in kleinen Städten kein Hotel weit weg vom Bahnhof. Drittens ist mir mein Gepäck zu schwer, um damit eine Viertelstunde zu laufen. Und viertens geht das den Taxifahrer gar nichts an. Der Fahrer in Tübingen, der aussah wie eine Kreuzung aus Jean Pütz und einer Silvesterrakete, wies mich noch darauf hin, er habe jetzt zwei Stunden auf die Fahrt gewartet. Himmelherrgott, da kann ich doch nichts für! Muss ich nun Schuldgefühle haben, weil der Mann mit einer dreiminütigen Fahrt nur sechs Euro verdient hat?

Das Zimmer in Speyer ist von eher klösterlichem Zuschnitt, hat aber eine Wanne, auf dass ich mir ein schönes Bad einlasse. Frisch gebadet trete ich auf die Maximilianstraße und entscheide, sofort eine Mütze zu kaufen, denn meine Gehirnströme frieren fest. Ich erwerbe also eine wollene Mütze, mit der ich doof aussehe. Dann sehe ich mir den Dom zu Speyer an. Den Kaiserdom. Auch Speyer ist Bischofssitz. Anders als in Rottenburg habe ich heute endlich mal wieder die Muße, längere Zeit in einer Kirche zu verbringen.
Der Dom zu Speyer ist die größte romanische Kirche der Welt.

Es wurde knapp einhundert Jahre an ihr gebaut, von 1030 bis 1124. Alle salischen Kaiser und zudem noch die staufischen und habsburgischen Herrscher nebst Gattinnen sind in diesem Dom begraben. Glücklicherweise wurde in späteren Jahrhunderten nach der Fertigstellung nicht mehr so arg an dem Dom herumgepfuscht, er ist ein unverfälschtes Zeugnis mittelalterlicher Baukunst. Papst Johannes Paul II. war auch schon hier, am 4. Mai 1987. Der neue Papst auch, aber da war er noch nicht Papst. Der Dom steht auf der UNESCO-Liste des Weltkulturerbes.

Die Maximilianstraße zwischen Dom und Innenstadt ist der verkehrsberuhigte Ort, wo im Sommer die Speyerer in bunten Turnschuhen umherlaufen. Wo es unzählige Freischankflächen gibt, mit Palmen und Heizpilzen, damit man ganz lange draußen sitzen kann. Eine Seitenstraße heißt «Grasgasse», und ausgerechnet dort gibt es einen Headshop (für ältere Leser: ein Geschäft, wo man Utensilien zum Genuss und zum Anbau weicher Rauschgifte, zum Beispiel Gras, erwerben kann). Haha, die sind schon lustig, die Speyerer Kiffer. Überhaupt waren die hier zumindest früher sehr hippiemäßig drauf. Vor fünfunddreißig Jahren spielten hier sogar mal Rory Gallagher und Deep Purple ein Open-Air-Konzert.

Nördlich von der Stadt gibt es viele Seen, in denen man baden kann. Die Stadt liegt außerdem am Rhein, was Städten ganz grundsätzlich zu einem romantischen Flair verhilft. Kurz gesagt: Im Sommer muss Speyer ein Traum sein. Das ist sehr gut vorstellbar, sogar heute, da die Menschen sich ganz in ihre Mäntel verkriechen und an den Hauswänden entlanghuschen.

Früher war in der heutigen Buchhandlung mal ein Porzellangeschäft, aber Porzellan läuft ja leider gar nicht mehr. Die Leute wissen gutes Porzellan nicht mehr zu schätzen. Bücher schon eher.

Später im Fernsehen Rudi Carrell. Ich finde, er gehört ebenso wie der Dom zu Speyer auf die UNESCO-Liste des Weltkulturerbes. Carrell erhält einen Preis und dankt mit brüchiger Stimme seiner Krankenversicherung und der Pharma-Industrie dafür, dass er in der Lage ist, den Preis überhaupt entgegenzunehmen. Was für ein großer Held. Als Kind war ich ein riesiger Rudi-Fan. Seine Lieder waren super, seine Gags, die Spiele in seiner Show. Das Laufende Band mit den Sachen, die man sich merken musste. So was Charmantes gibt es heute überhaupt nicht mehr. Ich fand ihn natürlich damals schon alt, auch weil er früh graue Haare hatte.

Rudi Carrell passt mit seinem Humor nicht mehr in die Zeit, in der wir gerade leben. Er freut sich über seinen Preis. Die Menschen im Saal erheben sich, klatschen lange. Da merke ich, dass im Fernsehen gerade meine Kindheit zu Ende geht. Mir steigen beim Anblick des schmalen holländischen, aus dem Nest gefallenen Vogels die Tränen in die Augen. Ich glaube, das hat er mit Absicht gemacht. Respekt.

Konstanz. Löffel und andere Merkwürdigkeiten
3. Februar 2006

Man wacht auf, macht das Frühstücksfernsehen an und sieht wen? Hans-Jochen Vogel. Er feiert heute seinen achtzigsten Geburtstag. Hans-Jochen Vogel, die große alte Dame der SPD. Zu den größten Verdiensten des Politikers Vogel gehört es, als Oberbürgermeister die Olympischen Spiele nach München geholt zu haben. Es ist auch seiner politischen Energie und seinem Vertrauen in die Architektur sowie seinem Geschmack zu verdanken, dass München damals eines der schönsten Stadien der Welt bekommen hat: das Münchner Olympiastadion.
Damals konnte noch niemand wissen, dass sich die Anforderungen an eine Sportstätte innerhalb von dreißig Jahren so stark ändern würden, dass dieses Olympiastadion irgendwann nicht nur dem Wind, sondern auch dem Genörgel seiner Kritiker ausgeliefert sein würde.
Franz Beckenbauer übertrieb es damit, indem er vor ein paar Jahren maulte, dass sich doch wohl hoffentlich ein paar Terroristen fänden, die eine Bombe dort hineinwerfen könnten, um damit Platz für ein neues Stadion zu machen. Seltsamerweise nimmt ihm keiner den Quatsch übel, den er verzapft. Beckenbauer ist unzerstörbar. Jedenfalls kann man sich gut vorstellen, wie Hans-Jochen Vogel zu Hause vor dem Fernseher sitzt. Im Hintergrund sieht man das – sein – Olympiastadion, und dann kommt Franz Beckenbauer ins Bild und schnattert den Satz mit der Bombe ins Mikrophon. Apokalyptische Wut bei Vogel. Er fertigt umgehend eine Aktennotiz an: «F.B. sofort aus dem Geburtstagsgrußkalender streichen.»

Heute nach Konstanz. Ich freue mich darauf, denn Konstanz liegt bekanntlich am Bodensee, und das ist ein von Mythen umrankter Ort, besonders wenn die Apfelbäume blühen. Das geschieht zwar erst in ein paar Monaten, aber egal. Hier ist es schön, hier muss es schön sein. Leider gibt es dafür heute keine Indizien, denn das Wetter ist immer noch grau, neblig, trüb. Der Zug rattert stundenlang, heute fahre ich nur Regionalexpress. Und man sieht nichts als gefrorene Äcker, schockgefrorene Wälder und auf den Bahnhöfen vermummte Deutsche, die missgelaunt über mit Rollsplit bestreute Bahnsteige rutschen. Für Trolleys sind diese Steinchen übrigens Gift. Ob Konstanz tatsächlich am Bodensee liegt oder diese Behauptung lediglich ein Marketing-Trick der Tourismusbranche ist, lässt sich nicht endgültig klären. Nebel mit Sichtweiten unter zwanzig Metern.

Auf jeden Fall ist Konstanz hübsch anzusehen. Es wurde im Krieg nicht zerstört, keine einzige Bombe fiel. Angeblich ist dies dem besonderen Geschick der Konstanzer bei der Abwehr von Fliegerangriffen zu verdanken. Man erzählt mir, die Konstanzer hätten sich gemeinschaftlich nicht an das nächtliche Verdunklungsgebot gehalten. Sie machten absichtlich Licht an, damit die alliierten Bomber annahmen, es handele sich da unten nicht um mühsam verdunkeltes deutsches Gebiet, sondern um die neutral beleuchtete Schweiz.

In Konstanz leben ungefähr 80 000 Menschen, davon 10 000 Studenten. Man kann Politik studieren und Verwaltungswissenschaft oder so ähnlich. Und Jura. Es müsste also eigentlich ein trostloser Ort sein. Ist es aber gar nicht. Vorausgesetzt, es gibt diesen Bodensee tatsächlich, möchte ich an dieser Stelle unbedingt eine Reise nach Konstanz empfehlen. Fahren Sie aber im Sommer hin.

Als ich abends am Ort der Lesung eintreffe, wundere ich mich etwas über das Ambiente, denn es laufen zahlreiche angeschi-

ckerte Karnevalisten und Karnevalistinnen herum. Aus einem Saal scheppert entsprechende Musik, und ich werde nervös. In einer Karnevalssitzung werde ich bestimmt nicht auftreten! Ich frage einen Typen, der schlaff in einem verglasten Kabuff rumhängt und offenbar Pförtnerdienste versieht, wo denn die Lesung sei. Er schaut mich amüsiert und ein wenig mitleidsvoll an, bewegt das Kinn nach rechts und sagt: «Oben. Treppe rauf.» Meine Lesung findet im Saal über dem mit der Karnevalssitzung statt.
Leider hat der Hausmeister irgendwie nicht mitbekommen, dass hier heute jemand liest. Der Saal ist demzufolge unbeheizt. Immerhin kann man aufschließen und Licht machen. Kalt, kalt, kalt. Komme mir vor wie im Fronttheater. Komischerweise hört man während der Lesung nichts von der Karnevalsmusik im Saal darunter.
Auf dem Rückweg zum Hotel gerate ich in eine Gruppe besoffener Studenten. Wie alt die wohl sein mögen? Dreiundzwanzig? Fünfundzwanzig? Ich kann euch nur sagen: Studiert, solange ihr könnt. Studieren ist einfach besser als arbeiten. Wenn ihr nämlich später in Kanzleien, Verwaltungen oder im Management arbeitet, ist es mit dem Vergnügen vorbei. Besonders, was die Sprache angeht.

Hier einige der allerschlimmsten Formulierungen aus dem Wirtschaftsleben. Will ein Manager einem anderen Manager sagen, dass dieser völlig falsch liegt, dann sagt er genau das Gegenteil, nämlich: «Bis hierhin bin ich mit Ihnen d'accord.» Der folgende Satz beginnt dann zwangsläufig mit «aber». Die Alternative dazu lautet: «Da bin ich ja ganz bei Ihnen, aber ...»
Man stelle sich vor, wie es klingt, wenn solche Typen mit ihren Kindern reden: «Benedikt-Leon, du hast jetzt zwei Handlungsoptionen. Entweder du betätigst zeitnah den Lichtschalter, oder der Zeitkorridor deiner Recreation-Phase wird immer

enger, und wir müssen die Durchführung des für morgen terminierten Motivationsworkshops clustern und gegebenenfalls deleten.» Er könnte auch sagen: «Mach das Scheiß-Licht aus, oder ich geh morgen nicht mit dir in den Zoo.»
Immer, wenn Manager Großes geleistet haben, haben sie «etwas in die Pipeline» gebracht. Benötigen sie dafür die Zustimmung eines Vorgesetzten, sagen sie: «Das muss noch gegreenlightet werden.» Ist dies geschehen, heißt es, der Vorgang sei «gegreent».

Am nächsten Morgen Abreise aus Konstanz. Ich muss dreimal umsteigen. In Ulm warte ich auf den ICE. Da hat man immer Zeit, sich umzusehen. Heute schaue ich mir diese fiesen Müllrondelle an, die überall in Deutschland auf den Bahnhöfen stehen. Darauf sind Fotos geklebt, damit auch chinesische Touristen kapieren, was wo hineingehört. Auf dem Bild für die Restmüllabteilung der Tonne sehe ich: eine Bananenschale. Eine Pommesgabel. Pommesschälchen. Zwei Feuerzeuge. Eine C-90-Audiokassette mit Bandsalat (das Bild ist wahrscheinlich schon sehr alt). Einen verbogenen Löffel. Einen Löffel? Wer schmeißt denn auf dem Bahnhof einen Löffel weg? Na, wer schon? Junkies natürlich. Wer Christiane F. gelesen hat, weiß, dass Junkies immer ihr Heroin mit Zitronensaft auf einem Löffel kochen, bevor sie es sich in die Blutbahn spritzen. Und was soll man mit dem Löffel machen? Natürlich, bitte sehr in die Restmülltonne. Ich finde es toll, dass die Deutsche Bahn mit dieser Abbildung ihrem aufkeimenden Ruf als saubere Institution des deutschen Verkehrswesens so unaufdringlich und charmant entgegenwirkt.

Aktennotiz von H.-J. Vogel: «Mehdorn anrufen. Sollen die Löffel von den Mülltonnen retuschieren. Ekelhaft.»

Halle. Halli-hallo, böser Mann im Publikum
6. Februar 2006

Hallenser heißen die Menschen, die in Halle leben. Und nicht Haller. Sie essen Halloren, das sind Pralinen, die in ihrer Form den Trachtenknöpfen der Hallenser Salzwirker nachempfunden sind. Und wenn Hallenser im Karneval fröhlich sind, nennt man sie vermutlich Hallodris.

Gibt es Scherze, die man im Osten nicht machen kann? Muss man an etwas Bestimmtes denken, wenn man hier auftritt? Es gibt Szenen und Formulierungen in meinem Buch, die den Menschen hier vielleicht nichts sagen. Wenn zum Beispiel von den Garagenhöfen in niederrheinischen Reihenhaussiedlungen die Rede ist, könnte es doch sein, dass die sich langweilen. Auch gibt es eine Szene, in der ein Italiener das Lied vom alten Holzmichl singt. Das ist ein sächsisches Lied. Vielleicht finden die das hier doof. Man ahnt ja, dass die empfindlich sind. Könnte das Singen des Holzmichl-Liedes durch einen Nicht-Ostler möglicherweise als Beleidigung oder Herabsetzung des Ostens, als Schmähung empfunden werden? Diese Dinge verunsichern mich.
Tatsächlich gibt es dazu aber keinen Anlass. Die Menschen lachen hier an denselben Stellen wie die in Celle oder in Karlsruhe, wobei sich bei Paranoikern wie mir natürlich der Verdacht aufdrängt, sie seien wahrscheinlich Zugereiste aus Celle oder Karlsruhe. Jedenfalls verläuft alles wie sonst auch. Wenn man von dem Kerl in der dritten Reihe absieht.
Er sitzt zwischen zwei Frauen, die sich sehr gut amüsieren, und schaut mich wirklich richtig böse an. Er hasst mich. Er lacht kein einziges Mal und klatscht widerwillig, geradezu

herablassend, eigentlich ironisch, wenn ein Kapitel zu Ende ist. Einmal bemerke ich, wie er einer der Frauen etwas ins Ohr flüstert und dabei auf mich zeigt. Was er da wohl flüstert: «Das findest du gut? So ein Schwachsinn.» Oder: «Du lenkst ihn hinterher ab, und ich ziehe ihm eins mit dem Weltatlas über die Rübe.» Oder: «Du bleibst hier, ich gehe allein in sein Hotelzimmer.»

Auf dem Rückweg zum Hotel durch Halles Einkaufsstraße. Alles neu. Die Stadt sieht jünger aus als ich. Das ist seltsam. Es gibt hier eben kaum ein Geschäft, das mit hundertjähriger Tradition wirbt. Hinter alten Fassaden sind neue Telefonläden untergebracht. Neue Bäckereifilialen, neue Drogeriemärkte. Das wirkt alles so geschichtslos, obwohl Halle an der Saale ganz bestimmt das Gegenteil dessen ist. Und natürlich hat diese Gegend Zukunft, denn sie ist alles andere als verlassen, ausgestorben und vergangenheitsbezogen. Gemeinsam mit dem nahen Leipzig und den umliegenden Orten hat die Region eine gute Million Einwohner, von denen über zweihunderttausend alleine in Halle leben. Darunter sind übrigens nicht viele Kirchgänger. Der Sozialismus hat den Menschen hier die Religion tüchtig ausgetrieben. Bloß fünfzehn Prozent der Hallenser gehören irgendeiner Kirche an, und knapp achtundneunzig Prozent sind um zweiundzwanzig Uhr im Bett. Hinter der Einkaufsstraße lauert Dunkelheit. Ich husche ins Hotel, gönne mir einen Rotwein in der Bar.

Am nächsten Morgen im Zug nach Jena öffne ich die Schachtel mit den Halloren-Kugeln, die ich gestern geschenkt bekommen habe. Man muss ja alles mal probieren. Sehr weich und sehr süß. Die Schaffnerin kommt, eine Frau von Anfang vierzig. Ich biete ihr eine Halloren-Kugel an. Sie greift gerne zu. Damit sei sie aufgewachsen, sagt sie. Da schenke ich ihr die ganze Packung. Erst will sie sie nicht annehmen, aber ich sage:

«Nehmen Sie die mit, mir sind die zu süß.»
«Ich bin schon zu dick», antwortet sie, als würde sie laut denken.
«Sie müssen sie ja nicht alleine essen.»
Kurz vor Naumburg, wo ich umsteigen muss, kommt sie noch einmal vorbei.
«Schönen Gruß vom Lokführer. Wir haben brüderlich geteilt.»
Sie hat einen Schokoladensplitter an der Oberlippe.

Jena. Pröbeln für den Augenblick
7. Februar 2006

Wer von Halle nach Jena fährt, passiert die endlos sich hinziehenden, qualmenden Leuna-Werke, wo früher im VEB Kombinat Walter Ulbricht allerhand Giftiges und zuvor Sprengstoff hergestellt wurde. Heute dient der 1300 Hektar große Chemiestandort zweiundzwanzig Unternehmen als Sitz und unterhält eine eigene Ölpipeline, die Rohstoffe von Rostock anliefert. Es mag wohl auch einen Ort namens Leuna geben, aber von dem ist hinter den Tausenden von Schornsteinen nichts zu sehen, er besitzt nicht einmal einen Bahnhof, obwohl der Zug zweimal in Leuna hält. Die beiden Haltestellen heißen «Leunawerke Nord» und «Leunawerke Süd».

Einige windschiefe Dörfer und Windmühlen später lande ich nicht auf einem Hauptbahnhof, sondern im Paradies. Eigentlich heißt es korrekt: in Paradies. In Jena-Paradies. Ich habe mich früher im Vorbeifahren öfter gefragt, was das wohl bedeuten soll: «Jena-Paradies». Es ist sehr einfach. Es handelt sich keinesfalls um einen lyrischen Einfall der Deutschen Bahn. Hätte auch niemand ernsthaft erwartet, und paradiesisch ist es im Paradies auch nicht. Hinter dem euphemistischen Namen verbirgt sich eine Plattenbausiedlung. Arbeiterschließfächer, sagen die Leute hier.

Aber zurück zum Jenaer Bahnhofswesen. Es gibt noch einen weiteren, quasi gleichberechtigten Bahnhof in Jena, den Westbahnhof. Wohl, weil man keinen der beiden besonders adeln wollte, heißt keiner Hauptbahnhof. Auf jeden Fall ist man gehalten, sich gut zu informieren, von welcher der Haltestellen die Reise weitergeht, sonst wird es ziemlich kompliziert. Ich zum Beispiel muss morgen nach Weimar. Ein Fall für den Westbahnhof.

Jena liegt recht bräsig und keinesfalls unzufrieden wirkend im Saaletal herum. Ganz ansehnliche Gegend. Überhaupt ist die Reise gerade interessant, weil ich in dieser Woche, ohne täglich lange mit dem Zug zu fahren, in drei Bundesländern bin: Sachsen-Anhalt, Thüringen und Sachsen. Das schafft man sonst nur im hessischen Raum, denn Hessen grenzt an rekordverdächtige sechs Bundesländer.

Schräg gegenüber vom Hotel befindet sich das optische Museum. Ein absolutes Muss für jeden Brillenträger, finde ich. Also mal rüberlaufen und ansehen. Dass es ein Optik-Museum in Jena gibt, ist natürlich keine lokale Schrulle, wie etwa ein Pflaumen- oder ein Gartengerätemuseum, sondern liegt vielmehr auf der Hand. Weltberühmt sind die Jenaer Unternehmen Schott und Zeiss, deren Wirken überall in der Stadt gewürdigt und gefeiert wird, unter anderem in ebendiesem Museum.
Man ahnt ja nicht, was es für wunderbare Brillen gibt. Alle Arten von Schutzbrillen zum Beispiel. Und natürlich Sonnenbrillen, Lesebrillen, Kinderbrillen, Schwimmbrillen. Dazu aber auch Schneebrillen, Autobrillen, Schweißerbrillen, Steinklopferbrillen, Panzerschutzbrillen, stenopäische Schlitzbrillen, Spezialbrillen für Hals-Nasen-Ohren-Ärzte, Kyphobenbrillen, Hemianopsiebrillen, Manokel und Monokel. Vorletztes und Letzteres unterscheiden sich übrigens dadurch, dass das Manokel vor das Auge gehalten und das Monokel unter Einsatz grimassierender Gesichtsmuskel vor dem Auge eingeklemmt wird.
Im optischen Museum kann man auch Sehtests machen, bei denen aber in meinem Falle leider nicht herauskommt, dass meine Brille ein grober Unfug und Ergebnis einer ärztlichen Fehldiagnose ist. Ganz im Gegenteil. Und man erwirbt wertvolles Wissen für Gespräche an kalten Büfetts. Die Länge eines Augenblicks beträgt zum Beispiel drei Sekunden. Das ist die Dauer, für die sich das Auge fixiert, bevor es sich auf etwas an-

deres kapriziert. Drei Sekunden lang bleibt die Wahrnehmung konstant. Zu abstrakt?
Stellen Sie sich einen räumlich gezeichneten Würfel vor. Es stellt sich nun die Frage, welche der beiden sichtbaren quadratischen Flächen die vordere ist. Sie fixieren den Würfel, und bald erscheint Ihnen eines der Quadrate als das vordere. Aber schnell verlieren Sie diesen Eindruck wieder. Die Phase währt drei Sekunden, eben einen Augenblick lang. Wenn Sie dies einer hübschen Frau am Büfett erzählen, können Sie sicher sein, dass Sie am Ende des Abends alleine ins Bett gehen.

Ich bin eine Brillenschlange, ein Dioptrienrocker, ein Muschelauge, seit ich neun Jahre alt bin. Irgendwann konnte ich nicht mehr lesen, was die Lehrerin an die Tafel schrieb, und pinnte alles von meinem Nachbarn ab. Das ging eine ganze Weile so, bis ich es zu Hause erzählte. Meine Mutter ging mit mir zu einem Augenarzt, und der sagte: «Junger Mann, du brauchst eine Brille.» Ich war maßlos schockiert. Eine Brille zu tragen war Mitte der siebziger Jahre alles andere als cool. Dann log der Arzt mich an. Er behauptete, das sei eine Wachstumssache. Mit achtzehn Jahren sei ich die Brille ganz sicher wieder los. Ich habe ihm das schon damals nicht geglaubt. Vielleicht lag es daran, wie er meine Mutter dabei ansah. Ich glaubte, ein komplizenhaftes Zwinkern zu erkennen. Aber vielleicht irre ich mich in diesem Punkt, denn meine Augen waren ja nicht besonders gut.
Eine Woche später war meine Brille fertig, und wir holten sie ab. Der Optiker setzte sie mir auf, und ich weiß noch ganz genau, was ich deutlich und gestochen scharf sah, als ich mit der Brille durch das Schaufenster auf die Straße sah. Es war der Schriftzug «Kasse beim Fahrer» auf einer Straßenbahn, die gerade vor dem Geschäft hielt. Ich nahm die Brille ab, verglich und stellte fest, dass ich die Schrift ohne Brille nicht lesen konnte. Seitdem bin ich immer kurzsichtiger geworden. Dafür musste ich wenigstens keine Zahnspange tragen.

Im optischen Museum von Jena erlerne ich dann noch ein neues Wort, ein Verb: «Pröbeln.» Es meint das langwierige Ausprobieren beim Zusammensetzen von optischen Systemen wie etwa Mikroskopen. Die wurden früher pröbelnd zusammengefummelt, bis alles passte.

Spaziergang durch Jena, das mit einigen Reizen aufwarten kann, zum Beispiel einer angenehm jungen Bevölkerung: Mehr als ein Viertel aller Jenaer sind Studenten. Das schlägt sich im Stadtbild nieder, und es gibt eine hohe Dichte an schlechtgeklebten Veranstaltungsplakaten, wie in Freiburg.
In Jena lassen sich angeblich sieben Wunder bestaunen, allerdings sind es zum einen sehr kleine Wunder und außerdem in Wahrheit nur sechs, denn das Weigel'sche Haus steht gar nicht mehr. Es wurde vom Mathematikprofessor Erhard Weigel im siebzehnten Jahrhundert erbaut und verfügte über eine Weinleitung, einen Fahrstuhl und eine kleine Sternwarte. Man hat das Haus zugunsten einer neuen Straße abgerissen. Das Wunder des Schnapphans hingegen steht noch. Es handelt sich dabei um eine Figur am Rathaus, die zu jeder vollen Stunde nach einer goldenen Kugel schnappt. Die Kugel symbolisiert einen Thüringer Kloß. Schon crazy, dieses Jena.
Mitten in der Stadt fällt ein Hochhaus auf, das wegen seiner schieren Größe überhaupt nicht ins Bild passt und von der Bevölkerung Keksrolle genannt wird: der JenTower. Gleich daneben: die «Neue Mitte». So heißt das gigantische Einkaufszentrum. Da lese ich heute Abend. Aber vorher habe ich noch Zeit, also gehe ich ins Kino. Die ersten drei Minuten versäume ich, weil ich vorher in einem chinesischen Restaurant höllisch heißes Gemüse mit Reis in mich hineinstopfe.
Danach ins Hotel. Ich ziehe mich um, greife mir mein Manuskript und spaziere zu der Buchhandlung in der «Neuen Mitte». Keine besonderen Vorkommnisse, auch kein seltsamer Mensch, der mich böse ansieht.

Vor meiner Abfahrt nach Weimar trabe ich am nächsten Morgen zum Jenaer Planetarium. Es ist nicht das größte, aber angeblich das älteste der Welt. Ich liebe Planetarien. Zwar kapiere ich immer nach etwa drei Minuten nicht mehr so richtig, worum es geht, aber ich höre trotzdem gerne zu und bin überwältigt vom Sternenhimmel und von der Akustik. Jede Stadt, gleich welcher Größe, sollte ein gutausgestattetes Planetarium haben. Man könnte ja dafür die Hallenbäder schließen. Dort bekommt man eh nur Pilze und schlechte Manieren.

Weimar. Goethedämmerung
8. Februar 2006

Weimar ist auf Anhieb eine sehr außergewöhnliche Stadt, denn sie ist kulturhistorisch ungefähr so bedeutend wie Helsinki, Nürnberg, Madrid und Atlanta *zusammen*. Dabei ist Weimar gerade mal so groß wie Rosenheim und hat 60000 über die Maßen selbstbewusste Einwohner. Goethe und Schiller an jeder Straßenecke, Kultur hier, Kultur dort. Und ganz in der Nähe ein Konzentrationslager, Buchenwald nämlich.

Einen Ort namens Buchenwald gibt es in Deutschland nicht, tatsächlich handelt es sich um einen Kunstnamen, mit dem verschleiert werden sollte, dass sich unweit der deutschen Kulturstadt Nummer eins ein Arbeitslager befand. 1937, bei der Namensgebung für das Lager, schied «Weimar» also schnell aus, ebenso wie «Ettersberg». Genau dort befindet sich zwar das Lager, aber eben auch das Schloss Ettersburg, wo die Herzogin Anna-Amalie ihren literarisch-musischen Kreis pflegte, dem unter anderem Goethe und Johann Gottfried Herder angehörten. Die nationalsozialistische Kulturgesellschaft Weimar (so etwas gab es merkwürdigerweise) verbat sich die Nutzung des Namens für so etwas Anrüchiges wie ein KZ. Man kann darin ein frühes Schuldeingeständnis sehen, wenn man will. Nachdem die SS zudem dagegen protestiert hatte, das Lager dem winzigen Ort Hottelstedt zuzuschlagen, einigte man sich schließlich auf den rasch erfundenen Namen Buchenwald, der weder Rückschlüsse auf die Weimarer Klassik noch auf die geographische Lage des Lagers zuließ.

Nach dem Krieg betrieben die Sowjets Buchenwald bis 1950 quasi übergangslos weiter, benannten es allerdings in «Speziallager Nr. 2» um. Dort saßen nicht nur Kriegsverbrecher und Nazis, sondern auch SED-kritische Sozialdemokraten.

Zurück zu Jöte. Der wird eindeutig stärker gefeatured als sein Freund Schiller. Aber selbst wenn die beiden deutschen Großdichter nicht hier, sondern in Königs Wusterhausen gewirkt hätten, bliebe Weimar eine geradezu groteske Vielzahl von Genies: neben den Erwähnten zum Beispiel Johann Sebastian Bach, Franz Liszt, Friedrich Nietzsche, Hector Berlioz sowie das Personal des Bauhauses: Lyonel Feininger, Ludwig Mies van der Rohe, Walter Gropius, Wassily Kandinsky, Paul Klee, Johannes Itten, Oskar Schlemmer. Man kann also mit Sicherheit sagen, dass in Weimar entschieden mehr Genies gewirkt haben als anständige Bäcker. Ich glaube nicht, dass es sehr viele Orte auf der Welt gibt, die solches von sich behaupten können.

Demütig mache ich meinen Spaziergang und sehe mir das kleine Bauhaus-Museum an, danach Goethes Wohnhaus. Das gefällt mir aber nicht, was am Ausstellungskonzept dieses nationalen Heiligtums liegt. Es gibt an und für sich viel zu sehen im Goethe-Haus, es ist sehr gut erhalten und noch vollständig möbliert. Aber davon hat der Besucher wenig, denn nichts, aber auch rein gar nichts wird erklärt.

Das ist Absicht. Man wolle das Haus nicht durch erklärende Texttafeln verschandeln, es solle seinen wohnlichen Charakter behalten, lese ich. Man kann dies auch arrogant und das Interesse des Besuchers strafend nennen. Goethe besaß 25 000 Kunstwerke, Tausende von Büchern und 18 000 Steine in seiner Mineraliensammlung. Außerdem ungezählte Objekte für naturwissenschaftliche Studien, Skizzen und schon für seine Zeit bemerkenswerte Möbel. Aber wer auf den überall herumhängenden Bildern zu sehen ist, erfährt man nicht. Woher die vielen Skulpturen in seiner Wohnung stammen, bleibt ein Rätsel. Geht einen wohl nichts an. Also tapere ich unbelehrt durch das Halbdunkel von Dichterfürstens Philisterpalast.

Die Standuhr im hinteren, recht kargen und für Besucher zu Lebzeiten Goethes sorgsam verschlossenen Privatbereich steht auf 11.25 Uhr. Und das schon seit 1832. Sie wurde angehalten, als der Dichter in der Mittagsstunde des 22. März verstarb – und nie wieder in Bewegung gesetzt. Das erfahre ich aber nur, weil ich der Dame zuhöre, die diese Geschichte gerade im Rahmen einer Führung erzählt. Ich finde, man hätte ein paar Schildchen anbringen können. Machen die Weimarer aber nicht. Es heißt Weimarer, nicht Weimaraner. Weimaraner sind schöne, aber dumme Vorstehhunde, was sich von den Einwohnern Weimars nun wirklich nicht behaupten lässt.

In der Innenstadt entdecke ich merkwürdige Menütafeln. Man kann sagen, dass in Weimar die Beilage mit dem Hauptgericht wedelt. Da steht nämlich nicht «Gulasch mit Thüringer Klößen», sondern «Thüringer Klöße mit Gulasch». Erst belächle ich diese ulkige Wendung, doch dann fällt mir auf, dass das hier alle machen. Die bilden sich hier nicht nur auf ihre Klassik, sondern auch auf ihre Klöße echt was ein.

Der Veranstalter der heutigen Lesung erklärt mir bei einem Besuch der Buchhandlung, wo ich abends zum Lesen hingehen müsse, und ich frage ihn, wie viele Zuschauer kämen. Da sieht er mich mitleidig an und sagt, die Buchhandlung habe zwanzig Karten verkauft. Das macht mich stutzig. «Zwanzig Karten? Das ist aber nicht sehr viel.» Daraufhin hält er mir einen Vortrag, dem zufolge die Weimarer ausgesprochen feinsinnige und intellektuelle Menschen seien und für so jemanden wie mich kaum zu erwärmen.
Ich werfe ein, dass ich auch in Bonn und in Freiburg gelesen hätte, und da sei es sehr gut besucht gewesen. Darauf nickt er, als höre er einem Kleinkind zu, und antwortet: «Sie erwähnen Freiburg und Bonn, weil da auch Universitäten sind!? Hm? Aber Weimar ist schon nochmal was ganz anderes.»
Ich gehe ins Hotel und frage mich, wie ich es überhaupt wagen kann, in der Kulturhauptstadt Europas 1999 auch nur meinen

Koffer abzustellen. Als ich um zwanzig Uhr im «Mon Ami» eintreffe, sind dann doch mehr Zuschauer da als erwartet.

Anschließend trinke ich mit einer netten Frau und einem Professor von der Bauhaus-Universität noch einen Wein. Manchmal geht den beiden das Goethe-Getue auf den Zeiger, was sie aber zurückhaltender formulieren. Jedenfalls kämen die ausländischen Gäste – besonders die Amerikaner – eher wegen Walter Gropius als wegen Wolfgang Goethe nach Weimar. Das Bauhaus sei in der ganzen Welt berühmt, Goethe gelte doch wohl eher als Nationaldichter.
Und dann erzählen mir die beiden noch eine bemerkenswerte Geschichte. Sie hätten nun beide schon mehrfach erlebt, dass Grundschüler in ihrem Bekanntenkreis Stirnlampen zum Geburtstag bekommen hätten. In Weimar sei das jetzt ein unverzichtbarer Ausrüstungsgegenstand, wenn man in den Wintermonaten zur Schule müsse. Man hat sich das etwa so vorzustellen: In der super sanierten Innenstadt strahlen die Kultur- und Baudenkmäler um die Wette, außen rum zuckeln die Kinder im Dustern zur Schule und sehen dabei aus wie die sieben Zwerge auf dem Weg ins Bergwerk. Für die Beleuchtung des Schulwegs haben sie in der Kulturstadt Weimar offenbar kein Geld.

Dresden. Mister Ctvrtlik sollte die Frauenkirche meiden
9. Februar 2006

Man kommt mit dem Zug aus Weimar und rollt an Millionen von Kleingärten vorbei. In Radebeul, kurz vorm Ziel, stehen herrliche Villen, richtige alte Prunkkästen auf Hügeln, von denen aus man womöglich bis Tschechien sehen kann. Aber eben vor allem Kleingärten mit Häuschen. Der Sachse wulackt halt gern in seiner Scholle. In Dresden-Neustadt, also immerhin ziemlich im Zentrum, passiert der Zug eine gigantische Schrebergarten-Kolonie, die auf den total unzutreffenden und daher amüsanten Namen «Fortschritt» getauft wurde. Ist wahrscheinlich noch in früheren Zeiten geschehen, als man Sportmannschaften «Turbine» nannte.

Mit dem Taxi geht es ins Hotel, das heute auch die Fußballer vom TSV 1860 München beherbergt. Das Team spielt in der zweiten Liga und würde gerne wieder aufsteigen, schon wegen der Investition in die Allianz Arena. Dafür muss aber morgen Dresden besiegt werden, das wiederum gegen den Abstieg kämpft. Ob es zu diesem Spiel kommt, ist fraglich, weil der allmählich tauende Schnee den Dresdner Rasen unter Wasser gesetzt hat. Und es gibt ja nicht überall Rasenheizungen mit daran angeschlossenem Atomkraftwerk wie in München.

Die Autos fahren hier mit dem Kennzeichen «DD» herum. Gleich nach der Wiedervereinigung entstand eine gewisse Aufregung um dieses Kürzel. In meiner Heimatstadt steht nämlich «D» auf den Nummernschildern. Und aus Dresden erklang damals der Ruf, dass dieses «D» eigentlich Dresden zustünde. Daraufhin brach in Düsseldorf hysterisches Gelächter aus, und die Zeitungen titelten sinngemäß: «Sachsen wollen uns unser ‹D› wegnehmen.» Es gab Leserzuschriften, denen zufolge die Dresdner sich kennzeichenmäßig mal ganz hinten anstellen könnten, also ungefähr hinter Bad Dürkheim/Weinstraße (DÜW). Am Ende erhielt Dresden dann «DD» und fühlte sich vom Westen betrogen.

Das Hygienemuseum ist eine piekfeine Adresse für alle, die in Museen gerne auf Knöpfchen drücken. Das kann man hier sehr ausgiebig, und es macht viel Freude, auch wenn der Erkenntniswert der vieltausendfachen Vergrößerung einer menschlichen Zelle enge Grenzen hat. Ich finde ja, dass man dabei immer ein sehr gutes Gefühl für die handwerklichen Fähigkeiten eines Modellbauers bekommt, aber eher keines für das Wirken der Zellbestandteile. Egal. Das ganze Museum strahlt eine Joachim-Bublath-mäßige Lässigkeit aus, von der man nicht mehr als Staunen lernt. Das Staunen steht heutzutage offenbar höher im Kurs als das Wissen, das oft mit Staunen verwechselt wird.

Um noch viel mehr zu staunen, mache ich mich auf den Weg zur Frauenkirche. Ist nicht weit, Viertelstündchen. Die Gegend um die Frauenkirche erinnert mit ihrem aktionistischen Baustellengedöns sehr an Berlin. Als ich auf die Frauenkirche zugehe, steigert sich meine Vorfreude in eine Art patriotisch-bildungsbürgerliche Raserei. Jawoll! Das muss man jetzt einfach gesehen haben. Ich öffne eine Tür und stehe in einer Art Foyer, in dem mir aber die Sicht von den Mützchen und Hüten einer älteren Reisebusbesatzung verstellt wird. Kann ich hier mal durch, darf ich mal, danke. Ich ackere mich durch den Touristenkloß, bis sich mir eine Frau von etwa fünfzig Jahren in den Weg stellt und mir wütend in die Augen schaut. Dann schleudert sie mir hasserfüllt entgegen:
«Sie können sich hier nicht reindrängen!»
«Wie bitte?»

«Das gibt's doch gar nicht.»
«Was gibt's nicht?»
«Sich hier in eine bezahlte Führung reinmogeln.»
«Was denn für eine Führung?»
Schnappatmung: «Bezahlte Führung! Bezahlte Führung!»
«Wovon reden Sie eigentlich? Und warum schreien Sie mich so an?»
«Sie haben sich hier einfach in eine Führung reingeschlichen, zu der Sie gar nicht gehören.» Es ist keineswegs so, dass ihre Stimme sich beruhigt, im Gegenteil. Sie hyperventiliert, sie erreicht einen Zustand von postmenopausaler Hysterie.
«Ich habe mich nirgendwo reingeschlichen.»
«Doch, das ist eine Führung für andere.»
«Jetzt lassen Sie mich doch endlich mit Ihrer doofen Führung in Ruhe. Ich wollte lediglich die Kirche ansehen und sonst gar nichts.»
Ich will auf den Innenraum der Kirche zustreben, aber sie hält mich nun am Arm fest und zetert: «Die Kirche ist geschlossen.»
«Ich denke, da ist jetzt eine Führung?»
«Aber dann ist die Kirche geschlossen, da ist jetzt Orchesterprobe.»
Aha, da kann man nichts machen. Das ist aber noch lange kein Grund, sich derart aufzuregen. Und das sage ich der Frau auch, worauf sie mich anschreit: «Verlassen Sie jetzt die Kirche!»
Ich drehe mich um und gehe grußlos. Ich habe mich wirklich auf diese Kirche gefreut. Sollen sie mir doch den Buckel runterrutschen mitsamt ihrer Zuckerbäckerkirche. Erst jahrelang penetrant um Spenden betteln und dann die Besucher anbrüllen.
Gehe ich eben zur Semperoper, die zu dem Kalauer einlädt, genauso auszusehen wie die Radeberger Brauerei in der Fernsehreklame. Die Semperoper ist bereits: geschlossen. Die letzte Führung war um 14.30 Uhr.

Nebenan befindet sich der Zwinger. Die Keramik-Sammlung ist übrigens – Sie ahnen es – geschlossen. Ausweislich eines Schildes werden die Exponate abgestaubt. Ich komme nun langsam ikonoklastisch in Wallung, und deshalb wäre es überhaupt keine gute Idee, die Gemäldesammlung anzugucken. Ich gehe stattdessen in die Rüstkammer und sehe mir Säbel, Degen, Pistolen, Harnische und Rüstungen an, was gut zu meiner Stimmung passt.

Man empfiehlt mir zum Essen die Gegend um die Kreuzkirche, wo ich in einem sehr stylishen Lokal voller schöner Dresdnerinnen Platz nehme. Die Dresdner Damenwelt muss man als herausragend bezeichnen.

Im Hotel wärme ich mich auf, dusche und lande beim Zappen in einer Sendung, die «Sachsenspiegel» heißt und in der gezeigt wird, wie ein Hubschrauber mit seinem Rotorwind den Rasen des Dresdner Fußballstadions trocken föhnt. Das scheint mir eine ziemlich verkasperte Idee zu sein. Angeblich funktioniert das aber, wie ein aufgeregter Reporter mitteilt. 1860 München kann einem jetzt schon leidtun.

Nach dem Signieren beim Plaudern erzähle ich dem Buchhändler von meiner Begegnung in der Kirche. Er seufzt. Ja, das käme öfter vor, wirft er ein. Dann berichtet er, dass man in der Kirche mit dem Besucheransturm nicht gut klarkäme und dass dort aber auch unfassbar viel geklaut würde. Alles, was nicht festgeschraubt sei, sackten die Touristen ein. Der Deutsche ist des Deutschen Wolf.

Ich stehe mit einem Angehörigen des Trainerstabes, dem Masseur oder dem Fahrer (wer weiß das schon) der Sechz'ger, im Aufzug des Hotels.

«Und? Spielen Sie morgen?»

«Des entscheid' sich morgn früh.»

«Die blasen den Platz mit dem Hubschrauber trocken.»

«Dafür hams Geld.»
«Jaja.»
«Soll'ns lieber amoi die Spielerg'hälter zoin. Da wer'ns laufen wie'd Has'n.»
Der muss reden. Wie man hört, geht es 1860 München auch nicht viel besser. Wir steigen aus und gehen den Flur entlang.
«Schlafen Ihre Spieler schon?»
«Schloffan tun's vielleicht net, aber a Ruh' is.»
«Gute Nacht.»
«Servus.»

Sechs Stunden später klingelt mein Wecker. Auf zum Flughafen. In Bayern massive Schneefälle, trotzdem starten wir einigermaßen pünktlich um sieben Uhr. In der Zeitung lese ich einen unglaublichen Namen. Und der Mann ist kein Russe. Er ist Kalifornier und heißt Robert Ctvrtlik. Mister CTVRTLIK ist Mitglied im Internationalen Olympischen Komitee und der Anti-Doping-Kommission. Und das, obwohl er selbst gedopt ist, und zwar mit gleich sechs aufeinanderfolgenden Konsonanten.
Ich brauche dann sechs Stunden nach Hause. Überall Schnee. Aber die Fußballspieler von 1860 haben noch weniger Glück als ich. Sie verlieren gegen Dresden 0:2. Und auf dem Heimweg nach München bleibt ihr Bus liegen.

Fulda. Kandidaten mit Bärten
20. Februar 2006

Früher lag das hessische Fulda ungefähr gleich weit vom Todesstreifen und von der bayerischen Grenze entfernt. Inzwischen hat diese Lage ihren Schrecken verloren, sogar ein ICE hält in Fulda, man muss nicht umsteigen, wenn man aus München kommt, das erleichtert die Reise enorm.
Ich werde nun einen Satz schreiben, von dem ich nie gedacht hätte, dass ich ihn einmal wahrheitsgemäß in die Tastatur tippen könnte. Achtung: Der ICE erreicht Fulda zwei Minuten zu früh. Der schieren Ungeheuerlichkeit wegen noch einmal: Der ICE erreicht die Bischofs- und Zwiebelkuchenstadt Fulda zwei Minuten zu früh.

Im Hotelzimmer finde ich einen Brief der Hotelleitung vor. Man entschuldigt sich schriftlich bei den Hotelgästen, weil die Pay-TV-Kanäle nicht funktionieren. Genauso gut könnten die auch schreiben: «Liebe männliche Hotelgäste, leider können wir Ihnen zurzeit keine gebührenpflichtige Masturbationshilfe zur Verfügung stellen.» Das ist die Wahrheit, die bloß davon überschminkt wird, dass in der Regel neben Pornos auch noch andere Filme im Hotelfernsehen angeboten werden. Diese gibt es aber in Wahrheit nur, damit die männlichen Hotelgäste beim Auschecken nicht rot werden müssen, wenn die hübsche junge Dame an der Rezeption die Rechnung klarmacht. Es könnte ja sein, dass der Gast «Hitch – der Date-Doktor» oder «Bridget Jones» angeschaut hat. Aber Hand aufs Herz: Es ist nicht sehr wahrscheinlich.

Beschwingt laufe ich durch Fulda und bleibe an einer Ampel stehen. Dort hängt ein Wahlplakat der SPD, auf dem die Kandidaten in Passbildgröße abgebildet sind. Es wird bald gewählt in Hessen, und die SPD gilt in Fulda traditionell als völlig chancenlos. Die Fotos der tapfer kandidierenden Sozialdemokraten sind von erschütternder Qualität. Sieht aus wie ein Infoblatt zur Hautkrebsvorsorge. Ich zähle sechzehn männliche Kandidaten, von denen neun einen Bart und zehn eine Brille tragen. Einige sehen aus wie mein Mathelehrer, damals auf dem Gymnasium.

Der Mann hatte es schwer mit mir. Ich war eine vollkommen hohle Nuss in Mathematik, ich glaube, ich litt unter einer milden Form der Dyskalkulie, die mich auch nie wieder verlassen hat. Ich gebe deshalb oft viel zu viel Trinkgeld, was ja nicht das Schlimmste ist.

Bevor ich Mathe abwählte, was damals in der gymnasialen Oberstufe von NRW ganz gut ging, hatte ich diesen einen humorvollen und klugen Lehrer, der sehr daran litt, dass Menschen wie ich keinen Sinn für die Ästhetik mathematischer Gleichungen und für die schöpferische Eleganz dieser Wissenschaft besitzen.

Als ich einmal, ein einziges Mal, im Unterricht verkündete, soeben etwas begriffen zu haben (es ging um irgendetwas, was mit Bernoulli zu tun hatte, ich weiß aber nicht mehr, was es war und um welchen der zahlreichen Bernoullis es ging), schlug er die Hände über dem Kopf zusammen und rief: «Soeben ist ein Wunder geschehen, die Saat der langen Jahre meines Studiums und die unendlichen Mühen haben endlich gefruchtet.» Er freute sich wirklich. Dann zertrampelte er den zarten Keim meiner Erkenntnis mit einer Frage, die ich nicht beantworten konnte. Mein Wissen fiel sogleich in sich zusammen und verschwand auf Nimmerwiedersehen.

Die SPD-Kandidaten auf dem Wahlplakat sehen jedenfalls aus, als wollten sie mir folgende Frage stellen: «Von zwanzig Fuldaer SPD-Kandidaten sind sechzehn männlich und vier weiblich. Neun der männlichen Kandidaten tragen eine Brille, zehn

tragen einen Bart. Drei der vier weiblichen Kandidaten tragen eine Brille, alle vier eine unmögliche Frisur. Wie groß ist die Wahrscheinlichkeit, dass eine der Personen auf dem Plakat a) eine Brille, b) eine Brille und einen Bart, c) eine Brille, einen Bart und eine unmögliche Damenfrisur trägt. Ermitteln Sie die Wahrscheinlichkeiten für a), b) und c). Lassen Sie Damenbärte dabei außer Acht. Fertigen Sie dazu eine Skizze an.
Die Skizze wäre für mich die einzige Chance, bei dieser Aufgabe wenigstens einen einzigen kümmerlichen Punkt zu erringen.

Die Fuldaer sind ein interessantes Völkchen. Vielleicht ist es Zufall, aber ich begegne heute Abend niemandem, der so richtig ernsthaft Dialekt spricht.
Ich berichte von dem SPD-Wahlplakat. Als ich nach der Lesung meine Sachen zusammenpacke, kommt eine der Buchhändlerinnen auf mich zu und sagt: «Das ist wirklich gespenstisch. Mein Mann ist auch auf dem Plakat. Und er ist Mathelehrer.» Ich nehme das einfach mal als Kompliment.

Im Hotel lese ich noch ein bisschen. Ein Theaterkritiker wurde bei einer Premiere von einem Schauspieler beleidigt und gibt dazu ein Interview. Man habe ihm den Spiralblock entrissen. Das habe wehgetan. Die Verletzungsgefahr sei erheblich gewesen. Da muss ich doch sehr lachen.

Gießen: Der Mensch ist Mensch, weil er schläft und weil er zahlt
21. Februar 2006

Grönemeyer-Wetter. Das ist das Wetter, das in Videoclips deutscher Interpreten immer wieder Verwendung findet. Zum Beispiel bei Grönemeyer. Regentropfen am beschlagenen Fenster. Finger malt Muster an die Scheibe. Wessen Finger? Das bleibt offen. Ihr Finger, wahrscheinlich.
Dahinter ist eine Stadt zu sehen. Grauer Himmel. Schnitt, dann schwarze Pfützen, in denen sich Plattenbauten spiegeln. Ja, so ist sie, die sogenannte bundesrepublikanische Wirklichkeit. Man sieht auch Menschen, wie sie in hässlicher Kleidung still und ernst durch die Szene laufen. Jaja, der Mensch ist ein Mensch, weil er pupt und weil er leidet und sich fügt in sein Dasein zwischen Hartz IV und DSDS. It's a Grönemeyer-Welt. Oder eine Xavier-Naidoo-Welt. Heute auf jeden Fall.

Manchmal fragt man sich, warum bei uns in Deutschland nicht viel mehr Menschen durchdrehen. Es ist eine schwierige Welt. Alles so kompliziert. Und trotzdem funktionieren die meisten Menschen unauffällig und auf eine gespenstische Weise tadellos. Vielleicht, weil sie glücklich sind, oder weil sie sich darüber keine Gedanken machen. Verhältnismäßig selten dringt der Horror an die Oberfläche und erinnert uns daran, dass es bei uns auch so etwas wie eine seelische Verwahrlosung gibt: Am heutigen Tag werden Eltern verurteilt, die jahrelang an einer kaputten und zum Esstisch umfunktionierten Tiefkühltruhe gegessen haben, in der ihr totes Kind lag. Sie haben es ironischerweise verhungern lassen.
Anderswo steht einer vor Gericht, weil er als Pfleger alte Menschen umgebracht hat. Komisch: Seine Taten fielen nicht etwa

dadurch auf, dass die Leute tot waren, sondern durch den hohen Bedarf und das Verschwinden von Schlafmitteln in der Klinik. Nachrichten, die einen an der Welt verzweifeln lassen.
Noch eine: Die Kinder sind überschuldet. Offenbar bringt ihnen auch niemand mehr bei, wie man mit seinem Geld umgeht. Der Staat fällt als moralische Instanz wie so oft aus: nimmt zweihundert Milliarden ein und gibt zweihundertsechzig Milliarden aus. Die Vogelgrippe tobt im Norden, die BILD sorgt sich, ob die Fußball-WM ausfällt. Der Regionalzug schleppt sich durch die hessische Provinz, Grönemeyer-Video-Wetter.

Die Stadt Gießen kann meine heutige Stimmung nur schwer heben. Das liegt vor allem daran, dass sie hässlich ist, wofür sie nichts kann. Dieser Scheißkrieg mal wieder. Wenn es ihn nicht gegeben hätte, könnte man in Deutschland schönere Musik-Videos drehen.
Ich bitte den Taxifahrer, mir zu erklären, wo wir entlangfahren. Er sagt: «Die Johanneskirche. Daneben ein Grünstreifen, wo tagsüber immer die Penner und Arbeitslosen rumhängen.»
Wir passieren ein Hochhaus, in welchem sich ein hellerleuchtetes Dachcafé befindet. Er sagt: «Das ist ganz beliebt, auch bei Selbstmördern. Springt öfter mal einer runter. Riesenaffentheater. Ich habe selber mal dadrin gelebt, im siebten Stock.»
Ich frage ihn nach dem Wahrzeichen der Stadt. Er sagt: «Da kommen wir gleich lang. Hier ist es.»
«Was ist denn hier?»
«Das Elefantenklo.»
«Das was?»
«Das Elefantenklo.»
Er erklärt mir, dass es sich dabei um eine sehr breite Fußgängerbrücke aus Beton handele, die einen Teil der Stadt mit der Fußgängerzone verbindet. Die Brücke weist drei große achteckige Löcher von je etwa fünf Meter Durchmesser auf. Da-

mit niemand durch eines der Löcher hinunter auf die Straße plumpst, sind sie mit Geländern umfriedet. Der großen Löcher wegen heißt die Brücke «Elefantenklo». Komisches Wahrzeichen.

Immerhin: Gießen ist ein ganz gutes Pflaster für Lesungen. Viele Studenten, also viele Leser.

Am nächsten Morgen mache ich mich auf, um Gießen noch ein wenig zu bestaunen. Es gibt aber nicht wirklich viel her. Also suche ich das «Mathematikum» auf, das einzige mathematische Mitmachmuseum der Welt, wie es sich selber preist. Es ist in einem ehemaligen Gefängnis beherbergt, und das finde ich eine hübsche Idee, wenn ich an meine Schulzeit denke. Jedenfalls interessiert mich, ob das «Mathematikum» irgendeinen positiven Impuls in mir auslöst. Leider nein. Gar nicht. Der damalige Bundespräsident Johannes Rau hat zur Eröffnung gesagt: «Mathematik kann Spaß machen. Das habe ich hier erfahren.» Sie haben hier Dutzende Experimente aufgebaut, mit denen die Verbindung von Mathematik und Naturphänomenen veranschaulicht werden soll. Zahlreiche Puzzle-, Frickel- und Schiebespiele weisen auf logische und formale Zusammenhänge hin, die ich nicht verstehe. Am Ende notiere ich mir, wo mein Geburtsdatum innerhalb der Zahl Pi vorkommt. Es beginnt an der 61 913. Nachkommastelle und ist von den Zahlen 87 088 406 und den Zahlen 943 622 418 umschlossen. Toll!

Im Zug auf der eineinhalbstündigen Fahrt nach Aschaffenburg alles voller Schulkinder. Eines erzählt, dass seine Handyrechnung zweihundertsiebzig Euro betragen habe. Das ist noch gar nichts. Ein Freund berichtete mir neulich von einer größeren Auseinandersetzung mit seiner vierzehnjährigen Tochter. Die hatte eine Handyrechnung von spektakulären tausend Euro, schwor aber, praktisch nie zu telefonieren. Sie schicke eigentlich nur SMS. Und dann fand mein Freund heraus, wie sie das tat. Hier ein Beispiel:

Sie: Hi.
Freundin: Hi.
Sie: Wo bist du?
Freundin: Biologie.
Sie: Ist Beni auck da?
Freundin: Bort in der Nase.
Sie: Süüüüüüsss!
Freundin: Find ich voll eklig.
Sie: An Beni ist alles süs.
Freundin: Bill ist süser.
Sie: Von Tkio Hotel?
Freundin: Wer den sonst?
Sie: Tokio Hotel for ever!!!!!!!
Freundin: Gehst du mit zu K.?
Sie: Weis nicht.
Freundin: Komm mit, wird supi.

Und so weiter und so weiter. Bis zu diesem Moment kostet dieses aufregende Gespräch ungefähr zwei Euro. Tausend sind auf diese Weise natürlich schnell zusammen. Der Mensch ist Mensch, weil er smst und dafür blecht.

Aschaffenburg. Frühlingsrolle des Grauens
22. Februar 2006

In dieser Stadt herrscht eine vollkommen aufgeräumte Stimmung. In Aschaffenburg ist absolut nüscht los. Es ist Karneval, ein Tag vor Weiberfastnacht. Außer in Aschaffenburg, da ist nur Mittwoch. Mit Aschaffenburg verbinde ich nur angenehme Erinnerungen, obwohl ich noch nie dort war.
Aschaffenburg ist nämlich der Ort, an dem die Autobahn wieder dreispurig wird, von Bayern ins Rheinland reisend sieht man sich zuvor auf der A3 einem längeren zweispurigen Streckenabschnitt ausgesetzt, an welchem die durch ihre Staus bundesweit bekannte Stadt Würzburg liegt. Donnerwetter, ist Aschaffenburg toll.

Befinde mich auf Nahrungssuche. Auf dem Gehweg stoße ich auf ein Schild mit folgender Menüempfehlung: «Großes Mittags-Buffet (32 Gänge) mit Ente nur €6,80». Zweiunddreißig Gänge! Es handelt sich natürlich um ein chinesisches Lokal. Der letzte Chinese, dem ich einen Besuch abgestattet habe, war jener in Jena, wo das Essen derart apokalyptisch heiß auf den furnierten Tisch kam, dass das Pfannengemüse schäumte und spritzte. Der Kellner deckte das ganze Essen mit dem Sportteil der BILD ab, bis sich das Gemüse einigermaßen beruhigt hatte. Dann hob er das versiffte Papier ab wie eine Glosche, zerknüllte es, und ich musste zehn Minuten warten, bis das Essen so weit abgekühlt war, dass es mir kein Loch mehr in den Gaumen brennen konnte. Nee, heute ist mir nicht nach zweiunddreißig Gängen, Ente hin oder her.
Bald stehe ich vor einem sogenannten In- oder sogar Szene-Lokal. Die erkennt man sofort, schon an den dicken Kerzen

und dem indirekten Licht und der gleitenden Typographie, in der der Name des Lokals auf Fensterscheiben und Speisekarten sein Unwesen treibt. Die Gäste sitzen auf lederbezogenen Bänken oder lehnen an Stehhilfen und hören Lounge-Musik. Das war mal eine Zeit lang sehr populär, dieses Buddha-Bar-Café-Costes-del-Mar-Gedudel.
Ich bestelle aus Gründen, die mir im Nachhinein völlig rätselhaft sind, da ich ja eben noch beschlossen habe, nicht chinesisch zu essen, eine Riesenfrühlingsrolle mit knackigem Wokgemüse. Fehler. Schlimmer Fehler. Die Riesenfrühlingsrolle ist ein mächtiger Blätterteigapparat mit im Schummerlicht schwer zu definierendem Innenleben, und das knackige Wokgemüse klebt in einer schweren süßsauren Pampe an einem Berg Reis. Meine Sozialisation gebietet mir leider, alles aufzuessen. Diese ewige Aufesserei. Schrecklich. Ich stoße beherzt auf und zahle. In den Grundfesten meiner vegetativen Stabilität erschüttert, wanke ich durch die Innenstadt zu meiner Lesung.

Eine halbe Stunde verbringe ich im Gemeinschaftsraum der Buchhandlung. Das mag ich. Schließfächer für jeden Angestellten, wo Butterbrote und Lippenstifte aufbewahrt werden. Privates. Ich bin ja immer nur in öffentlichen Räumen, sodass es mir irgendwie guttut, von persönlichen Dingen umgeben zu sein. Ich blättere «Schöner Wohnen» durch. Dann muss ich raus. Das Gleiche gilt leider für die Riesenfrühlingsrolle mit dem knackigen Wokgemüse, die einen enormen Geltungsdrang besitzt und mir immer wieder ins Wort fällt.
Im Hotel erwäge ich den Verzehr einer lokalen Bierspezialität mit dem Namen «Schlappeseppel». Bin aber zu müde. Außerdem: Riesenfrühlingsrolle und Schlappeseppel does not compute.

Am nächsten Morgen noch ein Spaziergang. Soll ich mal ins Schloss Johannisburg? Den Main entlanggehen? Oder das

Pompejanum besuchen? Darin befindet sich der Nachbau der Villa von Castor und Pollux, die in Pompeji ausgegraben wurde. Castor und Pollux heißen übrigens auch die Schurken in dem Action-Film «Face off». Außerdem besitzt das kleine Aschaffenburg die «Rosso Bianco Collection», ein Automuseum mit der größten Sportwagensammlung der ganzen Welt. Das müsste man eigentlich auch gesehen haben.

Ich grübele und entschließe mich dann aber doch zur Weiterfahrt nach Augsburg. Maßgebend dafür ist ein echtes Handicap: Die Schnürsenkel meiner in Fulda gekauften Schuhe gehen dauernd auf. Das stört gewaltig. Was ist da eigentlich los? Und wie löst man dieses Problem? Idee: Ich werde abends das Publikum in Augsburg einfach mal fragen, ob es dagegen ein Hausmittel gibt. Da hätte ich auch früher draufkommen können. Wofür sind Zuschauer denn sonst da?

Augsburg. Der Jim Morrison von Straßberg
23. Februar 2006

Die Stadt Augsburg (Bischofssitz, zweitälteste Stadt Deutschlands nach Trier) begrüßt mich mit einem kleinen Wunder. Wenn man nämlich die Quizfrage stellte, in welcher der beiden Städte, Augsburg oder Lübeck, die größten Dieselschiffsmotoren der Welt gebaut werden, würden die meisten Kandidaten antworten: Lübeck. Ist aber falsch. Die größten Dieselschiffsmotoren der Welt werden in Augsburg gebaut. Behauptet jedenfalls der Taxifahrer, der mich vom Bahnhof ins Hotel fährt.
Augsburg hat neben Dieselmotoren eine Menge weiterer Highlights zu bieten. Zum Beispiel einen Feiertag, den es sonst nirgends gibt, das Hohe Augsburger Friedensfest (8. August). Dann die Fuggerei. Dabei handelt es sich um sozialen Wohnungsbau, der um 1500 von Jakob Fugger veranlasst wurde und bis heute bewohnt ist, wenn auch nicht mehr von den Urmietern.

Nachdem ich umhergelaufen bin und dabei den Markt entdeckt habe, beschließe ich, was zu essen zu suchen. Die Riesenfrühlingsrolle aus Aschaffenburg hat auch über den heutigen Tag noch ein grässliches Werk an mir verrichtet, und so suche ich nach einfacher Kost. Bloß keine Experimente!
Ich lande in der Helsinki-Bar, die zu einem Kleinkunsttheater gehört. Dort wird finnisch gekocht, habe ich noch nie probiert. Aber hatte ich nicht eben noch entschieden: keine Experimente? Ach, komm! Wann hast du wieder die Gelegenheit, finnisch zu essen? Ich bestelle: Rotkohl-Hackfleisch-Taschen. Schmeckt nicht übel, allerdings sehr nach Essig.
Ich blättere das Programm der «10. Augsburger Kabarett-Tage» durch. Die meisten deutschen Kabarettisten und Comedians

stehen unter einem neurotischen Wortspielzwang, was die Titel ihrer Programme angeht. Die heißen nie: «Das neue Programm von ...», sondern zum Beispiel «Glauben Sie ja nicht, wen Sie da vor sich haben» oder «Komm, geh weg» oder «Kein Grund zur Veranlassung» oder «Dein Platz an der Tonne» oder «Bis neulich». Glauben die wirklich, es geht jemand wegen dieser Titel in ihre Veranstaltungen? Vielleicht ja schon. Ich neige zum Irrtum, je älter ich werde. Und im Moment altere ich rapide. Ich habe schon wieder graue Haare entdeckt. Wenn ich ein deutscher Kabarettist wäre, würde ich mein Programm jetzt natürlich «Flau bis in die Spitzen» nennen, damit wären gleich zwei Wortspiele erledigt und auch mein (zwinker-zwinker) Gemütszustand im Deutschland des Jahres 2006 beschrieben. Mein Jahresrückblick hieße natürlich «Jahrspalterei». Kabarettist müsste man sein.

Nach dem Essen Aufbruch zur Buchhandlung. Ich darf im Wareneingangsbereich auf meinen Auftritt warten. Binde meine Schuhe zu. Verdammte coole Adidas-Retro-Schuhe. Gehen immer auf, sind vorne zu eng und hinten zu groß. Womöglich ein Fehlkauf.
Ich treffe heute auf ein eher zurückhaltendes Publikum. Wahrscheinlich sind die verwöhnt, denn in Augsburg gibt es nicht nur Kabaretttage, sondern auch noch ein größeres Theater. Außerdem kam Bertolt Brecht aus Augsburg. Da ist man schon kritisch mit durchreisenden Vorlesern. Dann verwechsle ich in einer Ansage Augsburg mit Aschaffenburg. Dasselbe ist mir vorgestern in Gießen mit Fulda passiert.
Schließlich frage ich die Leute, ob jemand weiß, wie man verhindert, dass die Schnürsenkel immer aufgehen. «Haarspray drauf», ruft eine Dame. Toller Tipp, habe ich noch nie gehört. Ich werde es ausprobieren.

Am nächsten Morgen schwere Entscheidungen: Soll ich den Handwerkerweg und in der Nähe das Brechthaus ansehen, die Maximilianstraße, die Grabkapelle der Fugger, dazu den Dom und das Rathaus und das Museum der Augsburger Puppenkiste? Oder Roy Black? Für die erste Alternative spricht, dass man das alles zu Fuß machen kann. Zum Grab von Gerhard Höllerich alias Roy Black nach Straßberg sind es hingegen zwanzig Kilometer.

Ich setze mich ins Taxi und diskutiere das Thema mit dem Taxifahrer, einem sehr gepflegten Herrn mit Schnauzer, der überhaupt nicht in dieses Taxi gehört, außer als Fahrgast. Er sagt, dass er die Fahrt für fünfundzwanzig Euro machen würde.

«Eine Fahrt?»

«Zurück muss ich ja sowieso. Fünfundzwanzig Euro hin und zurück.»

«Echt?»

«Ich war noch nie da. Ich würde dann mitgehen, wenn es Sie nicht stört.»

Also fahre ich mit Hartmut, so nenne ich den jetzt einfach mal, nach Straßberg. Er erzählt mir vom Roy-Kult. In der Nähe des Friedhofes gibt es einen Ort mit einer Halle, in der die Fans sich einmal pro Jahr treffen. Dann werden die Hits von seiner alten Begleitkapelle nachgespielt, es werden Torten verputzt und klebrige Erfrischungen getrunken. Da hat er mal jemanden hingebracht. Es gebe sogar Konzerte, auf denen Roy Blacks Stimme vom Band eingespielt werde. Gespenstisch, was?

Wir fahren langsam in das moderat verschneite Örtchen Straßberg. Der Friedhof ist leicht zu finden, denn sie haben ihn sehr ordentlich ausgeschildert. Tausende kommen jährlich hierher, im Sommer sogar in Bussen. Dann werden Blumen abgelegt. Kerzchen, Bilder. Der Friedhof liegt auf einer Anhöhe. Spitzenlage würden Immobilienmakler dazu sagen. Findet Hartmut auch. «Eigentlich Perlen vor die Säue. Hat der Roy ja nix von, von der Lage.» Wir steigen aus, Hartmut holt seine Jacke aus dem Kofferraum. Es ist ein besonders gepflegter Friedhof. Still ist er, weiß, und die Grabsteine glänzen in der Vormittagssonne. Scheint ein Reiche-Leute-Friedhof zu sein. Metzger. Bauunternehmer. Roy. Zwei Gärtner beladen einen Transporter mit welken Kränzen. Wir gehen auf sie zu.

«Grüß Gott, wo liegt denn der Roy Black?»

«Zweite Reihe von rechts, ganz hinten links.»

Der jüngere Gärtner führt uns hin.

«Da isser», sagt er und zeigt auf ein Doppelgrab.

Ob denn viele kämen, fragen wir. Ja, sehr viele, aber wir seien heute die Ersten. Im Sommer sei das manchmal schlimm für die Totenruhe der anderen, sagt der Mann, und das klingt, als würde Roy dann singen.

«Haben Sie den Roy gemocht?», frage ich den Gärtner, der lange das Foto auf dem Grabstein betrachtet.

«Hm. Gemocht. Schon irgendwie. Aber erst, seit er hier liegt. Da ist er mir schon nahe.» Das kann ich verstehen. Wenn man dieses Grab sieht, denkt man ja nicht sofort an den Mief der Sahnewelt, den er verkörpert hat. An seinem Grab fällt einem eher der späte betrunkene Roy Black ein, der seinen Künstlernamen gehasst haben soll. Der viel lieber Rocker gewesen wäre. Der sich am Ende in seine Angelhütte setzte und die letzte Flasche aufschraubte. An einem Grab denkt man wohl automatisch eher an das Ende als an den Anfang von Karrieren.

Gerhard Höllerichs Grab sieht sehr gepflegt aus. Wie frisch frisiert, als duftete es nach Haarspray. Jemand hat vor kurzem, bestimmt erst gestern, eine Vase mit sieben roten Rosen aufgestellt. Jemand hat die Erde trotz Frost schön aufgelockert, in ganz kleinen Klümpchen liegt sie braun da wie ein dicker Teppich. Nicht eine Schneeflocke stört die Symmetrie. Die Gräber nebenan sind verschneit. Rechts am schmucklosen Stein klebt ein Porträt von Höllerich in seinen späten Jahren, als das Kinn etwas breiter und das Grinsen etwas schmaler wirkte. Die

Wörthersee-Phase, die Comeback-Zeit. Auf der Erde liegt ein Schildchen, darauf steht: «Roy, in unseren Herzen lebst du für immer fort.» Auch darauf ist ein Foto angebracht, früher Roy, Anita-Ära.

Hartmut wird unruhig. Hat er sich alles etwas glamouröser vorgestellt.

«Wenn Sie noch bleiben wollen, bleiben Sie noch. Ich gehe schon mal ins Auto.» Aber ich will nicht bleiben. Schön, ist es auf der Welt zu sein. Servus, Roy.

Wolfratshausen.
Allgemeine Individualkontrolle
24. Februar 2006

Wolfratshausen ist gemessen an Größe und Einwohnerzahl sehr bekannt. Es hat bloß knapp 17000 Einwohner und ist somit entschieden kleiner als das benachbarte Geretsried. Während aber in Wolfratshausen ein großer Möbelhändler, McDonald's, der Märchenpark und der bayerische Ministerpräsident wohnen, fällt Geretsried eigentlich nur durch die wursthafte Krümmung seines Gemeindegebietes auf. Geretsried ist wirklich ein recht schauderhafter Ort, finden sogar die Geretsrieder.

Wolfratshausen ist auch nicht besonders hübsch, man stellt es sich bestimmt viel oberbayerischer und pittoresker vor, als es sich in Wirklichkeit präsentiert. Das Stadtbild wird von mehreren Durchgangsstraßen dominiert und einer dauerhaften Schattigkeit, die damit zu tun haben mag, dass der Ort in einem Tal liegt und nicht viel Sonne hineingelangt. Es ist der Ort mit den drei großen Supermärkten und den beiden Tankstellen, dem Baumarkt, dem Garten-Center, einigen Autohäusern und einer schlecht beleumundeten Discothek, von der jede nur denkbare Gefahr für die Jugend ausgeht, wie man immer wieder hört. Direkt gegenüber befindet sich eine Polizeistation mit außergewöhnlich mürrisch ihren Dienst versehenden Beamten. Als ob deren Mitbürger etwas dafür könnten, dass ihre Karrieren ausgerechnet in Wolfratshausen zum Stillstand gekommen sind, blaffen und blöken sie sie an. Einer jedoch hat Humor. Und genau mit dem hatte ich neulich zu tun.

Er erwischte mich beim Telefonieren im Auto. Ich stand an einer Ampel und quatschte, der Polizeiwagen hielt auf der gegenüberliegenden Seite der Kreuzung. Ich warf das Handy

auf den Beifahrersitz, aber es war zu spät. Die Beamten hatten mich genau gesehen. Die Ampel schaltete auf Grün, ich rollte über die Kreuzung, die Polizisten taten dasselbe, wendeten und fuhren hinter mir her. Dann knipsten sie Lichter an, blendeten auf und fuchtelten mit den Händen herum. Ich hielt, sie stiegen aus, ich kurbelte die Scheibe runter.
«Guten Tag, allgemeine Verkehrskontrolle, Papiere und Führerschein, bitte.»
Ich hatte beides nicht dabei. Habe ich übrigens nie, aus Angst, die Papiere zu verlieren. Wenn man sie verloren hat, kann man sie ja nicht mehr vorzeigen.
«Sie wissen, warum wir Sie angehalten haben?»
«Nö.»
«Sie haben eben mit Ihrem Handy telefoniert.»
«Habe ich nicht.»
«Haben Sie doch.»
«Ich habe nicht telefoniert, sondern das Handy nur ans Ohr gehalten, um zu gucken, ob es funktioniert. Aber ich habe nicht telefoniert.» So ein Schwachsinn.
«Sie hatten das Handy am Ohr, und damit ist für uns offensichtlich, dass Sie es auch benutzt haben.»
«Aber ich habe nicht telefoniert. Wenn ich mir jetzt eine Käsesemmel ans Ohr gehalten hätte, wäre das genau dasselbe gewesen. Und eine Käsesemmel darf ich mir ja wohl straffrei ans Ohr halten.»
Und dann sagt er wunderbar ruhig den hübschen Satz: «Solange Sie mit der Käsesemmel technisch nicht telefonieren können, können Sie sich die Käsesemmel straffrei ans Ohr halten.»
Dann bekam ich eine Anzeige und einen Punkt. Kostet vierzig Euro. Und ich musste am nächsten Morgen auf der Wache erscheinen, um dort meinen Führerschein und die Papiere vorzulegen.
Immerhin erfahre ich bei dieser Gelegenheit, was die Formulie-

rung «allgemeine Verkehrskontrolle» eigentlich bedeutet. Ich frage danach, weil mir nie klar war, warum Polizisten einzelne Autos kontrollieren, aber dabei immer von einer «allgemeinen Verkehrskontrolle» oder wahlweise einer «allgemeinen Fahrzeugkontrolle» sprechen. Das «allgemein» bezieht sich keineswegs auf die Allgemeinheit, also alle Verkehrsteilnehmer, sondern auf das angehaltene Fahrzeug, dessen Allgemeinzustand überprüft wird. Eigentlich wäre es aber doch verständlicher, wenn die Herrschaften sagen würden: «individuelle Fahrzeugkontrolle».

Der bayerische Ministerpräsident Edmund Stoiber wohnt in Wolfratshausen, von wo aus er morgens in halsbrecherischer Fahrt in die Staatskanzlei donnert. Er ist immer in einem Autokorso unterwegs, und ich glaube, deswegen hat er die Bundestagswahl 2002 gegen Gerhard Schröder verloren. 6028 Stimmen haben Stoiber damals gefehlt, und diese Zahl entspricht ziemlich genau der jener eigentlich CSU wählenden Verkehrsteilnehmer auf der Strecke Wolfratshausen–München, die der Ministerpräsident in den vergangenen Jahren rücksichtslos bedrängt und genötigt hat. Die Begleit-BMWs des Ministerpräsidenten im Nacken, überlegt man sich zweimal, ob man diesen Verkehrsrowdy tatsächlich wählen soll.

Wolfratshausen hat auch noch einen ungemein schäbigen Bahnhof sowie eine Kreisklinik. Und da lese ich heute Abend.
Es ist eine Charity-Lesung zum Wohle der Klinik, welche sehr wichtig ist für den ganzen Kreis Bad Tölz-Wolfratshausen. Ich war schon mehrere Male dort, mit großen und kleinen Beschwerden, und immer froh, deswegen nicht extra nach München zu müssen. Ich bin sehr dankbar, dass es dieses Krankenhaus gibt, und finde, dass man es unterstützen muss.
Nun ist aber ein Krankenhaus im Allgemeinen nicht unbedingt der beste Ort für untherapeutische Darbietungen. Die

Lesung findet im Keller der Klinik statt, im sogenannten Casino, wo die Mitarbeiter essen. Heute gab es offenbar Rosenkohl. Oder es riecht hier immer so. Ich warte in einem fensterlosen Raum, in dem Stapelstühle und Wäschecontainer aufbewahrt werden. Zwischendurch kommt mehrfach der Mann vom Förderverein der Klinik herein und holt mit einer Sackkarre Stühle heraus.

Leider sind keine Patienten da. Das hätte ich sehr hübsch gefunden. Ältere Herren in hinten offenen Nachthemdchen. Bauern vom Tölzer Land, mit Leistenbruch vom Schneeschippen. Aber die gehen mit so etwas gar nicht erst ins Krankenhaus.

München. Deutliche Worte sind gefragt
2. März 2006

Der Münchner Stadtteil Allach-Untermenzing befindet sich im Westen der Stadt, und ich war in den vierzehn Jahren, die ich in der Gegend lebe, noch nie mit Fleiß dort. Dasselbe gilt wahrscheinlich auch für meinen Bekanntenkreis. Bevor nun aber gleich wieder alle Allacher sauer sind, füge ich noch eilig hinzu, dass ich auch keine Verbindungen nach Riem und nach Moosach besitze. Ich bin eben arm an Sozialkontakten. Und Allach beschäftigt einen auch nicht so wie zum Beispiel Schwabing. Man kommt durch Allach, wenn man die Stuttgarter Autobahn verlassen hat, macht sich aber keine Gedanken darüber. Erwähnenswert für die Allacher scheint der Umstand zu sein, dass hier immerhin drei große Münchner Arbeitgeber Arbeit geben, nämlich MTU, MAN und Krauss-Maffei. Das erzählt man mir an diesem Abend gleich dreimal. Und ein älterer Herr beantwortet meine Frage nach Besonderheiten der Gegend mit dem Hinweis, dass sich in Allach eine Außenstelle des unweit gelegenen Konzentrationslagers Dachau befunden habe.

Danach Lesung, von der nichts Aufregendes berichtet werden kann. Muss ja auch nicht sein. Lesungen sind normalerweise nicht so spektakulär wie Hochhaussprengungen oder Stangentanz.
Vielleicht müsste ich, um an dieser Stelle über Ungeheuerliches berichten zu können, mal singen. Oder anders polarisieren. Anecken. Mit Joghurt auf Besucher zielen. Aber das mache ich nicht, weil ich erst einmal lernen muss, eine Lesung ohne einen einzigen Versprecher und Verleser durchzuhalten. Erst wenn meine Darbietung vollkommen unangreifbar ist, kann

ich ernsthaft darüber nachdenken, ob ich mein Publikum verachten, bestrafen und quälen darf.

Viele derjenigen, die im Theater Texte vor sich hin dekonstruieren, sind nicht einmal an nüchternen Tagen dazu in der Lage, auch nur einen einzigen Satz verständlich bis in die letzte Sitzreihe zu transportieren. Und das gilt nicht nur für das Theater, sondern zunehmend auch für den deutschen Film.

Neulich sah ich einen, in dem angeblich supertolle junge deutsche Schauspieler ambitioniert spielten, den Titel habe ich schon wieder vergessen. Ich musste leider umschalten, weil ich kein einziges Wort verstanden habe. Für manche Schauspieler scheint die deutsche Sprache ausschließlich aus Konsonanten zu bestehen. Es ist furchtbar.

Was, bitte schön, ist gegen einen klitzekleinen Vokal zu sagen? Was habt ihr eigentlich dagegen, beim Sprechen euer Maul zu öffnen? Kann es sein, dass ihr ganz einfach nichts zu sagen habt? Hä?

Germering. Wie die Made im Speckgürtel
3. März 2006

Im Westen von München befinden sich auffallend viele Gemeinden, die mit «G» anfangen und mit «ing» aufhören, was Zufall sein mag, aber dazu führt, dass man diese Orte immer miteinander verwechselt, obwohl sie nicht viel gemein haben. Außer dem «G» und dem «ing». Es gibt also: Gilching, Gauting, Gräfelfing und Germering.

Germering ist vor kurzem Große Kreisstadt geworden, sie zählt über 30 000 Einwohner, deren männliche, verheiratete und mit Kindern gesegnete Vertreter wie in den anderen «G»-meinden jeden Tag nach München zur Arbeit müssen, um das Geld zu verdienen, das man braucht, um hier seinen Jägerzaun abzustottern. Vorher eine Runde mit dem Hund und die Frage, warum sich der Brunnhuber eigentlich einen Audi-Allroad leisten kann. Kann er wahrschienlich gar nicht. Alles geleast. Wenn er könnte, würde der Brunnhuber auch seinen Gartengrill leasen, das protzige Gasding.

Orte wie Germering bilden den Speckgürtel einer Großstadt. «Speckgürtel» ist ein Begriff, der ungute Assoziationen an «Gürtelrose» und «Fettleibigkeit» weckt, wenn man sich die Bewohner Germerings vorstellt. Diese erweisen sich aber weder als besonders krank noch als übergewichtig. Im Gegenteil. Die Germeringer sind ein angenehm bürgerliches kleines Völkchen, das nicht von zu großem Lokalpatriotismus geprägt zu sein scheint und gerne in Lesungen geht. Sogar bei Schnee.

Im Ort steht eine präsentable Stadthalle aus Glas und Stahl, wie man sie auch in größeren Städten gerne hätte. Dort ist auch die städtische Bibliothek untergebracht. Sehr chic. Zu

Beginn der Lesung kurze Irritation, als ich merke, dass auch über mir, in der ersten Etage, Leute sitzen. Später Schneefahrt nach Hause, während ich im Radio eine Sendung zum Thema Intelligenz höre.

Wer einen IQ um die fünfundachtzig hat, gerät in die Nähe der Dummheit. Es geht aber noch weiter runter. Wer dümmer ist als dumm, ist ein Idiot (IQ vierundsiebzig), und wer selbst die niedrigste Testlatte reißt, muss damit leben, als schwachsinnig bezeichnet zu werden. Frage: Beleidigt man einen Idioten, indem man ihn schwachsinnig nennt? Oder umgekehrt: Ist es ein Lob für einen Schwachsinnigen, wenn er Idiot oder sogar Dummkopf geheißen wird?

Wolfsburg. Volkswagen soll ranklotzen
6. März 2006

Deutschland im Schnee. Ich bin morgens um halb acht zu Hause aufgebrochen. Schon die S-Bahn nach München fährt nicht. Es bewegt sich überhaupt nichts. Deutschland steht still, wartet in Watte gepackt auf Tauwetter. Der Schnee, im November ekstatisch in der Hoffnung begrüßt, wenigstens bis Weihnachten liegen zu bleiben, türmt sich bedrohlich. Nun wird er verflucht. Astbruch. Schließlich und nach ewigem Warten und immer wieder Umsteigen komme ich um sechzehn Uhr in Wolfsburg an. Ich habe den ganzen Tag damit verbracht, mir mein weißes Land anzuschauen, durch das der ICE sich müht wie ein Unimog.

Man sollte meinen, dass man Deutschland immer weniger mag, wenn man ständig durchfährt. Es ist aber das Gegenteil wahr. Ich mag dieses Land immer mehr, so wie man manche Menschen gerade wegen ihrer Unzulänglichkeiten schätzt. Es ist zu kalt hier, das steht fest. Es gibt Bürokraten, es gibt Verbrecher, Spießer. Aber wo gibt es die nicht? Sagen Sie mir ein Land, und ich ziehe sofort dorthin. Außerdem: Es mag wohl so sein, dass unser kleines Land eng ist, aber so ist das nun einmal. Wir haben immerhin neun Nachbarn, Weitläufigkeit ist unter diesen Voraussetzungen nicht zu erwarten. Außerdem ist Weite auch kein Wert an sich. Sonst würde es die Russen zu Millionen in die Tundra ziehen, was aber nicht der Fall ist. Und was die Engstirnigkeit angeht, so kann man die ja auch menschlich finden – und sich ein bisschen darüber wundern, vielleicht lächeln. In anderen Ländern, zumal europäischen, sind die Lebensbedingungen in Wahrheit auch nicht besser als bei uns. Deutschland ist nicht spießiger als der Rest der Welt. Und was wäre die Alternative zu unserer Free-and-easy-christmas-set-Heidi-Klum-H & M-Tchibo-Hiddensee-Kännchen-Schnee-Beckmann-Erzgebirgsschnitzerei-Media-Markt-Gesellschaft? Wo soll man denn sonst hin? Sorry, aber wir gehören hierher. Das ist Deutschland, und wir sind Deutsche. Wir haben uns dieses Land so gemacht, wie es ist. Jammern gilt nicht.

Eine große Marke Deutschlands: VW. Wolfsburg ist Volkswagen. Die Stadt wirkt, als habe sich am Fuße einer Heeressiedlung ein Dorf ausgebreitet. Man kann von dieser 130 000 Einwohner zählenden Stadt nicht behaupten, dass sie einen besonderen Charme versprühe. Leider gar nicht. Wolfsburg ist im Schatten des runden VW-Emblems nicht erblüht. Es ist vielmehr ein zweckmäßiges Aneinander von flachen Gebäuden. Alles irgendwie ein einziger gigantischer Getränkemarktparkplatz. Das Glamouröseste an Wolfsburg ist eindeutig der Name der Fußgängerzone: Porschestraße. Diese FuZo haben sie mit braunen pilzartigen Gebäuden bestückt. Auf einer Luftaufnahme sieht das so aus, als würde etwas Bösartiges auf leberwurstfarbener Haut ausbrechen. Das Bild hängt in einem italienischen Restaurant, in dem ich nachmittags esse.
Hier gibt es wahnsinnig viele Italiener. Es fällt richtig auf. Sie sind schon seit vier, manche sogar seit fünf Jahrzehnten hier. Sie haben oben im Werk gearbeitet. Wolfsburg wird durch den Mittellandkanal zweigeteilt. Nördlich davon erstreckt sich Kilometer um Kilometer VW. Südlich des Kanals liegt die Stadt. Über den Mittellandkanal führt die Berliner Brücke. Wer früher darüber fuhr, konnte die gleichnamige Siedlung sehen. Da haben sie die Italiener eingepfercht. Sie haben Stacheldraht herumgezogen, damit niemand zu ihnen konnte, wie es hieß. Klingt sehr nach antifaschistischem Schutzwall. Und sie haben eine Straße gebaut, die führte aus der Siedlung direkt in die Autofabrik. Die Baracken haben sie längst abgerissen. Heute

steht dort die Volkswagen-Arena. Es gibt dort Fußball und Elton John.
Die Italiener sind geblieben. Jetzt sind sie deutsche Rentner, wie mein Schwiegervater. Sie stehen an einem Brunnen in der Fußgängerzone und diskutieren. Der Brunnen ist übrigens sehr hübsch. Am Rand stehen ein paar bronzene Seehunde, die sich nach Fischen recken, die ihnen von einem unsichtbaren Zoowärter zugeworfen werden. Sehr schön, diese Skulpturen. Aber halt! Seit wann haben Seehunde Beine? Ach so, das sind gar keine Seehunde, das sind heulende Wölfe. Da hat sich die Kunst echt mal was an Freiheit rausgenommen. Schön sind die Wölfe dennoch. Man kann ihnen über den glatten Rücken streicheln, was viele Wolfsburger im Vorbeigehen machen. Wenn man über die Porschestraße hinausgeht, kommt ein windiger Platz von unnatürlicher Größe mit Rathaus und Museum. Sieht ein wenig nach sozialistischem Stadtplanungsgepränge aus. Also lieber zurückmarschieren.
Wenn Zustand und Ästhetik eines Ortes etwas über den Reichtum seiner Bürger aussagen, dann muss man konstatieren, dass die Wolfsburger zu wenig Geld haben. Sie verdienen nicht genug. Wer viel verdient, der kauft sich teure Sachen und möchte in einer schönen Stadt leben. Das bedeutet: Volkswagen muss die Löhne und Gehälter verdoppeln. Mindestens. Sonst wird das nie was mit diesem Wolfsburg. Wer an zwanzig gefeuerte Manager siebzig Millionen Euro Abfindung latzen kann, der kann auch einem Schichtarbeiter sechstausend Euro Lohn zahlen.

Die Lesung findet in einem künstlich beleuchteten Einkaufszentrum mitten in der Fußgängerzone statt. In dieser Galerie genannten Konsumhöhle befinden sich alle Ketten und Filialisten, die unser Land mit Einheitsware betäuben. Ich lese vor einem sehr angenehmen Publikum. Die Wolfsburger Gastarbeiter aus Sardinien und Sizilien zeugten Kinder, und diese

Kinder sind heute schöne Frauen. In Städten wie Wolfsburg kommen sie zu meinen Lesungen und quietschen vor Vergnügen, wenn ich ihre Väter nachahme.

Was macht man anschließend in Wolfsburg? Was machen wohl die Spieler vom VFL abends? Sie gehen womöglich ins «Sausalitos». Das ist eine Nacho-Taco-mexikanische Bier-Kneipe, die es inzwischen in zweiundzwanzig deutschen Städten gibt, und wahrscheinlich ist das «Sausalitos» der schillerndste Ort in Wolfsburg.
Die Speisekarte entpuppt sich als eine Zeitschrift, die es genau so offenbar auch in allen weiteren Lokalen dieser Marke gibt. Sie enthält einen redaktionellen Teil, dem ich entnehme, dass es beim Flirten darauf ankommt, immer zu lächeln. Wenn die Frau zurücklächelt, ist eigentlich schon alles gebongt. Ich lächele die Kellnerin an, sie lächelt zurück. Ich bestelle Wein und Wasser, ich lächle, sie lächelt. Dann sitze ich eine Weile alleine herum, bitte sie schließlich um die Rechnung. Und dann sagt das entzückende Geschöpf: «Zusammen oder getrennt?» Und ich: «Zusammen. Ich lade mich heute mal ein.» Sie lacht. Ich lache. Sie sagt, sie sei schon ganz verrückt, weil sie diesen Satz heute schon so oft gesagt habe, da käme er automatisch raus. Sie lacht. Ich lache. Ich zahle, ich lächle. Ich gebe ein schönes Trinkgeld. Sie lächelt. Wir sagen tschüs. Sie arbeitet weiter, ich gehe. Haben wir jetzt geflirtet? Je nachdem, wie einsam einer ist, würde er die Situation völlig unterschiedlich beurteilen. Ich würde aber sagen: Nein. Kein Flirt.

Am nächsten Morgen nehme ich mir vor, das «Phaeno» zu besuchen. Ich hatte es im «heute journal» gesehen, als es eröffnet wurde. Man kann dort wissenschaftliche Experimente machen und dabei etwas lernen. Ähnlich wie im Gießener Mathemuseum, aber mit einem genialen Trick: Das «Phaeno» heißt «Experimentierlandschaft» und nicht «Museum», der didaktische

Anspruch zieht sich also zurück. Das Ding soll Spaß machen. Und das macht es auch. Und wie.

Hunderte von experimentellen Anordnungen, Kunstwerken und Installationen für die Besucher. Man kann Knöpfe drücken, an Hebeln ziehen, sich gegen Gummimatten werfen, optische Täuschungen erleben und allerhand naturwissenschaftliche Gaukelei. Sehr beeindruckend finde ich einen Rechner, an dem sich die Kontinentaldrift simulieren lässt. Und dies nicht nur von der entfernten Vergangenheit in die Gegenwart. Das kennt man ja: wie sich Amerika und Südamerika getrennt haben, wie Indien nach oben geflutscht ist und Australien nach der Seite. Aber wie geht es damit weiter? Das ist das entschieden Interessantere.

Ich fahre mit dem Cursor immer wieder über die Animation und muss nun leider allen Italienern zurufen: Ihr macht es nicht mehr lange. In zweihundertfünfzig Millionen Jahren seid ihr weg. Genau wie das Mittelmeer. Afrika wird dann nach Norden gerutscht sein. Es wird Spanien und vor allem Italien zerquetschen, wahrscheinlich werden die Alpen an Höhe gewinnen, denn irgendwo muss Italien ja hin. Der Atlantik entwickelt sich zu einem Binnengewässer, denn Amerika wird sich ebenfalls auf Europa zubewegen. Dann werden die Erdteile so weit zusammengerückt sein, dass man wirklich von einer globalisierten Gesellschaft sprechen kann, wenn überhaupt noch irgendjemand redet. Und wenn dem so ist, was mögen die Bewohner der Erde in zweihundertfünfzig Millionen Jahren über uns denken? Wie werden sie wohl das Zeitalter nennen, in dem wir jetzt leben?

Detmold. Lippische Rose, läppische Ängste
7. März 2006

Sitze in einem Detmolder Café und werde gefilmt. Für eine Talkshow, die am Sonntagvormittag gesendet wird. Dazu musste ich erst meinen Trolley durch Detmold ziehen, was einen höllischen Radau macht, weil die Altstadt gepflastert ist.
Und nun filmen wir, wie ich Espresso trinke und rauche und in mein Laptop tippe. Das Team dreht von außen. Durch die Scheibe. Gegenüber sitzt ein besoffener Westfale, der mich die ganze Zeit anglotzt. Er trinkt ein Pilsken. In Westfalen wird immer Pils getrunken, wenn man Durst hat.

«Wat machstu denn da?»
«Nix. Ich tue so, als ob ich schreibe.»
«Mi'n Comjuter.»
«Genau.»
Heiseres, zahnloses Lachen.
«Ich will da aba nichmitdrauf.»
«Okay.»
«Ich will nich in den Film.»
«Ich hab's gehört.»
«Haste gehört?»
«Ja.»
«Ich will hier meinen Frieden.»
«Na klar.»
Unverständliches Gemurmel. Er holt sich noch ein Pils. Und Zigaretten.
«Seitihr bald feddich?»
«Ja, sicher.»
«Ich will da aba nichmitdrauf.»

Von ihm aus könnte das noch Stunde um Stunde so weitergehen. Der Lipper ist stoisch, weil leidgeprüft. Er nimmt seit bald sechzig Jahren eine furchtbare Demütigung hin. Es ist nämlich so: Das Landeswappen von Nordrhein-Westfalen besteht aus drei Elementen. Zwei davon hat man einigermaßen auf der Rechnung: Das weiße Band im grünen Feld auf der linken Seite symbolisiert den nördlichen Rhein. Das weiße Pferd auf rotem Grund zeigt Westfalen. Und dann ist unten – zwischen Strom und Pferd – noch ein drittes Dingchen zu sehen. Was ist das wohl? Das ist eine Rose. Die lippische Rose nämlich. Jawoll! Eigentlich besteht nämlich das Bundesland aus drei Teilen: Nordrhein, Westfalen und LIPPE. Korrekt müsste es heißen: Nordrhein-Westfalen-Lippe. Aber der dritte Teil wird einfach unterschlagen, obwohl das Gebiet einmal Fürstentum und danach Freistaat war, bevor es sich 1947 Nordrhein-Westfalen anschloss. Und nun führt das Lipper Land ein eher randständiges Dasein als Landkreis. Die in Lippe sind da nie mit fertiggeworden. Mein Saufaus von Gegenüber war möglicherweise mal als Ministerpräsident im Gespräch und wurde dann einfach ausgebootet.

«Noch'n Pilsken. Danke.»

Das Fernsehteam kommt rein. Der Autor ist aus Köln angereist, Kameramann und Tonassi aus Hannover. Der Film wird hinterher so ungefähr zweieinhalb Minuten dauern, dafür der ganze Aufwand. Und das alles von meinen Fernsehgebühren, die ich gerne und ohne zu murren bezahle, schließlich will ich die Musikantenscheune sehen.
Der Kameramann hat seine Wohnung in Hannover vermietet. Dort wohnen dann jetzt drei Chinesen, ab morgen ist nämlich CEBIT. Das Fernsehteam filmt zu Beginn der Lesung ein bisschen, kann aber nicht bis zum Ende bleiben, denn der Film muss noch in der Nacht geschnitten werden.

Der Kameramann ist sicher ganz froh, dass er nach Hause kann, er ist nämlich aufgeregt. Eben hat er einen Anruf bekommen: Es sind nicht drei Chinesen, die in seiner Wohnung einquartiert wurden, sondern drei polnische Messehostessen. Die werden sich doch nicht etwa Arbeit mit nach Hause nehmen?

Um 13.15 Uhr checke ich am nächsten Tag aus und habe nun noch anderthalb Stunden Zeit, bis mein Zug fährt. Ich gehe noch einmal spazieren, denn in Detmold ist es schön, und entdecke das Landesmuseum. Da gibt es Spinnen. Lebende Spinnen. Und was für welche.
Ich bin arachnophob. Bereits winzige Spinnenviecher lassen mich in hysterisches Gebrüll ausbrechen. Ich werde regelrecht tuntig, wenn ich Arachniden sehe. Ich weiß schon, Spinnen sind wunderschöne Tiere, edle Produkte im Feinkostlädchen Gottes, faszinierende Geschöpfe allesamt. Ich morde keine Spinne, aber nur, weil ich ihr nicht zu nahe kommen will. Auch die beliebte Praxis, Spinnen mit dem Staubsauger zu entfernen, wende ich nicht an, weil ich befürchte, dass die eingesaugte Spinne des Nachts aus dem Beutel herausfindet, durch das Rohr in die Freiheit gelangt und sich an mir rächt, während ich schlafe.
Aber manchmal muss man sich seinen Ängsten stellen, und außerdem sind zwischen mir und den Viechern dicke Glasscheiben. Da traue ich mich, einen Blick zu riskieren. Die Ausstellung besteht hauptsächlich aus Vogelspinnen, anderen tarantulaesk behaarten Spielarten und Skorpionen. Kleines beruhigendes Detail am Rande, das mich am Ende versöhnlich stimmt und munter aus dem Landesmuseum entlässt: Der Große Tausendfüßler hat gar nicht tausend Füße. Sondern bloß zweihundertachtundachtzig. Uff.

Werther. Echte Originale
8. März 2006

Die Fahrt nach Werther führt ins Grenzgebiet zwischen Nordrhein-Westfalen und Niedersachsen, wo die Bahntrassen immer schmaler werden und schließlich in einem Ort namens Borgholzhausen in der Wiese zu versiegen scheinen.
Mein Zielort Werther, wo ein gewisser Konditor Nebel das Sahnebonbon erfunden hat, hat keinen Bahnhof. Kaum zu glauben. Man muss also in dem bereits erwähnten Borgholzhausen aussteigen. Bevor man dies tut, muss man allerdings in Brackwede umsteigen.
In Brackwede, das auf der zweiten Silbe zu betonen ist, gibt es nichts. Nur Wind. Eisigen Wind. Bei näherer Inspektion entdecke ich dann aber doch noch einen Mitsubishi-Händler sowie eine türkische Pommesbude, wo ich eine Dreiviertelstunde sitze und mir ein Gemälde ansehe, auf dem ein Wasserfall und viel Grün und ein Berg zu sehen sind. Einige ältere Türken sitzen herum und trinken Tee aus schmalen Gläsern.
Dann weiter nach Borgholzhausen, wo die Züge bremsen, indem sie einer Kuh gegen das pralle Euter fahren. So fühlt es sich jedenfalls an. Ich werde von einer freundlichen Buchhändlerin abgeholt, die mich erst einmal ins Hotel bringt, das wiederum nicht in Werther liegt, sondern in Versmold. Versmold ist nicht wie Werther für Süßigkeiten bekannt, sondern für Wurst.
Die Versmolder nennen ihre Gegend selbstbewusst den «Fettfleck Deutschlands», weil hier so viel Wurst gemacht wird wie nirgends sonst: Pasteten, Leberwürste mit allen möglichen Fettabstufungen, Salami, im Apfel-, Kräuter-, Knoblauch-, Parmesan- oder Röstzwiebelmantel; natürlich westfälischer, aber auch Schwarzwälder (na, so was!) Schinken, Kochschinken,

Spargelschinken, Krustenschinken, Backschinken, Schweinearsch eben. Und das ist noch lange nicht alles, denn natürlich kommen von hier auch Geflügelwurst, Brühwurst, Grillwurst, Krakauer, Cabanossi und Kinderwurst in Bärchenfom. Ihrem enormen Wohlstand haben die Versmolder mit einem bronzenen Schweinebrunnen ein Denkmal gesetzt. Man sagt hier: «Das Ende des Schweines ist der Anfang der Wurst.»
Ostwestfalen ist trotz der flachländlichen Langeweile eine interessante Gegend: hier also Wurst, dort Bonbons, im nächsten Ort Freizeitkleidung, im übernächsten Bier oder Küchen oder kostbare Polstermöbel. Sogar ein weltumspannender Medienkonzern wohnt gleich um die Ecke. Bloß Bahnhöfe sind irgendwie Mangelware.

Die abendliche Fahrt von Versmold nach Werther hat einen gewissen subkulturellen Reiz, weil auf dem Weg immerhin drei Bordelle rotes Licht ins Dunkel bringen. Wenn man den ganzen Tag mit Wurst- oder Süßwaren zu tun hatte, will man eben am Abend mal was anderes sehen. Das kann ich schon verstehen.
Übrigens ist das ganze Gerede von den sturen und angeblich humorfreien Ostwestfalen völliger Unsinn. Schon im Herbst, als ich in Bielefeld, Osnabrück und Paderborn war, stimmte das nicht. In Detmold stimmt es erst recht nicht und heute Abend auch nicht. Im Gegenteil.
Besonders der Tontechniker hat es mir angetan. Er trägt einen roten Pullover wie der SPD-Politiker Ludwig Stiegler. Dürfte auch im selben Alter sein. Nachmittags hat er noch die Betriebsratsversammlung einer Wurstfabrik beschallt, dann ist er mitsamt Tonanlage nach Werther geeilt. Ton machen ist sein Hobby. Ein Butterbrot («'n Bütterken») zur Stärkung hat er abgelehnt, er wollte nur eine Flasche Cola. Als die Lesung beginnt, fällt zunächst einmal der Ton aus. Ein Kanal schaltet immer ab. Der Tonmann bleibt cool, denn wenn es Schwierig-

keiten gibt, haben Westfalen den Blutdruck einer ägyptischen Mumie. Nur so ist der Aufstieg von Bertelsmann zu erklären.

Nach der Lesung rollt der rote Pullover Kabel zusammen und packt Mikros ein. Er möchte einen Witz machen und bemerkt so ganz beiläufig, dass ja die Männer eigentlich keine Beine bräuchten. Ich frage in guter alter Witzkumpelmanier: «Warum brauchen denn Männer keine Beine?»
«Ganz einfach: Zur Taufe werden wir gehoben, zum Altar werden wir geschleift, und zu Grabe werden wir getragen.»
Er schaut in die Runde. Alle lachen. Jaja, die Männer.

Ich bekomme eine Tüte «Werther's Echte» geschenkt. Aber außer dem falschen Genitiv stimmt noch etwas nicht auf der Packung. Da steht nämlich «Werther's Original» drauf und nicht «Echte». Das wird doch nicht etwa ein Plagiat sein? Produktpiraterie? Ich sehe nach, hintendrauf steht Storck. Hm. Die haben das umbenannt und mir nichts davon gesagt.

Würzburg. Braune Berge, blaue Zipfel
10. März 2006

Herrliche Stadt. War mir eigentlich bisher vor allem wegen der Autobahnausfahrten «Kist» und «Randersacker» bekannt. Da steht man immer hinter endlosen Kolonnen von Bundeswehrfahrzeugen im Stau. Die haben Kfz-Kennzeichen, die mit «Y» beginnen. «Y-Tours! Wir buchen, Sie fluchen», sagten die Wehrdienstleistenden früher immer, wenn sie zu Übungen mussten. Habe ich natürlich nie kapiert, denn ich war ja Zivi. Erst Jahre später im Stau in Würzburg verstand ich, was mit «Y-Tours» gemeint war.
Würzburg hat eine Menge zu bieten, Panoramen zum Beispiel. Von der Mainbrücke hat man einen wunderschönen Blick auf die Festung Marienberg sowie allerlei Weinberge, die aber zurzeit aussehen wie Wanderdünen. Ganz kahl und beigebraun liegen sie da, zittern und warten wie ich auf den Frühling. Unter mir donnert der Main entlang. Er brüllt: «Platz da, ich muss Wasser zum Rhein bringen!» In Würzburg taut es nämlich, und die Sonne kommt ein wenig raus. Das macht natürlich gute Laune. Man spaziert also Richtung Residenz und vorher am Dom vorbei, wo aber gerade Gottesdienst ist.
Trotz der mannigfaltigen Zerstreuungsmöglichkeiten und obwohl die Sonne sich tatsächlich dazu herablässt, Wärme auf meine Stirn zu brennen, entscheide ich mich heute mal fürs Kino: «Requiem» von Hans-Christian Schmidt. Der macht nur gute Filme. Ich kaufe eine Karte für die Nachmittagsvorstellung. «Requiem» handelt vom letzten Exorzismus in Deutschland, der in den siebziger Jahren an einer jungen Frau vollzogen wurde, die aus der Nähe von Würzburg kam und dort auch studiert hat. Im Film hat man die Orte aber verändert.

Und den Namen des Mädchens auch. In Wahrheit hieß es Anneliese Michel, im Film Michaela Klingler.
Das Szenenbild verbreitet perfiden Grusel. Der entsteht aus der reinen undekorierten Kleinbürgerlichkeit der Klingler'schen Einrichtung. So wie bei denen sieht es in Millionen deutscher Häuser aus. Die Klinglers. Das sind brave Menschen, christlich, also mindestens wertkonservativ, dabei hilfsbereit, skeptisch. Jedoch verlässlich. Keine Spieler, mäßig konsumbereit. Deutsche halt.

Duschen, durchatmen, und dann geht es zur Stadtbücherei Würzburg. Wenn man dorthin geht, kommt man an der unbefleckten Empfängnis vorbei. Oh ja, die gibt es in Würzburg zu bestaunen. Außen an der Marienkapelle. Da ist Maria zu sehen mitsamt ihrem Sohn, der durch eine Art Schlauch vom Himmel direkt in ihren Schoß gesaust ist. Der Schlauch sieht aus wie eine Ohrenkerze. Kennen Sie Ohrenkerzen? Man zündet sie an und hält sie sich ans Ohr, dabei entsteht ein Unterdruck, der einem die Ohren reinigt. Kitzelt ein bisschen, ist aber nicht unangenehm, also einer unbefleckten Empfängnis nicht unähnlich. Dass der Heiland durch eine Ohrenkerze zu uns gelangt sein soll, stimmt mich heiter.

Ich werfe die Bonbons, die ich in Werther geschenkt bekommen habe, ins Publikum. Dann signiere ich, und wir gehen essen. Trinken was, schauen auf den dunklen Main, der unter uns strömt. Spüre dumpfe Zufriedenheit, obwohl die Küche geschlossen hat und es keine blauen Zipfel mehr gibt.

Köln. Einsilbige Stadt
12. März 2006

Für einen Düsseldorfer ist es immer etwas Besonderes, wenn er nach Köln muss. Ich stehe zwar gar nicht auf dieses Köln-Düsseldorfer Thema, aber ich bin nun mal aus Düsseldorf, einer Stadt mit drei Silben. Wie Lüneburg. Oder Rosenheim. Drei Silben haben immer etwas Provinzielles an sich. Anständige Großstädte sollten nicht mehr als zwei Silben haben: Frankfurt. Berlin. Dresden. Köln hat sogar nur eine. Das deutet auf Großartigkeit hin, aber die Annahme erledigt sich gleich, wenn man am Hauptbahnhof ankommt. Köln ist so was von hässlich, besonders rund um den Hauptbahnhof. Wurde ja alles zerbombt. Wahrscheinlich hat Köln im Krieg sogar seine drei weiteren Silben eingebüßt und hieß vorher eigentlich Kölnhausensdorf.

Heute muss ich nicht lesen. Ich werde fotografiert. Für das Cover des Buches, das Sie gerade lesen. Der Fotograf holt mich im Hotel ab. Zuerst wollen wir am Ferngleis des Kölner Bahnhofes ein paar Filme verbrauchen, später in einer Bar. Auf dem Bahnsteig soll ich mit meinem Gepäck stehen und auf den Zug warten, wie ich das seit einem halben Jahr ständig mache. Kein Problem, «no acting required». Diese Worte schrieb sich Robert Mitchum an manche Stellen in seine Drehbücher und spielte dann nicht, sondern stieg einfach aufs Pferd, wie man eben so aufs Pferd steigt. Ich stehe einfach am Gleis und friere, wie man eben so friert. Es ist lausekalt, gefühlte Temperatur: −31 Grad. In Wirklichkeit sind es nur −2. Das ist der Wind, der durch den Bahnhof fliegt. Der Fotograf bricht nach dem zwölften Film ab und sagt, dass man die Kälte wahrscheinlich später auf den Bildern wird sehen können.

Dann setzen wir uns in sein Auto und fahren in die Friesenstraße zur zweiten Location, wie man unter Fotografen sagt. Es handelt sich um eine Bar. Früher war das ein Puff. Ich mache, was ich so mache, wenn ich reise, nämlich rumsitzen.

Später gehe ich mit einem befreundeten Pärchen ins Kino. Die Wahl des Filmes gestaltet sich etwas schwierig, denn die beiden sind nicht zu entscheidungsfreudig. Kölner halt. Die sind bis zur Neige des Erträglichen spontan. Wir stehen in der Schlange vor der Kasse.
Trixie: Wollen wir nicht in «Brokeback Mountain» gehen?
Dirk: Worum geht et denn da?
Ich: Um zwei schwule Cowboys.
Dirk: Worum?
Ich: Um schwule Cowboys.
Dirk: Schwule Cowboys hab ich in Köln den janzen Tag.
Trixie: Und was ist mit «Syriana»?
Ich: Da geht es um die CIA, irgendwie Öl und so Geheimdienstkram. Muss ziemlich verwirrend sein.
Noch sechs Leute vor uns.
Trixie: Das sagst du ja nur, weil du den nicht sehen willst. Da spielt George Clooney mit.
Dirk: Auweia.
Ich: Der ist da aber ganz dick.
Trixie: Was läuft denn noch so?
Dirk: Guck mal: «Underworld: Evolution». Die Frau sieht super aus.
Trixie: Du spinnst wohl.
Ich: Vielleicht «L. A. Crash»?
Dirk: Das ist bestimmt so 'n Ghettofilm.
Trixie: Ich will George Clooney.
Noch drei.
Ich: George Clooney hat da so einen furchtbaren Bart. Und «L. A. Crash» hat den Oscar gekriegt.

Dirk: Das heißt gar nichts. «Miss Daisy und ihr Chauffeur» hat auch den Oscar gekriegt.
Ich: Okay. Was nu'?
Trixie: Und dieser «Capote»?
Dirk: Der läuft hier nicht. Den hätte ich sofort geguckt. Aber der läuft ja hier nicht. Ich will die Alte in dem Lederoutfit sehen. Ich bin für «Underworld: Evolution». Da ist schon der Titel super.
Trixie: Ausgerechnet «Capote» läuft hier nicht.
Zwei.
Dirk: Wat is denn «The New World»?
Ich: Das ist von dem Typ, der auch «Der schmale Grat» gemacht hat.
Dirk: Och nö.
Trixie: Oder doch in «Syriana».
Ich: Mir ist das eigentlich egal. So langsam. Ich würde ja in «L. A. Crash» gehen.
Kassiererin: Guten Abend.
Ich: Abend. Moment. Also was is jetzt?
Trixie: Ich weiß nicht.
Dirk: Ja, irgendwo müssen wir jetzt rein.
Trixie: «L. A. Crash» oder «Syriana». Wo gibt es denn die besseren Plätze?
Kassiererin: Unsere Plätze sind alle gut.
Ich: Klaro.
Dirk: Das hilft jetzt echt weiter.
Kassiererin: Dann werfen Sie eine Münze.
Ich: Wir machen das so: Ich lade euch ein, und dafür bestimme ich, was geguckt wird.
Dirk: Und was wird geguckt?
Ich: «Syriana».
Ich kaufe die Karten, wir nehmen im Kinosaal Platz. Nach acht Minuten sagt Trixie: «Booah. Wär'n wir mal in ‹L. A. Crash› gegangen.» Anschließend muss ich ins Hotel. Schlafen.

Am nächsten Morgen sitze ich im Hotel «Savoy» beim Frühstück in einer Lounge, die so purpurn aussieht, als habe der Kölner Kardinal an einem skandinavischen Design-Workshop teilgenommen. Aber das Frühstück ist ausgezeichnet. Dann zum WDR. Das Thema der Sendung, zu der ich eingeladen bin, lautet: «Dichtung und Wahrheit – Wie biographisch ist Literatur?» Ich bin gerne dabei, wenn sich Rundfunkgebühren bei munterem Geplauder in aufsteigende Rauchkringelchen auflösen.

In der Sendung lese ich den Teil meines Reisetagebuchs vor, den ich geschrieben habe, als ich für den Einspieler dieser Sendung in Detmold gefilmt wurde. Das ist ein interessanter Moment: Ich habe dort in Detmold im Café einen Text darüber geschrieben, dass ich für eine Sendung gefilmt werde, in der ich nun genau diesen Text wiederum vorlese. Was ist nun daran wirklich? Alles oder nichts, würde ich sagen. Den Text hätte ich nicht geschrieben, wenn ich nicht gefilmt worden wäre, was ich nur wurde, weil ich in diese Sendung gehen sollte. Die Sendung selbst erzeugt also einen Vorgang, der zwar real und absolut biographisch ist, gleichzeitig aber auch total künstlich.

Leipzig. Auflösungserscheinungen
16. März 2006

Ganz langsam schwindet Hirnmasse aus meinem Schädel. In jeder Stadt krümeln winzige Stücke aus meinen Ohren. Auf jedem Hotelkopfkissen lasse ich ein Haar sowie einige Gramm Erinnerungen, To-do-Liste oder Organisationstalent liegen. Ich verblöde allmählich. Die Frage ist nur, ob ich zu Hause am Schreibtisch nicht ebenfalls verblöden würde? Kann sein, aber ich hätte immerhin warme Füße.
Es ist nun bereits Mitte März, aber um mich herum nichts als Schnee und Eiseskälte. So habe ich mir den Klimawandel nicht vorgestellt. Keine Spur von Erderwärmung.

Die Reise geht für drei Tage nach Leipzig. Zwischendurch war ich einen Tag zu Hause, dann wieder einen in Köln, gestern noch einmal einen Tag zu Hause. Ich habe Wäsche gewaschen und gebügelt, Belege sortiert. Heute Morgen wieder gepackt: Donnerstag, Freitag, Samstag also Leipzig, am Sonntag nach Darmstadt, um in der darauffolgenden Woche für fünf Tage nach Berlin zu fliegen. Alles ist genauestens geplant, aber leider habe ich nun einmal zerebralen Materieschwund, und alles, was nicht aufgeschrieben wurde, vergesse ich. Daher stehe ich in Terminal 2 des Flughafens von München und suche vergeblich nach meiner Kreditkarte, mit der ich an einem Automaten für den Flug nach Leipzig einchecken kann.
Zu meinem allergrößten Bedauern muss ich feststellen, dass sich mein Geld, meine Kreditkarte und auch mein Personalausweis sowie mein Führerschein in der Innentasche meines Wintermantels befinden. Und dieser hängt zu Hause in der Garderobe. Ich habe ungefähr zwanzig Euro in der Hosentasche. Das ist zu wenig für drei Tage Leipzig und einen in

Darmstadt. Und mein Ticket bekomme ich auf diese Weise auch nicht.

Ich stelle mich an einem Schalter der Lufthansa an, nenne mein Flugziel und die Abflugzeit. Die Dame vom Bodenpersonal bestätigt die Daten und bittet um meinen Ausweis, damit sie mir die Bordkarte aushändigen kann. Ich habe keinen Personalausweis. Führerschein? Nein, leider. Reisepass? Videothekenausweis? Fitnessclubkarte? Nein, nein, nein. Irgendwas mit einem Bild von mir? Ich bedaure. Sie auch, aber ohne irgendeinen Nachweis meiner Identität könne sie mich nicht mitfliegen lassen, dafür müsse ich Verständnis haben. Sie hat ja recht. Verzweiflung. Und da kommt mir der rettende Einfall. Das Buch! Ich habe doch das Buch dabei.

Später am Tag soll ich aus dem Buch vorlesen, das Hans Traxler und ich gemeinsam gemacht haben. Und hintendrin sind Fotos von uns. Ich schwöre, dass ich so etwas Schreckliches nie mehr machen werde. Es ist so entsetzlich peinlich, aber ich nehme das Buch aus meiner Tasche, schlage die letzte Seite auf und halte sie der Frau vor die Nase. «Hier. Bitte schön. Das bin ich, sehen Sie?» Sie schaut sich das Bild an, dann mich. Und sagt eher amüsiert als überzeugt: «Zweifellos, das sind Sie.» Sie drückt eine Taste, die Bordkarte kommt aus dem Drucker. Sie hält mir das Ticket hin, und ich schenke ihr das Buch, zum Dank. Lektion für heute: Bei der Lufthansa benötigt man zum Einchecken einen amtlichen Ausweis – oder ein selbstgeschriebenes Buch.

In Leipzig ist es natürlich: kalt. In der Innenstadt hat man aufgeräumt, frischen Granit an die Fassaden geklebt, Banken und Handygeschäfte eröffnet. Leipzig ist eine glanzvolle Metropole. Das Völkerschlachtdenkmal, na, hör mal, sollte mal besucht werden. Oder? Warum eigentlich? Vielleicht gibt es auch Wichtigeres. Die Nikolaikirche zum Beispiel. Die kannten wir im Westen aus den Nachrichten. Es marschierten die

DDR-Bürger vor dieser Nikolaikirche herum und riefen: «Wir sind das Volk.» Etwa zu dieser Zeit entstanden überall in Westdeutschland Containerbauten, in denen die geflohenen DDR-Bürger untergebracht wurden. Auf einen dieser Container in Düsseldorf hatten grobe Witzbolde damals «Hier wohnt das Volk» gesprüht.

Aufbruchstimmung herrschte im Land, man wurde augenblicklich auf Jahre hinaus unschlagbarer Weltmeister, und die Werbeagentur, in der ich damals arbeitete, dachte nur noch daran, wie man den Menschen drüben im Osten die vielfältigen qualitativen Vorteile der tollen Westprodukte näherbringen konnte. Ganz schwierige Aufgabe, hieß es damals ständig. Häufig war die Rede davon, dass man für die da drüben ganz andere Werbung machen müsste, denn die wüssten ja nichts von porentiefer Reinheit und spiegelndem Glanz und Pflanzengranulat. Die hatten doch nix, die da drüben. Denen musste man ja alles erst beibringen.
Es ging die Gruselsage, dass die DDR-Kunden beispielsweise ein Produkt wie HANUTA ablehnten, weil es ihnen zu hausgemacht aussah, zu unvollkommen. So etwas Krummes und Schiefes hätten sie womöglich im Süßwarenkombinat Eberswalde auch noch hinbekommen, wenn auch nicht mit Schokolade, sondern mit Erbsenpüree. Lieber griffen die Damen und Herren im Beitrittsgebiet, so wurde jedenfalls behauptet, zu dem glatten und industriell perfekt gefertigten KNOPPERS.
Waschmittelhersteller, erzählte man sich, frohlockten und verbuchten malerische Umsätze, denn die Käufer zwischen Sassnitz und Zittau dosierten das konzentrierte Waschmittel falsch, nämlich viel zu hoch, was zu einer gewissen Mehrbelastung der Gewässer mit Tensiden und vor allem zu einem erfreulichen Umsatzwachstum führte. Baumärkte schossen wie Pilze aus dem Boden und verkauften Millionen von furnierten Türen an modernisierungswütige Hausbesitzer, die ihre

schönen Kassettentüren auf den Müll warfen, weil sie endlich, endlich mal was Neues wollten. Und ich wurde nach Leipzig geschickt, um dem ostdeutschen Endverbraucher mit einem Fragebogen zu Leibe zu rücken.

Den Fragebogen hatte ich selber entworfen. Er enthielt im Namen eines Herstellers von Weichspüler brisante Fragen wie zum Beispiel: «Was ist Ihnen wichtiger: Weichheit oder Duft?» Oder: «Wie riecht dieser Pullover: Frisch? Nach Frühling? Sauber? Nichts von allem?» Mit dem Fragebogen und einigen Warenproben fuhr ich nach Leipzig und checkte spätabends in einem riesigen Hotel ein, dessen Betten genau sechzig Zentimeter schmal waren. Dafür war viel Platz unter der Zimmertür. Man hätte eine Schachtel Zigaretten durchschieben können. Am nächsten Tag fuhr ich in einen Konsum, um Marktforschung zu betreiben. Und war nicht der Einzige. Vor ungefähr jedem Regal stand irgendein westdeutscher Depp und fragte: «Mögen Sie lieber Hasel- oder Erdnüsse?» «Bügeln Sie mit Stärke oder Wasser?» «Tampons oder Binden?» Die Konsumkunden, deren früher übersichtlich befüllte Geschäfte nun mit bunter Westware vollgestopft waren, gaben sich zwar bemüht und freundlich und fühlten sich auch geehrt, zeigten allerdings nur wenig Neigung, die Fragen erwartungsgemäß zu beantworten. Im Gegenteil. Also was jetzt, Weichheit oder Duft?

«Na ja», gab eine Frau zurück, «weisch soll's halt sein, deshalb heißt's ja Weichspüler. Wenn's frisch sein sollte, würde es ja Frischspüler heißen, ne wahr?»

Nachdem ich ungefähr fünfzig Leipzigern meinen Fragenkatalog unter die Nase gehalten hatte und dabei zu dem Schluss gekommen war, dass diese Leute zwar für Revolutionen, nicht aber für die freie Marktwirtschaft in Frage kamen, sah ich mir die Stadt an.

Leipzig war damals ein von Zweitaktabgasen und Kohleruß ziemlich angeschwärzter Steinhaufen, dem man nur an wenigen Stellen ansah, einmal eine beeindruckende Metropole gewesen zu sein. Ich durchschritt die berühmte und schon damals überraschend schöne Mädler-Passage und landete nach alter Touristenart in «Auerbachs Keller». Dort aß ich eine schwierige Portion sehr intensiv gekochten Fleisches mit Erbsen und Möhren, die mir von einem Kellner mit dem Wort «Da!» vorgesetzt worden war. Ich fuhr wieder nach Hause und gab der deutschen Wiedervereinigung keine große Chance.

Letztlich ist aber dann doch alles gut geworden. Die Bewohner von Leipzig können inzwischen unter vierhundert Handytarifen, mehreren Dutzend Sorten Speiseeis und bis zu sieben politischen Parteien wählen und machen alles in allem einen zufriedenen Eindruck, wenn man mal davon absieht, dass knapp zwanzig Prozent der Leipziger arbeitslos sind und deshalb zwar zwischen vierhundert Handytarifen wählen, diese jedoch nicht bezahlen können. Aber das wird schon. Eines Tages. Vielleicht. Symbolisch wurde das schicke neue Leipziger Zentralstadion zur WM-Arena erklärt. Ein anständiger Akt der Solidarität, denn Sachsen Leipzig, die Hausherren des Stadions, spielen in der Oberliga.

Vom Flughafen geht es gleich zum neuen, sehr schicken Messegelände. Es gab früher auch schon eine Leipziger Messe, von der man einmal pro Jahr etwas in den Nachrichten sah. In der Regel wurde Erich Honecker mit Werktätigen vor einer Turbine oder einem Robotron Poly-Computer 880 gezeigt.
Die Buchmesse in Leipzig ist viel kleiner, soll aber angenehmer sein als die in Frankfurt/Main, raunt man mir zu. Es seien mehr Leser da, weniger Kaufleute, die Stimmung sei insgesamt relaxter. Na ja, mal sehen. Auf dem Stand meines Verlages gibt es eine sehr reichhaltige Auswahl an Süßigkeiten und herzhaften *Snacks*. Keine Frage: Dem Verlag geht es gut.

Abends dann eine ernste Angelegenheit. Podiumsdiskussion im Kuppelbau der Leipziger Volkszeitung. Das schreckt mich prinzipiell nicht, allerdings deutet die Gästeliste darauf hin, dass hier heute Abend Wichtiges erörtert wird. Eingeladen sind: der Leipziger Großschriftsteller Erich Loest. Der Theologe und Publizist Friedrich Schorlemmer. Der Feuilletonist und Schriftsteller Fritz J. Raddatz. Und, äh: ich. Was ich zwischen denen genau verloren habe, wird mir nicht ganz klar, aber irgendwer wird sich dabei schon etwas gedacht haben. *Backstage* schüttelt man Hände, stellt sich vor und nimmt schon einmal Maß. Herr Schorlemmer erweist sich als ausgesprochen fußballinteressiert und plaudert enorm komisch und freundlich. Der rustikal sächsisch knatternde Loest fragt Raddatz, was eigentlich das J. in dessen Name zu bedeuten habe, und Schorlemmer ruft: «Jaguar.» Raddatz lüftet das Geheimnis nicht, beeindruckt aber alle mit seiner gutausgedachten Garderobe. Seine Strümpfe passen perfekt zur Krawatte. Von sehr nahe betrachtet hat er, aber nur im Profil, eine gewisse Ähnlichkeit mit James Last. Ich vermute jedoch, dass er nicht weiß, wer das ist.

Auf der Bühne wird schnell klar, warum wir eingeladen wurden: Es geht irgendwie um Begegnungen und um Fußball. Sowohl Loest als auch ich haben ein kleines Fußballbüchlein verfasst, er das seine bereits vor vierzig Jahren. Schorlemmer hatte Begegnungen, und lediglich Raddatz ist weder jemandem begegnet, noch interessiert er sich für Fußball. Er passt also nicht in die Gruppe. Der Moderator baut eine sehr morsche Brücke vom Fußball zu Raddatz' Thema «Heinrich Heine», indem er ausführt, dass Heine zwar nichts mit Fußball zu tun gehabt habe, sehr wohl aber mit dem Deutschsein, was ja wiederum auch ein Anliegen Turnvater Jahns gewesen sei. Und der habe zumindest mit Sport zu tun. Raddatz verwandelt blitzsauber, indem er mitteilt, dass diese Überleitung unmöglich darüber hinwegtäuschen kann, dass er, Raddatz, im falschen *Panel* platziert worden sei. Zwanzig Minuten gehen dafür drauf. Ich muss erfreulich wenig sagen, genau wie Loest und Schorlemmer. Man trennt sich freundlich.

In den folgenden Tagen versuche ich, wann immer Zeit ist, über die Messe zu laufen. Das ist speziell am dritten Tag gar nicht so einfach, denn überall rennen dicke blasse Mädchen in alberner Aufmachung herum. Heute erhalten alle freien Eintritt, die in Manga-Kostümen erscheinen. Also haben sich ungefähr zehntausend junge Menschen als japanische Comicfiguren verkleidet. Oder es wenigstens versucht. Manga-Mädchen sind überirdisch sexy, was man von ihren unglücklichen weiblichen Fans nicht unbedingt sagen kann. Die Mangaszene ist ein Sammelbecken für Pummelchen, die gerne Schuluniformen tragen.

Nach einer Lesung am Samstagabend am nächsten Morgen Abreise nach Darmstadt. Ich muss sehr früh los, damit ich gegen zwölf Uhr im Staatstheater bin. Setze mich in den kalten Zug und tuckere durch das schlafende Leipzig.
Leipzig ist so wunderbar international und weltoffen und tolerant und hat Gäste aus aller Welt. Die wenigsten von denen haben mitbekommen, was sich knapp einhundert Kilometer von Leipzig entfernt abgespielt hat. Da wollte Konstantin Wecker ein Konzert mit antifaschistischen Liedern im Gymnasium von Halberstadt spielen. Die NPD kündigte an, die Veranstaltung zu besuchen, mehr noch: dort massiv teilzunehmen. Und da hat der Landrat dem Wecker seinen Auftritt ganz einfach untersagt. Die Neonazis haben sich öffentlich darüber beömmelt.
Es ist zum Heulen, wenn die was zum Lachen haben.

Düsseldorf.
Die Michael-Jackson-Dusche
27. März 2006

Man hat mich am Graf-Adolf-Platz untergebracht, in einem Holiday Inn. Das sind traditionell funktionale Gasthäuser, deren Komfort darin besteht, ein riesiges Frühstücks-Büfett anzubieten und Allergiker-Kissen. Ich beziehe mein Zimmer und begebe mich auf die Toilette. Leider habe ich nichts zu lesen, aber das macht nichts, denn im Düsseldorfer Holiday Inn kann man den Duschvorhang lesen!
Dieser ist mit Titelseiten internationaler Zeitungen wie «Times», «El País» oder «De Telegraaf» faksimiliert. Und was steht da auf der Titelseite von «De Telegraaf» über einem Bild von Michael Jackson: «Michael Jackson als Kind seksueel misbruikt.» Hat man schon einmal so einen merkwürdigen Duschvorhang gesehen?

Ich gehe über die Kö spazieren. Die Königsallee war es vielleicht, durch die Düsseldorf zum Kosenamen Klein-Paris gekommen ist. Sie gibt sich immer noch sehr elegant, auch wenn viele der traditionellen Geschäfte nach und nach aufgeben und den schrecklichen Filialen irgendwelcher Ketten den Platz überlassen. Nun macht auch noch die Lichtburg zu. Die Lichtburg war einmal ein wunderschönes Kino. Ein richtiges Prachthaus. Aber als die großen Verdauungsapparate der Filmauswertung kamen und mit ihnen die stinkenden Nacho-Käse-Dip-Schalen, die Coca-Cola-Pappeimer und die vollgesudelte Auslegeware, da war es nur noch eine Frage der Zeit, bis die Lichtburg schließen musste. Und in Wahrheit sind nicht die Multiplexkinos schuld, sondern die Kinobesucher.

Ich lese in der Sparkasse. Das Forum der Sparkasse befindet sich in einem gläsernen Turm, den die Bank mitten in Düsseldorf aufgestellt hat. Ist mir bisher entgangen. Im obersten Stockwerk dieses Turmes befindet sich ein Konferenzraum, und dort warte ich auf den Auftritt. Man hat mir ein kleines Büfett dorthin gestellt. Netterweise liegen dort auch auf einem kleinen Tellerchen eine Auswahl Schmerztabletten und Hustenbonbons, die ich dankbar vertilge. Der heutige Abend wird von Bettina Böttinger moderiert, die mich nach Kräften aufmuntert. Wir schauen auf Düsseldorf herab und diskutieren die Schönheit unserer Heimatstadt. Sie hat am Goethe-Gymnasium Abitur gemacht.
Die Veranstaltung ist gut besucht, und zunächst läuft alles ganz anständig. Wir unterhalten uns, ich lese, dann unterhalten wir uns wieder, das Publikum hat seinen Spaß. Ich schwitze furchtbar. Das ist das Fieber. Meine Stimme macht nicht mit, ich muss husten, krächze mich durch das letzte Kapitel. Ich glaube, das Ganze war ein Fehler. Aber wenigstens ein schöner Fehler.

Essen. Das musste ja so kommen
28. März 2006

38,7 Grad Fieber. Schüttelfrost. Schrecklicher Flug nach Hause. Lesung in Essen abgesagt. Wird im Herbst nachgeholt. Es tut mir leid. Jetzt Urlaub. Dann Ostern. Und Hoffnung auf Frühling, Sonne, Wärme.

Kiel. Kennen Sie den weißen Pfeil?
24. April 2006

Landeshauptstadt ganz da oben. Ich fliege nach Hamburg und nehme abenteuerlustig einen Bus. Es fährt auch ein Zug nach Kiel, aber auf Züge habe ich gerade keine Lust. Also Bus. Sieben Leute sitzen drin und ein missgelaunter Fahrer, der auf der A7 sein Mütchen an LKWs kühlt, die er schneidet, nachdem er sie überholt hat. Der Bus hält nur einmal an, nämlich in Neumünster, das ist kurz vor Kiel, und es gibt augenscheinlich keinen Grund, dort anzuhalten. Eigentlich gibt es sogar keinen Grund, Neumünster überhaupt zu erwähnen. Alles, was man über den Ort sagen könnte, macht schlechte Laune. Also sage ich nichts.

In Kiel steige ich ins Taxi um und lasse mich ins «Parkhotel» fahren. Man passiert dabei die Staatskanzlei. Dort war ich vor vielen Jahren schon einmal, um die damalige Ministerpräsidentin Heide Simonis zu interviewen. Ich habe sie als sehr charmante und integre Frau in Erinnerung. Sie war auch bei den Bürgern sehr beliebt.
Momentan muss sie tanzen. Tanzen in der Fernseh-Vorhölle von RTL. Zu ihrem eigenen Erstaunen nimmt die Tanzerei aber kein Ende, obwohl offensichtlich ist, dass sie nicht dazu geboren ist, von einem muskulösen Herrn öffentlich übers Parkett gezerrt zu werden. Um Klarheit darüber zu gewinnen, warum sich dieses Martyrium derart in die Länge zieht, muss man sich noch einmal das politische Ende von Frau Simonis in Erinnerung rufen. Sie hatte denkbar knapp die Landtagswahlen gewonnen und sollte nun von den Abgeordneten des schleswig-holsteinischen Parlaments zur Ministerpräsidentin gewählt werden. Und da hat einer aus der eigenen Partei nicht

mitgezogen und gegen die eigene Kandidatin votiert. Man wiederholte die Wahl. Und wiederholte sie abermals. Und dann gab Heide Simonis auf. Dass sie nun wochenlang tanzen muss, hat meiner festen Überzeugung nach bloß einen Grund: Diejenigen, die sie damals nicht gewählt haben, rufen pausenlos bei RTL an, und deshalb muss Heide Simonis tanzen, tanzen, tanzen.
Ich stehe an der Rezeption des Hotels. Ob ich auch wegen des «Weißen Pfeiles» in Kiel sei, raunt der junge Mann hinterm Tresen mir zu. «Nein», raune ich zurück.

Danach das übliche Procedere. Duschen, umziehen, Manuskript einpacken, nachsehen, ob alles an seinem Platz ist, Taxi bestellen. Lesung in der Kieler Kunsthalle, die nur recht mühsam befriedigend zu beschallen ist.
Anschließend noch mit dem Buchhändler und seinen Leuten auf einen Wein. Wollte ich auch nicht mehr machen, weil ich keinen Alkohol vertrage. Seit ungefähr einem Jahr geht das so. Ich fühle mich wie Alex aus «Uhrwerk Orange» nach seiner Gehirnwäsche. Ich habe früher gerne und viel getrunken, aber das klappt nicht mehr. Schon geringe Mengen Wein oder Bier – eigentlich ist es ganz egal, was ich trinke – verursachen bei mir grässliche Kopfschmerzen.

Zum Frühstück lese ich die Kieler Lokalzeitung. Da steht, dass sich die Prominenz ein Stelldichein gegeben habe. Edzard Reuter sei da gewesen. Und der KYC-Commodore Otto Schlenzka. Dieter-Thomas Heck und sein Adoptivsohn Guido Westerwelle. Und die Frau unseres Bundespräsidenten. Sie alle waren wegen des «Weißen Pfeils» da. Frau Köhler hat ihn getauft. Es handelt sich dabei übrigens um ein Schiff.
Dann fahre ich zum Bahnhof und passiere dabei eine eindrucksvolle Fähre. Ein wahrhaft gigantisches Ding. Der Taxifahrer behauptet, das sei die größte Fähre der Welt, aber so

was sagen Taxifahrer ja immer. Jedenfalls will ich mir das Ding ansehen. Ich schließe das Gepäck ein, spaziere über eine Holzbrücke und verlaufe mich ein wenig. Schließlich lande ich auf einem Platz, wo nur dünne Junkies und dicke Angler sind. Irgendwie passen die gut zusammen. Ich blicke auf die hinter Zäunen und Mauern unerreichbar entfernte, überirdische Fähre und höre die Junkies jammern. Einer sagt: «Ich war schon lang nicht mehr bein Arzt.» Und der andere antwortet: «Mich ham sie bein letzten Mol da furchtbar in'n Arsch gefickt.»
Ein dicker Angler wirft seine Rute aus. Frau Köhler sitzt im Fond und blättert Zeitungen durch. Frau Simonis übt Samba. Ich atme verkatert die Luft der Kieler Förde ein. So hat jeder seinen Platz auf der Welt.

Oldenburg. Familie Pacholke ist glücklich
25. April 2006

Oldenburg liegt kurz vor dem Ende der Welt. Dahinter kommen bloß noch Emden, Leer und Aurich. In meiner Kindheit war diese Gegend in aller Munde. Damals wurden über die Ostfriesen scheele Witze gemacht. Sie galten als hinterwäldlerisch, grobschlächtig und von inzestuösem Aussehen. Damals nannte man sie «Ossis». Nach der Wende wurde dieser Kosename aber nicht mehr auf die Ostfriesen angewendet, und man machte auch keine Witze mehr über sie. Man meinte, ein großes Reservoir neuer hinterwäldlerischer, grobschlächtiger und inzestuöser oder wenigstens zwanghaft nudistischer Witzopfer hinter dem Todesstreifen entdeckt zu haben. Die Ostfriesen gerieten darüber ein wenig in Vergessenheit.
Das Tor zu Ostfriesland ist Oldenburg. Es liegt gleich neben dem durch die Kirmeströte Sarah Connor zu traurigem Ruhm gekommenen Delmenhorst.
Vom Krieg weitgehend verschont, kann dieser Ort mit einer sehr schönen Altstadt auftrumpfen, wo es noch Traditionsgeschäfte gibt. In Oldenburg sind vielfach die Ladenflächen zu klein für große Filialisten. Doch Unheil naht. Was der Zweite Weltkrieg nicht geschafft hat, nämlich die Zerstörung der Innenstadt und deren anschließende Verkarstung, könnte nun der Stadtplanung gelingen. Man will, wie vielerorts schon geschehen, eine gewaltige Einkaufsmall in Oldenburg platzieren, so einen Hammerkasten, in dem die Leute dann endlich den ganzen normierten Mist, den sie nicht brauchen, an einem einzigen Ort bekommen können. Es ist ein Trauerspiel. Den Einzelhändlern von Oldenburg wird als Argument vorgegaukelt, so ein Center würde Kunden in die Innenstadt locken,

und jeder hätte etwas davon. Bald findet eine letzte Stadtratssitzung zu dem Thema statt.
Bis auf weiteres stellt Oldenburg aber eine schöne Alternative dar, wenn mal jemand Lust auf einen Tapetenwechsel hat. Bremen ist nicht weit, das Umland voller Kühe und die See nah. Gut, der Name der Stadt klingt ein bisschen provinziell. Dafür gibt es aber viele Studenten, die Stromkästen mit buntem Quatsch vollkleben. Immer Anzeichen einer gewissen Lebensqualität.

Ich esse im «Café Florian», das mich mit der Ankündigung «Bismarck-Hering» auf der Tagestafel geködert hat. Meine Bestellung («einmal Bismarck-Hering») löst bei der Kellnerin allerdings Befremden aus. Man ist nicht auf Leute eingestellt, die Bismarck-Hering essen wollen. Ich sage: «Aber draußen steht das an der Tafel.» Und sie antwortet: «Ach soooo, da. Nee, das ist alt. Das gibt's nich mehr.» Ich esse also Wok-Gemüse und wundere mich, dass ich mich nicht aufrege.
Es gibt recht viele Lokale von ähnlicher Art in Oldenburg. Außerdem hat Oldenburg: viele Beamte, viele Buchhandlungen, eine recht hübsche Bahnhofshalle, kurze Wege und das Theaterlaboratorium, ein winziges Puppentheaterchen mit hundertfünfzig Plätzen, wo ich heute zu Gast bin.

Zum Frühstück lese ich gerne Lokalzeitungen, denn die bilden ab, was tatsächlich in unserem Land geschieht und die Deutschen wirklich bewegt. Die großen Magazine, Zeitungen und Fernsehsender hingegen verbreiten eine künstliche Realität, die wenig mit den Menschen zu tun hat.
Schlagzeile in der «Nordwest-Zeitung»: «Lecker: Spargel aus Oldenburg ist da.» Das Highlight aller Lokalzeitungen sind die Gratulationsgedichte von Lesern für Verwandte. Unter dem Bild eines blonden Burschen mit Topfschnitt und Goldkettchen findet der begeisterte Leser folgendes Juwel deutscher Dichtkunst mit dem Titel «18 Patrick»:

Kein Blick heut
In den Motorraum.
Er muss auch nicht
Auf seine Trommel hauen.
Gern möchte er sich
Einen Porsche kaufen.
Wir werden aber all
Sein Geld versaufen.
Aber eines möchten wir
Sagen:
Wir sind froh das wir ihn
Haben!

Außerdem verkündet das Ehepaar Pacholke die Geburt von Clara Sophie Pacholke. Und das Ehepaar Küper dankt für die Blumen und Geschenke anlässlich seiner goldenen Hochzeit sowie «dem Team des Hotel Hornbüssel für die gute Bewirtung».
Alles in allem ein guter neuer, normaler und sonniger Tag in Oldenburg. Heute, am zwanzigsten Jahrestag der Reaktorkatastrophe von Tschernobyl.

Bremen. Dieser Text ist radioaktiv restverseucht
26. April 2006

Als vor zwanzig Jahren in Tschernobyl die Löcher aus dem Käse flogen, war ich achtzehn Jahre alt. Ich kann mich noch erinnern, wie wir bibbernd in der Schule saßen und uns schworen, nie wieder Pilze zu essen. Physiklehrer knatterten mit Messgeräten herum, in den Nachrichten wurde gezeigt, wie Arbeiter in Schutzanzügen den Spielsand auf Kinderspielplätzen auswechselten. Ich sitze im Zug zwischen Oldenburg und Bremen und denke über früher nach.

Delmenhorst fährt vorbei.

Der Norddeutsche hat eine gewisse Neigung zum Versiegeln. Gerne verklinkert er sein Heim und alle Flächen rundherum. Unglaublich. Alles verklinkert, ganze Dörfer bestehen hier im Norden aus Asphalt, Gehwegplatten, Garagenauffahrten, Gartenbepflasterung und Fassadenklinker. Da kommt man schlecht druff.
Dann bessert sich meine Laune doch noch. Ich habe mich dafür bei vier Frauen zu bedanken, die auf der anderen Seite des schmalen Ganges in der Regionalbahn sitzen und offenbar eine Damentour antreten. Sie führen reichlich Gepäck mit und vor allem eine kaum noch zu steigernde Laune. Vielleicht Kegelschwestern.
Alle tragen asymmetrische Frisuren, ein bisschen durchgestuft, mit kleinen Effekten. Pfiffige Brillen. Und seltsam unmodisch modische Mode. Und sie haben Bock, mal was ohne ihre langweiligen Männer zu unternehmen. Daher wird nun als Allererstes eine Pulle Prosecco geöffnet. Plopp. Der Prosecco wurde

zu Hause in Alufolie eingewickelt, damit er schön kühl bleibt. Die Alufolie kann man hinterher wegschmeißen, dann bleibt kein Ballast zurück. Man stößt mit Plastikbechern an, die eine der Damen aus der urologischen Praxis mitgebracht hat, in der sie arbeitet. Hihihi. Und noch mehr Alufolie, Berge von Alufolie, Alufoliengebirge. Da sind Butterbrote drin. Katenbrot mit Bierschinken. Muss man Lust drauf haben. Die Damen haben große Lust. Und kichern albern. Ich mag die aber.
Kurz vor Bremen ruckelt der Zug, und die Flasche mit dem Schaumwein fällt um. Sofort verwandeln sich die giggelnden Frauen in sorgende Mütter und erfahrene Hausfrauen und fuchteln eifrig mit Servietten und Tempo-Taschentüchern auf Hosen, Polstern, Jacken und Boden herum. Für eine Minute verstummt das Gekicher, und man hört nur geschäftiges Murmeln. Dann ist das Malheur behoben, die Erste kichert wieder, dann die anderen, und es ist, als sei nichts passiert. Ist ja auch nichts passiert.

In Bremen ebenfalls sehr schönes Wetter. Ich habe das so gebraucht. Diese Kälte der letzten Monate hat mich fast um den Verstand gebracht. Nun aber: glitzernde Weser, aufbrechende Bäume. Die Beck's-Brauerei. Wunderbar.
Was an Beck's nervt, ist, dass es inzwischen nur noch als Flasche gereicht wird und man jedes Mal nach einem Glas fragen muss. Beck's wird immer aus der Flasche getrunken. Sogar in der Kinowerbung machen diese urbanen Neo-Spießer das immer. Dabei darf dies getrost als Unsitte getadelt werden, denn Bier schmeckt nicht aus der Flasche. Das liegt erstens daran, dass das Bier beim In-den-Mund-Schütten natürlich schäumt und die Kohlensäureblasen dann verstärkt auf der Zunge perlen, was dem Genuss abträglich ist. Und zweitens landet das Bier zu weit vorne auf der Zunge, wo es eigentlich nicht hingehört. Wenn man Bier aus einem Glas trinkt, kommt es weiter hinten an. Das ist besser, hat mich einmal ein Kenner belehrt,

und ich bin sicher, dass das stimmt. Und drittens wird das Bier durch die ständige Schüttelei schneller schal. Aber wenn man irgendwo nach einem Glas zu seinem Beck's fragt, hat man sofort keine Freunde mehr. Alle stehen immer mit ihrer Flasche in der Hand da, bloß ich halte ein Glas und komme mir vor wie der Ortsvorsitzende einer beliebigen Volkspartei beim Dixieland-Frühschoppen.

Heute Lesung in der Fußgängerzone. Man geht am Rathaus vorbei, wo Werder wieder nicht die Meisterschaft feiern wird und auch nicht den Sieg in der Champions League. Eigentlich wäre der Platz dort wie geschaffen für Meisterfeiern. Vielleicht rufen die Bremer mal bei Uli Hoeneß an und fragen, ob er die Meisterfeier diesmal nicht in Bremen abhalten könnte. Der Hoeneß ist ein netter Mann, und vielleicht macht er es ja, weil der Autokorso von München nach Bremen natürlich sehr lange dauern würde, und darüber freuen sich die Sponsoren des FC Bayern.

In Bremen findet die Weltmeisterschaft statt. Die Tischtennis-Weltmeisterschaft. Die WM im eigenen Lande. Das ist schon was Besonderes. Wir haben seit Jahren Weltklassespieler. Roßkopf, Fetzner und vor allem Timo Boll. Aber die werden nie so populär wie Tennisleute. Dabei verhält sich Tischtennis zu Tennis keineswegs wie Minigolf zu Golf. Und die Tischtennisspieler sind auch nicht so albern wie die Kollegen mit dem großen Schläger. Aber das sind so die Ungerechtigkeiten des Lebens. Damit muss man klarkommen. Damit – und mit dem Anblick pfiffig-modischer Brillen.

Jork. Blütenträume in Eigelb
27. April 2006

Es ist gar nicht so einfach, nach Jork zu kommen. Zunächst gilt es, in Erfahrung zu bringen, wo dieses Jork überhaupt liegt. Ich scheitere an meiner Landkarte, denn Jork wird darauf überdeckt, und zwar von dem fettgedruckten Wort «Hamburg». Das ist übrigens auch im echten Leben Jorks Problem. Jedenfalls befindet sich Jork im Südwesten von Hamburg, in der Gegend von Stade und Buxtehude. Im Alten Land. Das kennt man ja irgendwie, denn da wachsen Kirschen und Äpfel. Um diese Jahreszeit blühen normalerweise die Bäume, es muss ein phantastischer Anblick sein, denn nirgends in Europa – außer in Südtirol – gibt es mehr Obstbäume als im Alten Land. Am Wochenende fahren deshalb die Hamburger hierher, gehen spazieren, trinken Tee mit krümeligem Kandis, kaufen kistenweise Äpfel und fahren wieder in die Stadt.

Für all jene, die nicht mit dem Auto unterwegs sind, gestaltet sich die Reise nach Jork beschwerlich. Ich nehme ein Schiff an den Hamburger Landungsbrücken, Linie 62, kostet bloß zwei Euro fünfzig. Das fährt gemütlich bis nach Finkenwerder, vorbei an den früher besetzten Häusern der Hafenstraße, vorbei an der «Strandperle» in Övelgönne, wo die früheren Hausbesetzer, die heute Webdesigner und Journalisten sind, schreckliches Astra-Pils trinken, vorbei an weißen Villen und vor allem am Hafen.

Auf der anderen Seite der Elbe in Finkenwerder angekommen, suche ich nach einem Taxistand. Da ist aber keiner, bloß eine Bushaltestelle, an der ein Mann mittleren Alters wartet. Er trägt eine Mütze wie Helmut Schmidt, was hier nichts Besonderes ist.

«Entschuldigung, gibt es hier einen Taxistand?»

«Nichdassichwüsste.»
«Auch nicht da drüben?»
«Nee.»
«Wissen Sie denn, ob von hier ein Bus nach Jork fährt?»
«Nach wou?»
«Nach Jork.»
«Nichdassichwüsste.»
«Wo liegt denn Jork?»
Er macht eine ausladende Handbewegung, mit der er über die umliegenden Dächer hinwegzeigt.
«Do hinden. Das is aber noch 'n büschen weit.»
«Und da fährt kein Bus hin?»
«Nach Cranz fährt 'n Bus.»
«Ist das in der Nähe von Jork?»
«Näher geht's nich.»

Mutig besteige ich den Bus der Linie 150, von dem ich denke, dass er in Richtung Jork fährt. Der Bus quält sich und seine Fahrgäste zunächst durch Finkenwerder. Die Durchgangsstraße ist eng und voll. Ein Wahnsinnsverkehr. Das finden die Anwohner auch. An fast jedem der kleinen Häuschen am Straßenrand haben sie gelbe Warnschilder angebracht. «Verkehrslärm» steht auf einem, «Erschütterungen» auf einem anderen, «Bauschäden» auf einem dritten. Die Menschen in Finkenwerder zittern bei jedem LKW in ihren Behausungen, von denen allmählich die Klinker abfallen. Der Hamburger Senat kümmert sich angeblich nicht darum. Seit vielen Jahren wartet man schon auf eine Umgehungsstraße.
Viel von dem Verkehr landet beim Airbus-Werk, das sich hier draußen breiter und breiter macht. Mit dem Bus fährt man daran vorbei. Kilometer um Kilometer nichts als Airbus. Sie haben schon einen Seitenarm der Elbe zugeschüttet, um noch mehr Platz zu bekommen, und nun ist auch das Alte Land bedroht. Der fruchtbare Marschboden der Gegend hat die Men-

schen reich und glücklich gemacht. Sie hatten es gut, außer wenn die Elbe zu Besuch kam wie 1962, als in Neuenfelde der Damm brach. Und jetzt also dieses Airbus-Werk.

Rund tausend Obstbauern gibt es hier, neunhundert Jahre lang wurde hier angebaut und geerntet, früher mehr Kirschen, heute mehr Äpfel, weil die nicht so empfindlich sind. Doch wenn es nach den Hamburgern und den Airbus-Managern geht, sollen die Bauern nun ihr Land verkaufen, damit die Startbahn um knapp sechshundert Meter verlängert werden kann. Dafür braucht man Land, altes Land. Rund fünfzehn Prozent der Anbaufläche ginge alleine im zum Hamburger Stadtgebiet gehörenden Teil des Alten Landes verloren.

Die Altländer wehren sich gegen die übermächtigen Hamburger. Immerhin hatten sie hier stets was zu sagen. Viele Schiffsreedereien gab es hier früher und deshalb reiche Leute mit Einfluss. Und diese Orgel. Sie steht in Neuenfelde in Sankt Pankratius und wurde 1688 vom großen Orgelbauer Arp Schnitger gebaut. Doch auch sie wird kaum verhindern können, dass hier bald nur noch die Flugzeuge orgeln. Der Konflikt wird dadurch verschärft, dass Airbus Tausende von Arbeitsplätzen geschaffen hat. Wer die gefährden will, muss nur den Weiterbau des Geländes verhindern. Behaupten die Politiker und die Airbus-Leute.

Auf Ole von Beust, den Hamburger Bürgermeister, sind sie hier auch aus anderen Gründen schlecht zu sprechen: Er will die Elbe ausbaggern lassen, dann gelangen noch größere Schiffe mit noch mehr Tiefgang in den Hafen. Gleichzeitig steigt auf diese Weise die Fließgeschwindigkeit der Elbe, und das gefällt den Menschen hier nicht. Sie sorgen sich um die Dämme, die das Wasser von ihren Bäumen abhalten.

Der Bus fährt und fährt und fährt an Airbus entlang und landet schließlich in Cranz, das aus wenigen Häusern und viel Rasen besteht. Leider ist hier die Welt zu Ende, jedenfalls was den öffentlichen Personennahverkehr angeht. Der Busfahrer

schaltet den Motor ab und wickelt ein Butterbrot aus. Ich frage ihn nach der Telefonnummer einer Taxizentrale, und er sagt: «Sechsmal die Sechs.»
In der Taxizentrale reagiert man mit spröder Ablehnung auf mein Ansinnen, ein Taxi nach Cranz zu schicken. Da fahre man nicht hin, heißt es verächtlich. Wer denn dann hinfahre, frage ich, und die Dame gibt mir eine neue Nummer. Das sei in Harburg, und die würden alles machen in Harburg. Darüber kann die Frau in Harburg nur lachen. Da fahren sie nicht hin, sagt die Frau. Sie nennt mir die Nummer einer weiteren Taxizentrale, die zwar nicht weiß, wo Cranz liegt, aber die Taxizentrale in Harburg empfiehlt. Die Harburger, «ich weiß», sage ich erschöpft, «die fahren überallhin. Vielen Dank.» Während ich mit meinem Gepäck im Wind stehe, kommen mehrere Frauen in Gummistiefeln auf Fahrrädern vorbei. Ich rufe die Auskunft an und frage, ob es ein Taxi in Jork gebe. Hurra, es gibt eines, und eine knappe halbe Stunde später stehe ich in der Rezeption des Hotels «Altes Land» in Jork. Es ist ein gutes Landhotel, zwischen dem Schützenverein und der freiwilligen Feuerwehr gelegen.
Natürlich alles verklinkert hier, vieles jedoch sehr hübsch, das muss man sagen. Fachwerk-Gepränge, ein hölzerner Kirchturm, es riecht nach frischgemähtem Gras. Wirklich aufregend ist es nicht. Aber hier wohnt auch niemand der Aufregung wegen, sondern wegen des Klimas, der Ruhe, der Äpfel und der blühenden Bäume. Ein Anblick muss das sein. Leider ist es noch nicht so weit. Leiderleider. Weil der Winter so lang gedauert hat. Zuerst werden die Kirschen kommen, dann die Äpfel. In zwei Tagen geht es angeblich richtig los. Dann kracht es in den Zweigen, dass es nur so eine Pracht ist.

Ich kaufe eine Kugel Bananen-Eis und gehe zum Rathaus, wo dann gleich die Lesung stattfinden wird. Es ist ein sehr schönes Rathaus, frisch gestrichen. Demnächst kommt nämlich der

Ole von Beust und spricht mit dem örtlichen CDU-Bürgermeister wegen dieser Elbetieferlegung. Und da hat man halt mal geweißelt. Heute wurde den halben Tag lang gelüftet, es riecht überhaupt nicht nach Farbe.

Morgens Frühstück inmitten von Blüten-Touristen. Das Haus ist voll von denen. Schweigsame Ehepaare, die sich im Restaurant des Hotels gegenübersitzen und in stiller Eintracht essen und schweigen. Die Leute am Nebentisch sehen sich nicht einmal an. Und doch wissen sie, dass der andere da ist. Der Mann kleckert mit seinem Frühstücksei, ein dicker gelber Tropfen plumpst wie Magma auf seinen Pullover. Da nimmt seine Frau, als hätte sie den Vorgang mit einem dritten Auge beobachtet, ihre Serviette zur Hand, leckt sie an und zwickt das Eigelb vom beigen Fell ihres Gatten. Dieser wehrt sich nicht dagegen, im Gegenteil: Er breitet seine Arme aus, damit sie besser an ihn herankommt. Möchte man sich solche Menschen beim Sex vorstellen?

«Schade, dass ich gar nichts von der Blüte gesehen habe», sage ich zum Taxifahrer, der mich nach Buxtehude zum Bahnhof bringt. «Ja, wirklich schade», antwortet er. Wir verlassen die Anbaugebiete des Alten Landes. Hinter uns macht es «knack», und plötzlich reißen die Knospen auf, und Trillionen kleiner Blütenblätter winken mir, als wollten sie «bye-bye» sagen.

Lüneburg.
John-Boy, schmeiß
den Fettrechner an!
28. April 2006

Es gibt viele neue Begriffe. Das hat natürlich mit dem Internet zu tun und mit der mobilen Kommunikation. Wer hätte schon vor fünfzehn Jahren etwas mit «Dotcom» oder «IP» oder «Ringtonecharts» anfangen können. Okay. Ebenfalls neu ist das Wort «Anruferkennung». Und dieses Wort macht mich irre, weil ich nicht kapiere, ob es sich aus den Substantiven «Anruf» und «Erkennung» zusammensetzt oder aus «Anrufer» und «Kennung». Das ist nämlich überhaupt nicht dasselbe.

Gestern fiel mir ein Flyer in die Hände, der mir für einen Augenblick den Atem raubte: «Marzipan World!» Dort kann man herrliche lebensgroße Figuren aus Marzipan bestaunen, die in Marzipankulissen stehen (ein Euro!) sowie «Guinnessrekorde aus köstlichem Marzipan». Wer sich außerdem noch die «Marzipan-Show» ansieht, erhält hinterher ein Marzipan-Abitur, «inkl. Anleitung, Marzipanmasse & Urkunde».
Das Museum ist übrigens in Lübeck, und wenn ich das nächste Mal dort bin, gehe ich hinein. Heute muss ich aber nach Lüneburg, und das hat eine Silbe mehr und 140 000 Einwohner weniger als Lübeck, nämlich so ungefähr 70 000.

Auf nach Lüneburg. Auch so ein städtisches Kleinod südlich von Hamburg. Man muss in Harburg umsteigen und fährt ein halbes Stündchen mit müden Pendlern, bis man in so etwas wie dem Rosenheim des Nordens aussteigt. Ein wunderbarer Ort aus Backstein und Holz und dem hellen Grün des Frühjahrs. Sehr zufrieden sieht das aus. Hier können einem rotwangige Bauern mit zerzausten Haaren begegnen, die mit den Händen in den Hosentaschen in Eisenwarenläden nach Angelhaken fragen. Eigentlich der perfekte Ort für die Waltons. Sollte man jemals eine deutsche Version der «Waltons» drehen wollen, muss diese Fassung in der Lüneburger Heide spielen.

Lüneburg ist nicht nur für seine pittoreske Innenstadt und das Salzmuseum berühmt, sondern auch für Lünebest, eine Joghurt-Marke, die man nicht überall bekommt, nicht einmal überall in Lüneburg. Der Fettrechner auf der Website «Fettrechner.de» ermittelt für den «Lünebecher Blutorange» pro hundert Gramm dreiundneunzig Kalorien. Marzipan hingegen hat pro hundert Gramm vierhundertdreiundfünfzig Kalorien. Man ist also, was regionale Süßigkeiten und deren Fettgehalt angeht, in Lüneburg geringfügig besser aufgehoben als in Lübeck. Ich mache mir darüber zurzeit wieder Gedanken, weil diese Lesereise nicht gut für die Figur ist. Schrecklich.

Die heutige Lesung verspricht ein jüngeres Publikum als gestern in Jork, denn ich lese auf dem Uni-Campus in einem Café mit dem Namen «Ventuno». Habe ich schon mal geschrieben, dass ich Studenten liebe? Ich liebe Studenten. Vielleicht, weil ich nie studiert habe. Ich mag es einfach, in ein Café zu kommen, in dem junge Frauen mit Schürzen um die Hüften die Theke abwischen und sagen, dass der Kaffee ganz fair gehandelt sei. Es läuft «Massive Attack», belegte Bagels kosten bloß einen Euro. Und natürlich gibt es Bionade, jenes köstliche Erfrischungsgetränk, das seit einiger Zeit die deutsche Gastronomie erobert und ohne chemische Zusatzstoffe von einer kleinen Brauerei in der Rhön hergestellt wird.
Trinke vier Flaschen Holunder-Bionade, von der ich aufstoßen muss wie ein belgischer Bierkutscher. Danach Fahrt ins Hamburger Hotel. Morgen fliege ich schon um sieben Uhr morgens

nach Hause ins Wochenende. Ich muss also um 5.20 Uhr aufstehen.
«Gute Nacht, John-Boy.»
«Gute Nacht, Jim-Bob.»

Köln. Schicksalstag 1
2. Mai 2006

Kölle. Wunderschöner Sommertag. Tausend kölsche Jungs mit O-Beinen und Glitschhaaren gleiten durch die Fußgängerzone. Poldi-Land, Schweini-Land. Und immer mit einem lecker Mädsche im Arm. So lässt sich's leben. Heute Abend kommt der HSV in die Stadt. Da geht es um alles. Sieg: Klassenerhalt. Niederlage: mal wieder Abstieg. Das kennen sie hier in Köln ganz gut.
Im Hotelcafé liegt eine Zeitung herum, der «Express». Darin steht eine Geschichte, die mich mitnimmt: Eine Journalistin, gerade mal knapp über dreißig, hat mit ihrem Freund ein Hotelzimmer gemietet, und die beiden haben sich darin umgebracht. Ein Zimmermädchen hat die beiden gefunden. Hand in Hand, angezogen, wie schlafend auf dem Bett. Beide hatten eine Infusion im Arm, professionell gelegt. Der Freund war Arzt. Abends hatten sie sich noch etwas zu essen ins Zimmer bestellt, dazu Wein getrunken. Dann hat er sich und ihr eine Nadel in den Arm gesteckt, einen Tropf daran angeschlossen, sie haben sich hingelegt und sind eingeschlafen. Die Zeitung mutmaßt, die junge Frau sei unheilbar krank gewesen. Man liest das so und rührt in seinem Kaffee. Und denkt sich: Was für ein ungeheurer und trauriger Liebesbeweis von ihm.

Ich esse Nudeln. Auch so ein Wort, das allmählich in Vergessenheit gerät. Mit der «Nudel» geht es ähnlich steil bergab wie mit dem FC Köln. Inzwischen sagen die Deutschen «Pasta». Sogar ich, das nervt mich.

Hier in Köln sieht man häufiger Promis als anderswo. Also andere sehen die häufiger, ich nicht. Ich erkenne leider nie jemanden und muss ständig auf berühmte Leute aufmerksam gemacht werden. Einmal hatte ich allerdings eine sehr hübsche Begegnung mit dem berühmtesten Kölner aller Zeiten. Willy Millowitsch.

Ich wollte ihn interviewen, das ist schon viele Jahre her. Also schrieb ich ihm einen Brief, und er rief mich daraufhin an und sagte zu. Ich solle zu ihm nach Hause kommen. Ich fragte ihn nach seiner Adresse, aber er sagte vollkommen selbstverständlich: «Setzen Se sisch ins Taxi und sagen Se einfach: ‹Zum Millowitsch.› Die Taxifahrer wissen alle, wo isch wohn.» Ich glaubte ihm kein Wort, aber da er seine Adresse nicht rausrückte, ging es nicht anders. Ich flog also nach Köln, setzte mich ins Taxi und sagte: «Zum Millowitsch, bitte.» Und der Taxifahrer nickte bloß knapp und fuhr mich zum Haus von Willy Millowitsch. Der wohnte in einer Villa mit einem schmiedeeisernen Tor, in das seine Initialen eingearbeitet waren. Eine Tochter öffnete mir und bat mich, im Wohnzimmer auf ihren Vater zu warten. Der müsse noch seinen Mittagsschlaf beenden. Ob mir das was ausmache? Nein, natürlich nicht. Ich setzte mich auf die große Couch im Wohnzimmer und sah durch das Panoramafenster in den verschneiten Millowitsch'schen Garten. Eine Weile passierte gar nichts. Kein Laut war zu hören, kein Willy zu sehen. Dann öffnete sich eine der beiden Türen des Wohnzimmers. Es war die Tür, durch die ich eingetreten war. Herein kam aber nicht der große Kölner Volksschauspieler, sondern ein kleines Mädchen, das mich skeptisch ansah und fragte, was ich hier mache. «Ich warte auf deinen Opa», sagte ich. «Der schläft», antwortete sie und bot an, mir Gesellschaft zu leisten. Also saßen wir nebeneinander auf der Couch und schwiegen. Auf dem Tisch standen schon Kaffee und Kuchen. Ich packte mein Aufnahmegerät aus, legte frische Batterien ein und probierte, ob es auch aufnahm. Plötzlich sagte das kleine Mädchen: «Willst du mal 'n Bambi haben?» Sie zeigte auf die Fensterbank, wo

Bambis, Goldene Kameras und viele weitere mehr oder weniger goldene Trophäen herumstanden.
«Nein, das lassen wir am besten, wo es gerade steht», sagte ich, aber das Mädchen war schon aufgesprungen und flitzte zur Fensterbank, wo sie einen gewaltigen Bambi, eine Art Oberbambi, den Bambi der Bambis, einen überdimensionalen Ehrenbambi, anhob. Sie wuchtete das Ding durchs Wohnzimmer und ließ es auf meinen Schoß sinken. Bambi war bemerkenswert schwer. «Du kannst es ein bisschen behalten, aber es ist ganz wichtig für den Opa», sagte das kleine Mädchen. Ich behielt Bambi auf dem Schoß. Wir saßen und schwiegen. Dann fragte das Mädchen: «Willst du mal mein Zeugnis sehen?» «Aber klar, natürlich.» Sie stand auf und raste raus. Ich streichelte das Reh und kraulte es hinter den Ohren. Da öffnete sich die andere Tür, und herein kam Willy Millowitsch, im Unterhemd mit Hosenträgern und eindrucksvoll verstrubbelten Haaren. Ihn traf fast der Schlag, als er mich sah. Und in einer Mischung aus ungläubigem Staunen, Furcht vor Einbrechern und patriarchalischer Strenge schnauzte er mich an: «Wat machen Sie denn da mit meinem Bambi?» Ich stellte es auf den Tisch, er nahm es mir weg und brachte es zurück an seinen Platz. Das anschließende Interview war von einem gewissen Misstrauen mir gegenüber geprägt.

Heute lese ich in der Schildergasse. Beim Signieren dann die Nachricht: Köln ist abgestiegen. Ein Eigentor. Tut mir leid, soweit man als Düsseldorfer Mitleid mit Kölnern haben kann.

Duisburg. Schicksalstag 2
3. Mai 2006

Als Kind ging ich manchmal auf das Feld hinter unserer Siedlung, um ein ganz eigentümliches Naturschauspiel anzusehen. Im Westen ging die Sonne unter und fräste sich orangerot in das niederrheinische Ackerland. Im Osten glühte der Himmel ebenfalls, allerdings in tieferem Rot und meistens sogar noch eine Weile länger als im Westen. Links orange Sonne, rechts roter Himmel. Ich fragte meinen Vater, warum die Sonne zweimal unterging und ob das ein Wunder sei? Er antwortete, das im Osten sei Duisburg. Lange Zeit habe ich deswegen geglaubt, Duisburg sei ein Stern. Erst später wurde mir klar, dass es der Abstich in Duisburg war, den man bis über den Rhein sehen kann.

Duisburg ist unglaublich groß. Zweihundertzweiunddreißig Quadratkilometer. Man sollte meinen, dass die Duisburger demzufolge unheimlich viel Platz haben, aber man vergisst dabei, dass ein erheblicher Teil der Fläche von Duisburg für den Hafen draufgeht, Europas größter Binnenhafen. Die Duisburger selbst müssen dann doch ziemlich eng zusammenrücken, außer in ihrer Fußgängerzone. Die ist so breit, dass dort sogar ein Langstreckenflugzeug, das es nicht mehr bis zum Düsseldorfer Flughafen schafft, landen könnte.
Wofür ist die Stadt sonst noch berühmt? Für Kommissar Schimanski natürlich. Den MSV Duisburg, eine sympathische Traditionsmannschaft, die den Verteidiger Bernhard Dietz hervorgebracht hat und sich «Die Zebras» nennt. Heute haben sie die letzte Chance, die Klasse zu erhalten, wie man das in Fachkreisen nennt, wenn man dem Abstieg gerade noch einmal entrinnt.

Und König Pilsener kommt natürlich aus Duisburg. Das galt früher mal als ganz üble Maurerbrause. Dann wurde das Etikett umgestaltet, die Flasche verschlankt und eine Werbeagentur engagiert. Inzwischen trinken Reinhold Beckmann und Boris Becker in Anzeigen KöPi. Die Werber hoffen, dass etwas von deren Glanz auf das Bier abstrahlt. Es ist aber eher zu befürchten, dass etwas vom Bier-Image auf Reinhold Beckmann abstrahlt. Aber dem ist das wahrscheinlich wurscht.

Die Stadt befindet sich, wie das ganze Ruhrgebiet, im Wandel. Im Hafen werden Industrieflächen in Wohnquartiere umgewandelt. Dort entstehen schicke Lofts, die sich aber die meisten Duisburger nicht leisten können. Die Arbeitslosenquote liegt bei über siebzehn Prozent. Was aber in dieser Stadt offenbar stark nachgefragt ist, sind Handys und weiße Schnellfickerhosen. Ich zähle auf einhundertdreißig Metern Fußgängerzone neunzehn in weißen Jogging-oder-sonst-wie-von-Gummibändern-gehaltenen Freizeithosen telefonierende Passanten beiderlei Geschlechts. Eine kleine Frau von Anfang zwanzig steht mit mir in der Schlange vor dem Eiscafé und telefoniert mit ihrem Macker. Krise, würde ich sagen.
«Isch hab disch nisch weggedrückt, mein Speischer war voll ... Hallo! Der war wirklisch voll. Kannsze ja nachkucken nächstes Mal ... Wie, gibt kein nächstes Mal? Boh, weil du misch einmal nisch erreichst? ... Dat wills du gar nich wissen ... Neee, das willst du nicht wissen ... Ich sagget dir aber nisch ... Dat will ich gar nicht wissen ... Alda, du has' so den Knall nisch gehört ... Dat is mir so egal.»
Dann klappt sie das Handy zusammen. Offenbar ist ihr Speicher voll.

Abends nach der Lesung erfahre ich die bittere Nachricht des Tages: Duisburg ist abgestiegen.

Mönchengladbach.
Heizpilze und Füßlis raus
4. Mai 2006

Fahre durch Willich. Das ist ein Ort am Niederrhein, der einen Golfplatz im Freizeitangebot hat und Ortsteile mit klangvollen Namen wie «Anrath» oder «Schiefbahn». Gegen die habe ich als Kind Fußball gespielt. Unser Trainer hat uns immer mit seinem gelben Ford Taunus eingesammelt. Da konnte er bis zu sieben Jungen reinstopfen. Hinter ihm fuhr der Jugendwart mit einem grauen Opel Rekord und den anderen sieben aus unserer Mannschaft. Ich spielte beim TuS Bösinghoven. Und dann ging es über die Dörfer: nach Schiefbahn oder Anrath oder Kaarst oder Fischeln. Während des Spiels brüllte unser Trainer immer über den Platz. «Lass knacken!» «Geh! Geh! Geh!» Er meinte es sicher nicht böse, aber wir hatten wirklich Angst vor ihm. Wenn es schlecht lief, schrie er: «Do kriss gleisch ein paar hinner die Hööörner!» In der Halbzeit bekam jeder von ihm eine halbe Tafel Dextro Energen. Das war für mich immer der Höhepunkt des Spiels.

Dann weiter nach Mönchengladbach. Sind nur ein paar Kilometer. Der Ort hieß vor Urzeiten Münchengladbach, wurde aber umbenannt, um Verwechslungen mit München auszuschließen. Mir egal. Ich sage wie alle Niederrheiner ohnehin: Glabbach. Und nicht Mönchengladbach.
Was wäre dieser Landstrich bloß ohne Fußball? In der Gegend, in der ich aufgewachsen bin, konnte man im Umkreis von nur fünfzig bis sechzig Kilometern folgende mehr oder weniger erstklassige Clubs sehen (in der Reihenfolge der Entfernung von nah nach weit): Bayer Uerdingen, Fortuna Düsseldorf, MSV Duisburg, Borussia Mönchengladbach, Bayer Leverkusen, Rot-

Weiß Essen, FC Köln, Fortuna Köln, Alemannia Aachen, VFL Bochum, Wattenscheid 09, Schalke 04.
In meiner Kindheit war neben den Bayern im unfassbar weit entfernten München natürlich Borussia Mönchengladbach der beliebteste Verein. Das war so eine Underdog-Sache. Das kleine Mönchengladbach, dessen Name so lang war, dass er auf den Spielergebnistafeln bei Ernst Huberty immer mit einem Auslassungszeichen verstümmelt wurde: 'Gladbach. Die Fohlen waren in den siebziger Jahren eine Macht in Grün-Schwarz-Weiß.

Das ist lange her. Den Bökelberg gibt es nicht mehr. Die Mannschaft, die sich manchmal mit Stars vor der Pensionierung wie Christian Ziege oder Giovane Elber schmückt, weil sie für aufstrebende Topspieler kein Geld hat, dümpelt so im Mittelfeld herum. Reicht nicht für den UEFA-Cup, aber auch nicht für den Abstieg. Früher gab es viele solcher Mannschaften, heute sind die rar. Zwischen Abstieg und internationalem Geschäft liegen heute kaum mehr als sieben oder acht Punkte. Ich wage die Behauptung, dass sich die Leute auf der Autobahn viel häufiger fragen würden, was denn wohl das Kennzeichen «MG» bedeuten mag, wenn es die Borussia nicht gäbe. Niemand würde Mönchengladbach kennen. Außer die Mönchengladbacher natürlich.
Die haben schwer zu kämpfen mit dem sichtbaren Niedergang ihrer Stadt. Jedenfalls scheint das so, wenn man als Besucher in die Fußgängerzone kommt, die sich steil bergauf schlängelt und so breit ist wie eine Panzerteststrecke. Im Winter kann man hier einen schönen Riesenslalom-Parcours abstecken. Es hat wohl mal eine Blütezeit gegeben, aber die ist lange her. Man munkelt davon, dass die Stadt in der Hand von kriminellen Russlanddeutschen sei und eine Verbrechensrate wie Moskau habe.
Ein Bauschild kündigt an, dass bald in der Fußgängerzone mit

Bauarbeiten begonnen werde. Man will die Innenstadt wieder attraktiver machen, enger, grüner. Eine gute Idee ist das. Vielleicht fällt der Stadt auch noch ein, was sie mit ihrem Theater macht.
Das Stadttheater von Mönchengladbach erinnert irgendwie an den Palast der Republik in Berlin. Die Scheiben blind, der Eingang vermüllt, auf den ausladenden Stufen davor sitzen Punks mit ihren Hunden. Theater sei nicht gelaufen, hier in 'gladbach, erzählt man mir. Da habe man das Haus eben umgewandelt in ein Musical-Theater. Das Musical hielt ein knappes Jahr durch, dann war es pleite, denn die Mönchengladbacher wollten nicht einmal für ein blödes Musical in ihr Stadttheater gehen. Das ist jetzt ein paar Jahre her, und kein Mensch weiß, was man nun noch mit dem riesigen Schuppen anfangen soll. Zum Theater gehört auch eine irgendwann mal hoffnungsfroh eröffnete Einkaufspassage, die «Theatergalerie». Und genau dort lese ich heute Abend.

Zur Lesung kommt auch ein alter Freund, der hier in Mönchengladbach wohnt. Habe ihn dreizehn Jahre nicht gesehen. Wir spazieren zur Ausgehmeile von Glabbach, der Altstadt rund um den Abteiberg. Hier laufen am Wochenende bei schönem Wetter die Männer in dreiviertellangen Hosen herum und tragen dazu knallbunte Turnschuhe und Füßlis, damit sie keine Käseschorken bekommen. Gibt es überhaupt etwas Entsetzlicheres als Männer mit Füßlis in knallbunten Turnschühchen? Nein. Die sogenannte Metrosexualität hätte gut daran getan, vor männlichen Mönchengladbachern haltzumachen.
Es wird langsam warm, bald beginnt die Heizpilzsaison auf dem Abteiberg. Im Moment lagern sie aber noch in dem Schrank, wo im Winter auch die Füßlis, die Dreiviertelhosen, die Tattoos und die gelben Turnschuhe aufbewahrt werden.

Brake. Die Weser fließt, wohin sie will
9. Mai 2006

Aufwachen und die brennende Frage im Kopf: Wo ist Brake? Ganz einfach: Unterweser, in der Mitte eines Dreiecks zwischen Oldenburg, Bremerhaven und Bremen. Nie von gehört? Ich auch nicht, macht aber nichts. Dadurch wird so eine Reise erst spannend.

Auf der Taxifahrt von Oldenburg nach Brake sieht man weiter nichts als Weiden mit Kühen drauf, die Euter voller Milch und im Gesicht Geringschätzung für Reisende. Endlos sind die Wiesen, saftig, grün, friesisch. Eine wunderbare Gegend, falls man Sehnsucht nach dem Nichts hat. Die Unterweser ist eigentlich am ehesten bekannt für sein Atomkraftwerk, das neben Atomstrom gelegentlich auch Störfälle produziert, um die Leute hier in Atem zu halten. Sonst gibt es keine Aufregung.
Fährt man auf Brake zu, glaubt man, ein Plattencover von Pink Floyd anzusehen. Scheinbar mitten im Ort erheben sich riesige graue Silos aus Beton, bald hundert Meter breit und von bis zu neunzig Metern Höhe. Den surrealen Anblick komplettiert ein monumentaler brauner Anker, der über den Häusern zu schweben scheint. Tatsächlich handelt es sich dabei um die Verzierung eines postmodernen Kirchturms.
Brake hätte mal was Großes werden können, es war darauf vorbereitet und hat wohl damit gerechnet, der Hafen von Bremen zu werden. Im achtzehnten Jahrhundert nämlich kamen die Schiffe nicht weiter als bis nach Brake die Weser hinauf. Ganz bis Bremen war es zu gefährlich, wegen der Sandbänke. Also mussten die Bremer Kaufleute ihre Waren in Brake umladen. Auf der Liste der eingeführten Güter standen «Tabak von Ba-

hia, New Orleans und Baranquilla, Baumwolle, Naphtha und Terpentinöl. Steinkohlen und Koks, Steine und Ton, China Clay und Flints, Asphalt und Harz, Teer und Pech, Hanf und Leinsaat, amerikanische Reisstärke, Korkholz, Wein in ganzen Ladungen von Bordeaux, Honig und Rum, Bauholz von Norwegen und der Ostsee, Nuß- und Farbhölzer (Zedern-, Mahagoni- und Gelbholz), Chemikalien als Soda, Chlorkalk usw.; Rohkupfer, Zement, Roheisen, Schiffsbaueisen, Platten und Winkel, Anker und Ketten, schwedisches Stangeneisen, Schwefel, Schiefer, Sumach, Cochenille und Querzitron, trockene und gesalzene Häute, Speck in Kisten, Schmalz, Eis und Getreide (Roggen/Weizen) aus Sankt Petersburg und den deutschen Ostseehäfen», wie ich in einer Broschüre nachschlage.

Auch die deutsche Flotte unter dem ebenso legendären wie glücklosen Admiral Brommy lagerte in Brake. Der Ort entwickelte sich so lange, bis der Hafen in Bremerhaven und die bremischen Freihäfen fertiggestellt und Brake nicht mehr gebraucht wurde. Heute leben in Brake ungefähr 17 000 Menschen. Geblieben sind ihnen aus der Zeit des Aufschwungs ein relativer Reichtum, herrliche, strahlend weiße Bürgerhäuser, Platanen und Promenaden. Gegenüber liegt Harriersand, eine zauberhafte kilometerlange Weserinsel mit einem Strandbad aus den zwanziger Jahren.

Alles sehr beschaulich. Deutsche Idylle. Ahh!! Mein Zimmer hat ein Fenster zur Weser, die sich vor Brake breitmacht wie ein dicker Kapitän im Ohrensessel. Eines jedoch irritiert. In welche Richtung fließt dieser Fluss eigentlich? Er fließt momentan nämlich keineswegs Richtung Nordsee, sondern nach Bremen. Was ist denn das für ein seltsamer Strom? Ich gehe spazieren. Kurz vor der Lesung betrete ich mein Zimmer, um mein Lesemanuskript zu holen, und sehe sicherheitshalber noch einmal hinaus. Nun fließt der Fluss nicht mehr nach Bremen. Genaugenommen fließt er überhaupt nicht mehr. Keinerlei Bewegung. Die Weser ist ein See.

Lesung heute Abend im Alten Fischerhaus. Das ist eines der ältesten Gebäude von Brake und Sitz des Heimatvereins. Es wurde 1731 gebaut, und man kann sich dort doll die Birne an den Türrahmen stoßen.

Die Dame vom Hotel hat mir für das Frühstück einen Tisch mit Blick auf die Weser reserviert. Die fließt nun endlich Richtung Meer. Das beruhigt mich enorm.

Itzehoe. An evening with Fozzi-Bär
10. Mai 2006

Man erwartet ja von deutschen Städten im Allgemeinen nicht viel. Ab einer gewissen Größe, gut: Dann kann man mit U-Bahnen rechnen, mit Zoos, Flughäfen oder homosexuellen Oberbürgermeistern.
Je kleiner eine Stadt ist, desto geringer fällt die Erwartungshaltung aus. Da ist man dann oft überrascht über die schiere Schönheit eines Ortes. Hier oben im Norden sehr schön: Lüneburg, Oldenburg, Lübeck. Und so freue ich mich auch auf Itzehoe, das von Hamburg aus in nicht einmal einer Stunde mit der Nord-Ostsee-Bahn über Elmshorn und Glückstadt problemlos zu erreichen ist.

In meinem Hotelzimmer begrüßt mich vor dem Fenster ein unförmiger großer Fleck auf dem Teppich. Ich überprüfe die Laufwege und stelle fest, dass ich durch diesen beigen Fleck muss, wenn ich morgens barfuß ins Bad will. Woher dieser Fleck wohl rührt? Erbsensuppe? Aber wer isst schon Erbsensuppe auf seinem Hotelzimmer. Ich tippe eher auf Erbsensuppe, sechs Bier, vier Schnäpse und eine Packung Zigaretten. Ich verlange augenblicklich ein anderes Zimmer und bekomme auch eines. Es erweist sich als vollkommen identisch, alles ist auf den Zentimeter genau an der gleichen Stelle. Ein genormtes Hotelzimmer. Lediglich der Fleck auf dem Teppich fehlt.
Eigentlich hat der Fleck aus dem anderen Zimmer etwas Besonderes gemacht. Er hat es abgehoben aus dem Einerlei von Tausenden von Hotelketten-Zimmern. Irgendein Vertreter kam wohl eines Abends aus der Hotelbar in sein Zimmer. Und angeekelt von der Gleichförmigkeit seiner eigenen und der Existenz dieses Zimmer beschloss er, den Raum umzugestal-

ten. Und wie reagiere ich auf diesen kreativen Akt, auf diesen verzweifelten Ausdruck von Anarchie und Opposition? Lehne dieses Zimmer ab, gerade weil es nicht so ist wie das Normzimmer. Beinahe überlege ich, ob ich nicht doch das Zimmer mit dem Fleck zurückhaben will.

Im Itzehoer Stadtkern fallen zwei große weiße Hochhäuser auf, die einst womöglich in der Hoffnung errichtet wurden, dass sämtliche Frankfurter Banken ihren Sitz nach Itzehoe verlegen. Daraus wurde aber nichts. Gleichsam ungewöhnlich riesig für einen Ort dieser Größe ist erstens der Friedhof und zweitens der Pornoladen Marke «Orion», an dem man vorbeikommt, wenn man in die Fußgängerzone möchte.
Irgendwas ist hier schiefgelaufen. Schwer zu sagen, was es ist, aber dieses Städtchen hat eigenartige Vibes. In Oldenburg weiß man gleich, dass es nett wird. Da sind die Häuser hell, Fahrräder klingeln, Studenten plappern, und außen rum grünt es prachtvoll. In Itzehoe ist das anders. Keine weißen Häuser, keine Fahrradklingeln, keine Studenten, immerhin ein blühender Kirschbaum mitten in der Stadt.
Ich passiere geschlossene Geschäfte, schmutzige Fenster, Karstadt und ein verrammeltes Kino, auf dem in geschwungenen Lettern «Lichtschauspielhaus» steht. Nebenan gibt es Eis. Ich kaufe zwei Kugeln und versuche immer noch rauszufinden, was hier los ist, außer: nichts. Ich setze mich dazu auf einen Fußgängerzonensitz aus Eisendraht. Diese öffentlichen Sitzmöbel sind paradox: Fußgänger sollen dort verweilen, ein Päuschen einlegen, miteinander plaudern, am besten über die Anschaffungen, die sie gleich noch tätigen wollen. Tatsächlich sind diese Drahtmöbel aber so ungemütlich, dass man darauf überhaupt nicht sitzen kann. Ursache ist der Wunsch der Stadtverwaltung, diese Dinger so zu gestalten, dass sich Penner darauf nicht niederlassen möchten. Die Frage ist dann natürlich: Warum sollte jemand anders sich daraufsetzen wollen, wenn

es schon die Obdachlosen nicht möchten? Und so bin ich der einzige Mensch in Itzehoe, der auf so einer eisernen Lady sitzt. Vielleicht gucken die mich deshalb so erstaunt an.

Begebe mich auf Nahrungssuche. Das gestaltet sich schwieriger als erwartet, denn die meisten Speiselokale in Itzehoe öffnen nicht vor achtzehn Uhr. Vorher lohnt es sich nicht. Die Itzehoer sind nicht so interessiert am Essen.
Ich lande bei einem Griechen, der mir zur Begrüßung einen trüben Ouzo in einem geeisten Glas bringt. «Wieso denn vorher?», frage ich.
«Ist besser so», entgegnet er mit ernster Miene.
«Aha.»
«Hinterher kriegen Sie noch einen.»
«Noch einen?»
«Sie werden ihn brauchen.»
Ich bestelle eine Apfelschorle und Souvlaki und mache mir große Sorgen, die sich aber als unbegründet herausstellen, weil das Fleisch ausgezeichnet und auf den Punkt gegrillt ist. Ich möchte behaupten, noch nie so einen guten Fleischspieß gegessen zu haben. Den zweiten Ouzo benötige ich trotzdem, denn während ich am Fenster des Restaurants sitze, parkt direkt vor dem Haus ein fliederfarbener Kleinwagen, in dem zwei junge Männer sitzen. Sie sehen aus wie Mensch gewordene Samenstränge mit Baseballmützen und hören in einer faszinierenden Lautstärke Techno. Ja: TECHNO, und zwar deutschen Techno. Die Jungs hören tatsächlich Scooter, dass die mit schwarzen Flächenaufklebern, sogenannter Fickfolie, verdunkelten Scheiben zittern. Auch die Scheiben der Taverne klappern im Fensterkitt. Ich würde noch einen dritten Ouzo nehmen, aber ich muss noch arbeiten.

In der Buchhandlung ist gut die Hälfte der Stühle besetzt. Erwartungsfrohe Itzehoer sitzen darauf und wollen, dass es losgeht. Zu Beginn einer Lesung mache ich ein paar Witze. Es sind eigentlich an jedem Abend dieselben. Nach zwei Lachern steht fest, zu wie viel Prozent das Publikum aus welchen Sorten Zuschauern besteht.

Es gibt zum Beispiel in jeder Lesung amüsierwillige, richtiggehend exaltierte Besucher. Ich nenne sie auch die aufgeregt Begeisterten. Das sind Leute, die gerne und viel und laut lachen und auch zwischendurch applaudieren. Relativ viele Studenten und große Frauencliquen finden sich in dieser Gruppe.

Dann gibt es die freundlichen Normalen, meistens die Mehrheit im Publikum. Etwas ruhiger. Anspruchsvolle Zuhörer, die normalerweise das Buch schon kennen. Diese Gruppe lacht ebenfalls viel, zwischendurch wird nicht geklatscht, dafür aber hinterher sehr ausdauernd.

Und schließlich gibt es noch die stillen Einschüchterer. Die trifft man oft in Großstädten. Die Angehörigen dieser Spezies waren schon auf vielen Lesungen und sind es nicht gewohnt, dass es dabei auch heiter zugehen kann. Sie unterscheiden strikt zwischen Theater, Kleinkunst und Lesung. Zu ihnen gehört auch die Untergruppe der mitgeschleppten Männer. Sie hören genau zu und entscheiden am Ende, ob es gefallen hat. Wenn ja, wird geklatscht. Wenn nein, stehen sie kopfschüttelnd auf. Oder sie sind vorher aus Protest eingepennt. Diese Gruppe verunsichert mich zutiefst. Ich erkenne sie sofort und schaue immer, ob ich sie im Laufe des Abends doch noch erweichen kann. Ein Lächeln, bitte. Bitte! Glücklicherweise macht diese Klientel in der Regel nur einen winzigen Teil des Publikums aus. Es sind Einzelne, vielleicht mal zehn Prozent, nie mehr. Normalerweise. Hier in Itzehoe nicht. Hier stellen sie zweiundachtzig Prozent des Publikums.

Zu sagen, die seien ruhig, ist ein Euphemismus. Aber ich bemühe mich. Ich gebe nicht auf. Ich fühle mich wie Fozzi-Bär. Das war der Bär aus der «Muppet Show» mit dem Sommerhut, dem es nie gelang, Waldorf und Statler zum Lachen zu bringen. Sichere Lacher verpuffen. Die Zündschnüre meiner Pointen verglühen wirkungslos. Ich werde nervös. Am Ende überschlage ich noch 62,7 Prozent stille Einschüchterer. Beim Signieren sind die Leute überaus freundlich, was mich zusätzlich irritiert. Ausgerechnet die stillen Einschüchterer verlangen Autogramme und zahlreiche Widmungen.

Anschließend gehe ich mit der Buchhändlerin und ihren Mitarbeiterinnen auf ein Bier. Sie schlagen die Hotelbar vor, denn sonst gebe es in Itzehoe eigentlich nichts, wo man hingehen könne. Wir stoßen also an, und sie sagt: «Wahnsinn. Das war doch toll heute! So sehr sind die noch nie aus sich rausgegangen.»

Eckernförde. Der Matjes und Magie der Vergangenheit
12. Mai 2006

Aaaah, Ostsee. Strandhafer. Sand. Ich bin fast ganz im Norden. Nach einem freien Tag in Hamburg von dort nach Kiel gefahren, umgestiegen nach Eckernförde. Ostsee. Ein richtiger Emil-Tischbein-Ort ist das. Sommerfrische. Altmodisches Wort, altmodischer Ort. Eckernförde wartet mit einer Strandpromenade auf, einem dazugehörigen Strand und darauf verstreuten Strandkörben. Ein paar von denen werden schon benutzt. Haarlose Greisenbeine ragen heraus. Familien sind eher rar, die kommen erst ab dem 26. Juni, wenn in Nordrhein-Westfalen die Schulferien beginnen.

Eckernförde ist hübsch anzuschauen. Ein lichtes flaches Städtchen mit einem kleinen Hafen, in dem Fischerboote schaukeln und kleinere Segelschiffe. Auf der anderen Seite des Hafens bunte, skandinavisch aussehende Holzhäuser.

Man spürt die Nähe zu Dänemark, was auch daran liegen kann, dass sich die dänische Minderheit hier kulturell und politisch zur Geltung bringt. Der «Südschleswigsche Wählerverband» vertritt die Interessen der Dänen sogar im Landtag. Die norddeutschen Dänen nennen ihre Partei übrigens «Sydslesvigsk Vælgerforening». Der SSW ist außerdem Forum für die Minderheit der Friesen, welche vom SSW als dem Söödschlaswikische Wäälerferbånd sprechen. Dieser ist von der Fünfprozentklausel ausgenommen und entsendet zwei Abgeordnete in den Kieler Landtag. In Eckernförde haben die Dänen das deutsche Schulsystem abgeschafft und schicken ihre Kinder in eine Gemeinschaftsschule, wo alle Kinder bis zur zehnten Klasse zusammen unterrichtet werden. Das hat sich in Dänemark bewährt.

Friedliches Eckernförde. Jemand erzählt, dass die Bucht bei Dunkelheit beinahe so aussieht wie Cannes von weitem. Die Lichter schwingen sich in einem eleganten Bogen am Strand entlang. Einen wesentlichen Unterschied gibt es dann aber doch zwischen Eckernförde und Cannes: Cannes verfügt nicht über einen so imposanten Militärstützpunkt. Man hat mir ein Zimmer mit Strandblick gegeben, was ich sehr genieße.

Als Tourist aus Bayern bestelle ich mir Matjes mit Bratkartoffeln, die mir von einem freundlichen jungen Mann mit zerrissener D&G-Jeans, Poldifrisur und Migrationshintergrund serviert werden und tadellos schmecken. Gerade habe ich richtig gute Laune, da klingelt mein Handy, und ich erfahre, dass ich fristlos aus meiner privaten Krankenversicherung geflogen bin. Der Grund klingt auf Anhieb lustig: Als ich meinen Aufnahmeantrag stellte, soll ich Rückenschmerzen sowie die Behandlung von Krampfadern verschwiegen haben. Nun ist es mit den Rückenschmerzen so, dass wir alle irgendwie Rückenschmerzen haben. Das halte ich nicht für erwähnenswert, und außerdem ist das Teil einer anderen Sache, die ich brav angegeben habe damals, als ich schlauer Fuchs die Kasse wechselte.
Und mit den Krampfadern verhält es sich folgendermaßen: Ich habe meiner Versicherung nur deswegen nichts von Krampfadern mitgeteilt, weil ich gar keine habe. Ich werde von der Damenwelt gerade für meine immer noch aparten Beine und für die makellose Beschaffenheit des darunterliegenden Venenapparates stets sehr gelobt. Soll ich nun beleidigt oder belustigt sein? Die hätten mich ebenso gut rausschmeißen können, weil ich ihnen nichts von dem Ohrensausen, der Gürtelrose und den Nierensteinen erzählt habe, unter denen ich ebenfalls nicht leide.
Dummerweise entfällt mein Versicherungsschutz ab sofort. Ich muss mich also kümmern. Sehr lästig. Eigentlich: Scheiße.

Außerdem: Ich bin kerngesund, ein Beitragszahler, wie er im Buche steht. Ich verstehe den Quatsch überhaupt nicht.

Als die Lesung beginnt, mache ich mit den Augen wie immer einen kleinen Streifzug durch das Publikum, um mal zu sehen, was heute für Leute da sind. Und wen entdecke ich in der fünften Reihe? Meine alte Bio-Lehrerin! Wobei das Wort «alt» total unzutreffend ist, denn sie ist gar nicht alt. Daraus schließe ich, während ich lese, dass sie vor dreiundzwanzig Jahren, als wir unter ihrer Leitung Schlammröhrenwürmer (Tubifex) zerschnippelten, wahnsinnig jung gewesen sein muss. Wir mochten sie alle sehr. Sie war nicht nur apart, sondern auch schlagfertig und in gewissen professionellen Grenzen uns Schülern gegenüber sogar charmant. Natürlich fanden die Jungs sie alle super. Ungefähr zu der Zeit, als ich Abitur machte, verließ sie die Schule und ging in den Erziehungsurlaub. Sie zog mit ihrem Mann nach Eckernförde, und heute sitzt sie im Publikum und lächelt mich an.

Eine Zuschauerin hat mir «Kleiner Feigling» mitgebracht. Das Getränk spielt in meinem letzten Roman eine gewisse Rolle und kommt auch immer in den Lesungen vor. Was ich nicht wusste: «Kleiner Feigling» kommt aus Eckernförde. Im Hotelzimmer überlege ich, ob ich noch den Feigling austrinken soll. Man muss ihn vorher wie wild auf eine Tischplatte hämmern und dann ex aussaufen. Das macht aber zu viel Lärm jetzt. Die alten Menschen in den umliegenden Hotelzimmern schlafen schon. Wenn ich jetzt die Flasche auf den Tisch brettere, wachen die auf und denken, der Russe stünde vor Berlin.

Tiefenbach. Kampf der Käfer
15. Mai 2006

Bevor ich zum Bahnhof fahre, rufe ich bei der komischen Versicherung an, die mich rausgeworfen hat. Ich versichere dem Ortsboss, dass meine Beine tadellos in Schuss seien. Ich behaupte, dass Rückenschmerzen nichts Besonderes seien. Ich biete an, mich von einem Vertrauensarzt begutachten zu lassen. Der Bursche stellt auf stur. Er beharrt darauf, dass ich dies und das verschwiegen hätte und dass mein Versicherungsschutz nun entfiele. Ich bitte ihn, diesen zumindest so lange aufrechtzuerhalten, bis ich eine neue Versicherung gefunden hätte, aber er schlägt mir diese, wie er es nennt, «individuelle Lösung» ab. Sie hätten ihre Prinzipien, und er könne nicht erkennen, dass ich für eine Sonderregelung in Frage käme. Mein Anwalt hatte mir zuvor erläutert, dass solches Vorgehen zwar unmoralisch und widerlich sei, jedoch Usus bei den Versicherungen. Dagegen anzugehen sei schwierig und oft erfolglos.
Es ist wirklich zum Kotzen. Ich habe mich zwar schon langsam daran gewöhnt, in diesem Land von Banken und Versicherungen wie Zahlvieh und Dreck behandelt zu werden, was mich aber sehr stört, ist die Vorverurteilung meiner Person. Ich werde regelrecht kriminalisiert von diesem Typen. Und das auch noch zu Unrecht.
«Ich fühle mich von Ihnen kriminalisiert.»
«Ich habe nach Faktenlage zu entscheiden. Und Fakt ist, dass ich hier eine Behandlung von Krampfadern vorliegen habe.»
«Aber nicht an meinem Bein.»
«Am rechten.»
«Das ist unerhört. Das muss ein Missverständnis sein.»
«Das höre ich so oft.»

«Rufen Sie doch diesen Hautarzt an, mein Gott. Rufen Sie ihn an und fragen Sie nach meinen Krampfadern.»
Ich platze fast vor Wut. Der Arsch am anderen Ende atmet hörbar aus und wiederholt, was er schon einmal gesagt hat.
«Sie wollen mir also gar nicht entgegenkommen?»
Will er nicht. Er will offenbar in die Mittagspause. Also bleibt mir nichts anderes übrig, als ihm zu drohen. Das ist auch nicht die feine englische Art, aber es bleibt mir ja nichts anderes übrig.
«So. Passen Sie auf: Ich werde mich öffentlich auf Varikose untersuchen lassen, bei ‹stern TV› oder sonst wo. Ich lasse die Hosen runter. Und dann kommt ein Kamerateam in Ihr Büro und fragt Sie, wie es zu meiner Kündigung gekommen ist.»
Himmel, ist das schrecklich. Ich komme mir so blöd vor.
Schließlich lässt er sich dazu herab, mich noch bis zum Ende des Monats zu versichern, damit ich auf meiner Reise geschützt bin. Ich habe nun zwei Wochen, eine neue Versicherung zu finden.

Auf meiner Reise nach Odenheim habe ich viel Zeit, darüber nachzudenken. Ich fahre zuerst nach Bruchsal, steige dann um in die S-Bahn durch den Kraichgau. Eine traumhafte Gegend, das muss man sagen. Wo genau ist das? Also: zwischen Karlsruhe und Heidelberg, nördlich davon beginnt der Odenwald, im Süden der Schwarzwald. Eine grüne Weingegend. Die Menschen hier behaupten wie im Breisgau, dass das Wetter nirgends schöner sei, und nennen die Landschaft die «Toskana Deutschlands», was ebenfalls kein einmaliges Prädikat ist. Tatsächlich schwingen sich grüne Hügel sanft am Horizont entlang, teilweise zartbewaldet, andernorts mit Weinreben bepflanzt. In diesem Landstrich kann man wunderbare Historienfilme drehen, in denen Jünglinge zu Pferd dem Kurfürsten wichtige Depeschen überbringen. Man muss nur aufpassen, dass die Jünglinge dabei nicht in den Sandbunker eines Golfplatzes geraten und stürzen. Golf scheint in der Gegend neben Wein eine wesentliche Einnahmequelle zu sein.

Als wir in einem kleinen Örtchen halten, dessen Name zu kompliziert und zu uninteressant ist, um ihn zu behalten, lese ich von meinem Platz in der S-Bahn aus, was ein jugendlicher Täter mit Edding an ein Wartehäuschen geschmiert hat. Es ist ein bemerkenswerter Satz adoleszenter Prosa und lautet: «Deine Mutter schwitzt beim Kacken und rate mal, wer ihr dabei zusieht? Ich.»

Ich werde in Odenheim abgeholt und zunächst einmal nach Tiefenbach in ein Hotel gebracht. Ein wunderliches Haus. Es wurde offenbar aus einem einzigen gigantischen Baum hergestellt. Den haben sie ausgehöhlt. Aus dem Holzaushub drechselte man die Türen und Möbel. Dann verlegte man Teppich und verputzte einige Wände. Anschließend kamen aus dem Schwarzwald Holzkünstler und Herrgottsschnitzer aus Mittenwald und brachten Millionen Verzierungen an. Und am Ende erschienen noch Chiemgauer Kirchenmaler und bemalten dies und jenes und vor allen Dingen die Türen der Aufzüge. Holzwürmer und Japaner lieben so etwas.

Hinter dem Hotel gibt es einen Wald. Es riecht nach Brennnesseln und nach frischer nasser Erde. Es hat geregnet. Es knackt. Ein dampfender deutscher Märchenwald. Ich könnte stundenlang so vor mich hingehen.

Da entdecke ich einen großen schwarzen Käfer vor mir auf dem Weg. Ich bleibe stehen und beobachte ihn. Er hat es eilig, läuft vor mir her, muss wohl dringend ein Brummergeschäft erledigen. Schnell zur Bank. Oder einen Versicherungsantrag ausfüllen. Ich gehe ihm nach. Achtung, hier komm ich, scheint er in Käfersprache zu rufen, unaufhaltsam klettert er über Zweiglein und kleine Steine. Eile. Eile. Rastlose Käferbeine. Dann bleibt er plötzlich stehen. Wie angewurzelt. «Brummer, was ist los?», sage ich in die Stille des Waldes hinein. Dann sehe ich den anderen Käfer. Genau dieselbe Art, genauso groß. Gegenverkehr. Die beiden Kollegen fixieren einander. Eine Weile passiert nichts. Die beiden denken nach. Dann machen sie einige Käferschritte aufeinander zu. Vorsichtiges Abtasten, schließlich kämpfen sie. Richten sich aneinander auf, ringen, ich meine sogar, dass mein Käfer dem anderen eine gescheuert hat. Sie wollen sich wohl gegenseitig auf den Rücken drehen, schaffen aber nur eine halbe Umdrehung, dann lassen sie voneinander ab. Der Gegner läuft in meine Richtung. Mein Käfer jedoch rennt nicht einfach weiter, er biegt nach rechts ab ins hohe Gras und verschwindet. Verstehe ich nicht. Aber ich verstehe ja nicht einmal die Menschen.

Abends dann Lesung auf einem eindrucksvollen Weingut. Dort kann man ausgezeichnet essen. In der Pause bekomme ich eine kleine Führung durch das Gut und den Barrique-Keller. Winzer ist ein anstrengender, aber schöner Beruf, weil er mit Genuss zu tun hat. Danach zurück ins Baumhaus.

Mannheim. Proaktiver Klinsmann
16. Mai 2006

Für mindestens drei Deutsche, darunter zwei Lehmanns, ist heute ein besonderer Tag. Da ist erstens: Kardinal Lehmann. Wird siebzig Jahre alt. Ich höre irgendjemanden morgens im Fernsehen sagen, der Kardinal sei ein «ganz großer Christ». Dies legt den Umkehrschluss nahe, dass es auch ganz kleine Christen gibt. Also unbedeutende Christen im Vergleich zum bedeutenden Kardinal. Zweifellos ist Lehmann sehr bekannt und sogar populär. Aber macht ihn das zu einem wichtigeren Menschen? Ist das in Jesus Sinn, dass man von «großen Christen» spricht?

Der andere berühmteste Lehmann Deutschlands firmiert als «ganz großer Torwart» und muss morgen im Finale der Champions League mit Arsenal London gegen den FC Barcelona spielen. Was der wohl gerade macht, angesichts seiner Chance, den sportlichen Olymp zu erklimmen? Wenn er, wie schon in der ganzen Champions-League-Saison, wieder kein Tor kassiert, wird man ihn zum besten Torwart der Galaxie ausrufen.

Der dritte Deutsche, für den ein großer Tag ist, heißt Jürgen Klinsmann. Der präsentiert heute in seiner Eigenschaft als Fußballkanzler Deutschlands den Kader für die nahende Weltmeisterschaft. Vor einigen Wochen hat ihn der als Torwarttrainer ausgemusterte Sepp Maier einen Schleimer genannt. Der nicht nominierte Spieler Wörns hieß Klinsmann sogar einen Lügner. Der Vorwurf der Unaufrichtigkeit haftet nicht erst seitdem an Klinsmann. Aber er könnte Erfolg haben. Und dem hat sich alles unterzuordnen.

Jürgen Klinsmann gehört zu der modernen Kaste von Managern, die man jetzt überall in großen und manchmal kleinen deutschen Unternehmen findet und die ihre Aufgaben als

«Challenge» bezeichnen, die andere ununterbrochen «motivieren» und «mitreißen» wollen, die vor allem «fun» bei der «performance» sehen möchten, aber in Wirklichkeit herzlos und kalt nichts anderes propagieren als Elitenbildung. Der kluge Heiner Geißler sagt: «Eliten bringen keine humanistischen Konzepte hervor.» Und so ähnelt die Berufung der Nationalelf letztlich der Rekrutierung von Soldaten für das höhere Ziel des Sportmanagers Klinsmann und seiner blendend aussehenden Big-Jim-Kollegen Bierhoff und Löw. Der Einzige, der noch so etwas wie Erdung ausstrahlt, ist der Torwart-Trainer Köpke. Das liegt allerdings nur daran, dass er öfter in Trainingsanzügen zu sehen ist als der Rest der fußballerischen *Leitungsebene*. Der enge Kreis ventiliert immerzu «Philosophien» und propagiert ständig den irrsinnigen proaktiven Spaß, den das alles mache. Die Nationalmannschaft kommt mir schon jetzt vor wie das Führungskräfteseminar eines mittelständischen Unternehmens.

Ich fahre nach Mannheim, wo heute der Weltmeisterpokal ausgestellt wird. Ein paar tausend Mannheimer dürfen ihn ansehen, danach geht es ins Stadion, wo die deutsche Mannschaft gegen den Angstgegner aus Luckenwalde antritt. Ich bekomme leider keine Karte mehr, ist schon lange ausverkauft.
Mannheim kann sich sehen und hören lassen. Es hat eine sehr aktive Musikszene und die einzige Popakademie Deutschlands, wo teilweise illustre Lehrer den Studenten nicht nur beibringen, wie man singt und komponiert, sondern auch, wie man Musik vermarktet. Die Kunst ist nun einmal wie alles andere heute in erster Linie ein Produkt. Genau wie der Sport und sogar die Politik.
Ich wandere gemeinsam mit bildungsfernen Schichten durch die Innenstadt, deren Bebauung im siebzehnten Jahrhundert in Blöcken angelegt wurde, was die womöglich einzige Gemeinsamkeit Mannheims mit New York ausmacht. Der damalige Kur-

fürst Friedrich IV. von der Pfalz wollte damals eine ordentliche Stadt haben, was ihm auch zunächst gelang. Die Häuserblöcke wurden Planquadraten gleich benannt, und die entsprechenden Adressen finden bis heute Verwendung. Mein Hotel liegt in «N6,3». Liest sich wie Schiffeversenken. Und tatsächlich sollen die Amerikaner mit Mannheim etwas Ähnliches vorgehabt haben, wenn man der Heimatchronik glauben darf, die ich in einer Buchhandlung durchblättere. Dort steht nämlich, dass die Amerikaner 1945 erwogen hatten, die später in Hiroshima abgeworfene Atombombe über Mannheim auszuklinken.

Mannheim bei Sonnenschein entfaltet einen ziemlich unwiderstehlichen Charme. Das wissen auch die Menschen aus Ludwigshafen, die bloß über eine Brücke laufen müssen, um dem Elend ihrer eigenen Gemeinde zu entfliehen. Selbst aus Heidelberg kommen die Leute zum Einkaufen, heißt es hier nicht ohne Stolz.
Nur in einem Punkt ist Mannheim ein wenig verstockt. Zur Vierhundert-Jahr-Feier der Stadt wird es keine Sonder-Briefmarke der Post geben. Die Stadt sei nicht alt genug. Vierhundert Jahre sind aber auch wirklich ein Scherz gegen die tausend von Fürth oder Bamberg oder Saarbrücken. Das muss man einsehen. Es wird, wie ich dem «Mannheimer Morgen» entnehme, nächstes Jahr Briefmarken zu Ehren von Astrid Lindgren (hundert, aber aus Schweden), dem Wankelmotor (fünfzig, aber schnell kaputt) und Karl Valentin (einhundertfünfundzwanzig, aber aus Bayern) geben. Mannheim muss hingegen bis 2607 warten. Aber dafür spielt die deutsche Fußballnationalmannschaft heute HIER gegen Luckenwalde.

Saarbrücken. Isch habe Vertrag
17. Mai 2006

Ich muss bei dieser Gelegenheit die Stadt Saarbrücken, womöglich das ganze Saarland, um Vergebung bitten. Ich hatte ein falsches Bild von euch. Als nie dort Gewesener nahm ich an, das ganze Bundesland sei eine bankrotte Industriebrache mit von Säure zerfressenen Wäldern und kahlen Bergen und Tosa-Klausen. Man hört ja so viel Trauriges aus der Gegend. Sie sei strukturschwach, arm und bräche bald vom Südwesten Deutschlands ab. Saarbrücken hielt ich für so etwas wie Gelsenkirchen ohne Erstligaverein. Ich bin tief beschämt, denn: Hier ist es wirklich sehr schön.

Die Fahrt von Mannheim nach Saarbrücken weckt bereits Begeisterung, wenngleich der Zug plötzlich mitten in der Landschaft zum Stehen kommt wie ein Touristenbus auf Fotosafari. Es strecken aber keine Giraffen ihre riesigen, um Nüsse nachsuchenden Zungen ins Fenster. Tatsächlich passiert gar nichts. Es passiert eine lange, lange, laaaange Zeit gar nichts, beinahe hat man sich an den Stillstand gewöhnt. Man liest bereits wieder im Feuilleton der FAZ, ist schon wieder gelehriger Zaungast der sogenannten Debattenkultur, als es in den Lautsprechern knackt und eine Männerstimme folgenden ungelenken Satz tonlos formuliert: «Meine sehr verehrten Damen und Herren, liebe Fahrgäste, unser Zug ist unvermutet stehen geblieben. Äh. Wir sagen Bescheid, wenn wir wissen, warum.» Ende der Durchsage. Unvermutet, aha. Das macht nicht nur neugierig, das macht auch Angst. Immerhin sorgt der Mann von der Bahn für eine gewisse Erheiterung bei der Kundschaft. Eine Weile später setzt sich der Zug wieder in Bewegung, und der Herr teilt mit, es habe sich um eine «Signalstörung» gehandelt.

Signalstörung. Was mag das wohl sein? Womöglich nur eine Phrase, so etwas wie eine «allgemeine Verkehrskontrolle».

In Saarbrücken spürt man die Nähe zu Frankreich. Nicht nur dadurch, dass in der Stadt recht viele Autos mit französischen Kennzeichen unterwegs sind. Es sind auch die Platanen, es ist auch das Licht, es ist auch die Saar, die mir französisch vorkommt und ruhig vor sich hin fließt. Sie kann auch ganz anders. Dann kommt das Wasser die Vogesen heruntergeschossen, und es setzt Überschwemmungen. Im Augenblick jedoch ist sie friedlich und schlängelt sich durch die Stadt. Ich gehe vom Hotel kommend am Schloss vorbei über die Alte Brücke, vorbei am Tifliser Platz, wo nicht nur das Theater steht, sondern gegenüber auch Oskar Lafontaines frühere Wirkungsstätte, die Landesregierung. Wie süß. Man hat dort Schwalben auf die Fenster geklebt, damit die Vögel nicht gegen die Scheiben fliegen. So putzig ist das im Saarland.
Oskar Lafontaine ist übrigens nirgends zu sehen. Nichts erinnert hier an ihn, mal abgesehen von der «sch»-Chwäche der Menchen hier. Ist übrigens schwer zu imitieren, das Saarländische.
Zu meiner großen Überraschung entdecke ich dann aber Spuren des anderen großen Saarländers, nämlich Erich Honeckers. Es ist bloß ein winziges Detail im Stadtbild, und wenn man es gezielt sucht, findet man es wahrscheinlich nicht. Daher hier für Sie die genaue Lagebezeichnung: Am Straßenübergang Disconto-Passage und Betzenstraße steht eine Fußgängerampel mit original DDR-Ampelmännchen!

Saarbrücken hat alles, was eine Stadt braucht, um kuscheliges Flair zu verbreiten: eine schöne Altstadt, ein Schloss, Kirchen, Museen. Nur eines hat es nicht: urbanen Lifestyle. Uuuaah. Und der soll nun kommen. Man beabsichtigt, an der Berliner Promenade einen neuen, schicken Stadtkern zu etablieren.

Hunderttausende von Saarbrückern sollen dort einkaufen und Milchkaffee saufen, von morgens bis abends. Direkt gegenüber der Stadtautobahn soll die Lebensqualität ins Unermessliche gehoben werden.

Ich suche mir eines der Millionen Straßencafés am Johanner Markt aus und bestelle etwas zu essen. Die Auswahl der Lokale, in die ich mich setze, folgt übrigens einem einfachen Muster. Ich setze mich grundsätzlich nicht auf weiße oder blutwurstfarbene Stapelstühle aus Plastik, so fallen schon einmal einundachtzig Prozent aller Lokale für mich flach. Und ich mag keine mit bunten Mustern bedruckten Tische. Zack, nochmal zehn Prozent Schwund. Ich entscheide mich für Tische mit Holzlamellen und bastumwickelte Metallrohrstühle.

Ein wenig fernsehen, ein wenig schreiben, dann wird es Zeit. Heute lese ich im Saarbrücker Schloss, im Festsaal. Und das ist so großartig, wie es klingt. Das Schloss befindet sich übrigens auf dem «Platz des unsichtbaren Mahnmals».
Beim Signieren tritt ein junger Mann mit einem äußerst provokanten T-Shirt an mich heran. Darauf steht in Frakturschrift: «Rijkaard Jugend». Er schenkt mir einen Button dieser Vereinigung sowie Informationsmaterial. Daraus geht hervor, dass es sich bei der Rijkaard-Jugend um eine Hobbytruppe aus dem Antifa-Umfeld handelt, die der Deutschtümelei im hiesigen Fußball den Kampf angesagt hat und deshalb mit dem Schlachtruf «Voetbal against Krauts» und dem Konterfei des Rudi-Anspuckers Frank Rijkaard für seine Belange wirbt. Bis hierhin ist das auch alles ganz lustig, nur: Die Jungs sind echt für Holland bei der WM. Und da hört der Spaß auf. Wer mehr über die Rijkaard-Jugend wissen will, muss sich ihre Lieder anhören. Eines enthält in Abwandlung eines Songs der Punkband Knochenfabrik folgende Zeilen:

Wir hatten uns nicht vorgenommen
Je hier auf die Welt zu kommen
Und trotzdem ist es irgendwie passiert
Als wir es schließlich selbst erkannten
Und Deutschland ziemlich scheiße fanden
Hatten wir das Wichtigste kapiert
Solange wir noch spucken können
Zahl'n wir's Rudi heim
Wir spielen bis Schwarz-Rot-Gold zerbricht
Niederlagen gibt es nicht
Es gibt nur Erfolg oder nicht
Mit der RJ ist jeder Tag ein Fest

Nach dem Signieren muss ich mich beeilen, denn ich will noch etwas vom Champions-League-Finale sehen. Ich komme in der zweiundsechzigsten Minute ins Zimmer. Da steht ja gar nicht der Lehmann im Tor. Und Werner Hansch sagt, die Engländer seien nur noch zu zehnt!? Da wird doch nicht der Jens runtergeflogen sein? Diese Annahme verdichtet sich wenige Minuten später zur Gewissheit.

Der Fußball-Reporter Werner Hansch macht eine entsetzliche Sprachmarotte mit, die mir zunehmend auf die Nerven geht und die ich tags darauf beim Frühstück auch in der «Süddeutschen Zeitung» entdecke. Hansch sagt: «Thierry Henry hat noch Vertrag.» Und in der SZ steht dasselbe über Felix Magath: «Magath hat noch Vertrag bis 2007.» Anderswo zitieren sie den Trainer Christoph Daum: «Ich habe allerdings noch ein Jahr Vertrag.» Bitte, was soll das? Sind die alle in Neukölln auf die Schule gegangen? «Ey, Alda, isch hab noch Handy-Vertrag bis 2007.»

Ulm. Die Ulmer Monster
18. Mai 2006

Ich war schon mal in Ulm. Damals auch zu einer Lesung. Ist schon ein paar Jahre her. Es war ungefähr meine schlechteste Lesung überhaupt. Sie begann damit, dass ich mich verspätete. Das hasse ich, aber es war nicht meine Schuld. Mein Zug lief pünktlich in Ulm ein. Es waren noch reichliche zwanzig Minuten Zeit. Ich setzte mich in aller Ruhe in ein Taxi, gab die Adresse an, und der Fahrer fuhr still dahin. Am Ziel existierte keine Buchhandlung. Wir fuhren um den Block, die halbe Strecke wieder zurück und wieder hin, aber es war immer noch keine Buchhandlung dort. Ich bat ihn, bei der Zentrale nachzufragen, ob es vielleicht eine ähnliche Adresse in Ulm gab, ob wir da vielleicht etwas verwechselt hatten, aber der Taxifahrer, ein melancholischer Albaner, sah sich in seiner Ehre gekränkt. Nach zwei weiteren Umrundungen der Nachbarschaft und einigen unverständlichen Verwünschungen in meine Richtung fragte er doch nach, und es stellte sich heraus, dass die Buchhandlung genau unter der Adresse gelistet war, die ich dem Fahrer genannt hatte. Er hatte die Zielstraße mit einer anderen verwechselt, die beinahe genauso hieß, was weder mir noch ihm rechtzeitig aufgefallen war. Er fuhr also abermals quer durch Ulm. Ich gab ihm ein Trinkgeld, weil ich Angst vor ihm hatte, und als ich aus dem Auto sprang, war ich zwanzig Minuten zu spät.

Schon von außen sah ich missgelaunte Ulmer auf Klappstühlen sitzen. Und die Stimmung wurde nicht besser, als ich eintrat und verkündete, es könne nun losgehen. Anstatt sich zu freuen, verschränkten die Zuschauer die Arme vor der Brust und verharrten regungslos auf ihren Stühlchen. Diese Leute sind höchstwahrscheinlich Ulmer Hocker, dachte ich, traute mich aber nicht, diesen ohnehin nur Möbeldesignaficionados verständlichen Kalauer anzubringen. Stattdessen nahm ich meinen Platz in Augenschein. Es handelte sich um ein winziges Tischlein, auf das nur eine DIN-A4-Seite passte. Wenn ich also mein Manuskript umblättern wollte, musste ich die gelesene Seite auf den Boden legen. Das Mikrophon gehörte zu einer ollen Stereoanlage und führte auch direkt in eine solche. Leselicht gab es nicht. Wasser auch nicht, offenbar zur Strafe. Alles an dieser Lesung war schrecklich. Hinterher, ich war ausgetrocknet wie das vernachlässigte Basilikumtöpfchen in meiner Küche, entdeckte ich das Wasser. Es hatte den ganzen Abend auf der Verkaufstheke hinter mir gestanden.

Die Ulmer wollten nicht einmal Autogramme. Sie gingen schweigend, ich verließ die Buchhandlung und verpasste den Zug. Deprimiert saß ich eineinhalb Stunden bei Burger King im Ulmer Hauptbahnhof und verspeiste ein absolut widerliches Hacksteak-Brötchen mit Jalapenos und Pommes. Dazu trank ich Bier aus einem Pappbecher. Burger King ist echt das Letzte. Als ich um halb zwei nachts zu Hause ankam, schwor ich mir, nie wieder nach Ulm zu fahren. Und nun bin ich doch wieder hier.

Mir wurde versprochen, dass Ulm eigentlich ganz anders sei, Ehrenwort. Und man müsse Menschen eine zweite Chance geben, und ich persönlich hätte von diesem Grundsatz mehr als einmal im Leben profitiert.

Ich lasse mich im strömenden Regen mit dem Taxi zum Hotel mit dem furchteinflößenden Namen «Schiefes Haus» bringen. Tatsächlich findet der Fahrer es auf Anhieb, und das Hotel macht seinem Namen alle Ehre. Das «Schiefe Haus» ist über fünfhundert Jahre alt und neigt sich bedenklich einem Bach zu, kann aber nicht hineinfallen, weil es inzwischen auf einem Betonfundament steht. Es erweist sich als entzückendes kleines Hotel mit feinen Zimmern, die wirklich so schief sind, dass

man auf dem Weg ins Badezimmer bedrohlich bergab läuft. Im Kopfteil des Bettes ist eine kleine Wasserwaage integriert, damit man sich davon überzeugen kann, dass das Bett gerade steht und man nicht herauspurzeln kann. Die vier Beine des Bettes sind sehr unterschiedlich lang.
Schließlich die Lesung. Werden die Ulmer mich abermals fertigmachen? Nein, die Leute sind freundlich und aufgeschlossen. Ich werfe Schokoriegel ins Publikum.

Am nächsten Morgen auf einmal strahlender Sonnenschein. Gestern noch war die Stadt trübe, nass und menschenleer, aber heute ist sie bevölkert von geschäftigen Ulmern, die offenbar gerne und viel Eis essen. Ich sehe mir das Münster an, welches demnächst mal wieder eingerüstet wird. Dieser Vorgang alleine dauert mehrere Wochen, und dann wird mutmaßlich für Jahre repariert und restauriert. So eine Riesenkirche instand zu halten, ist eine Lebensaufgabe und eine Sisyphusarbeit. Hat man einen Turm vor dem Verfall bewahrt, kann man gleich mit dem Mittelschiff weitermachen. Wenn das fertig ist, müsste man wieder an den linken Turm, der aber warten muss, weil der rechte Turm noch übler aussieht. Eindrucksvoll eine kleine Ausstellung im Inneren des Münsters: Für die Aufarbeitung eines einzigen, etwa achtzig Zentimeter langen Fassadendetails benötigt man Hunderte von Arbeitsstunden. Die Dombaumeister vor sechshundert Jahren haben das Material nicht nach Umweltverträglichkeit ausgesucht, konnten ja auch nichts wissen von Industrie-, Auto- und Haushaltsabgasen und nichts von ätzender Taubenscheiße.
Auch die Glocken des Münsters müssen dringend gemacht werden. Alles im Eimer, und das Land hat kein Geld. Nirgendwo wird die schleichend sich ausbreitende Armut Deutschlands so deutlich wie bei den Spendenaufrufen für Angelegenheiten, die früher einmal selbstverständlich schienen. Ich werfe Geld in beide Behälter: Glocken und Turm. Ich finde das logisch,

denn was soll ein intakter Turm ohne Glocken anfangen? Und wofür brauche ich reparierte Glocken, wenn ich keinen Turm mehr habe, in dem sie läuten können?

Dann sehe ich mir das «Museum für Brotkultur» an. Nicht lachen jetzt! Das ist toll! Deutschland ist ein Brotland, mehr noch: Deutschland ist das Brotland überhaupt. Das Haus hat einen etwas hochtrabenden Namen, das gebe ich zu. «Ulmer Brotmuseum» hätte es auch getan.

Zu den wesentlichen Lektionen meines Besuchs gehört zum einen, dass sich die wesentlichen Arbeitsschritte bei der Herstellung von Brot bis vor kurzem kaum verändert haben. Es wird Teig aus wenigen natürlichen Zutaten hergestellt, der Teig muss geknetet werden und gären, dann wird er gebacken. So haben sie das schon in der Antike gemacht. Erst seit wenigen Jahren, die nicht einmal einem erdhistorischen Wimpernschlag entsprechen, hat sich das Verfahren verändert, und wie immer geht ein Teil der Kultur flöten. Seit viele Bäcker nicht mehr selber die Zutaten des Teiges zusammenstellen, sondern bloß noch Fertigmischungen anrühren, ist auch der Prozess des Liegenlassens, in dem der Teig geht und gärt, drastisch abgekürzt worden, wahrscheinlich aus Zeitgründen. Inzwischen schmeckt das Brot überall gleich. Eine Faustregel besagt, dass ein guter Bäcker niemals mehr als drei verschiedene Brotsorten und vielleicht zwei Sorten Brötchen führt. Sind es ein Dutzend Brote und ebenso viele Brötchen, haben Sie es mit einem Fertigbäcker zu tun.

Die zweite Erkenntnis betrifft den Neuerwerb eines Wortes, das ich noch nie gehört habe und dank dieser Niederschrift niemals vergessen werde. Es ist ein wunderschönes altes deutsches Wort, und es lautet «worfeln». Worfeln? Was ist das? Worfeln ist eine Tätigkeit, die es heute wahrscheinlich nicht mehr gibt. Früher haben meistens Kinder und Frauen geworfelt. Nachdem das Getreide gedroschen wurde, also das Korn aus den Ähren geschlagen, lag es mitsamt Umhüllung auf dem

Boden. Nun musste man auf dem Feld die Spreu vom Weizen trennen, und das tat man, indem man beides in die Luft warf. Die Spreu flog mit dem Wind davon, der Weizen fiel wieder zu Boden. Diese Tätigkeit, die auf schönen Ölbildern verewigt worden ist, nennt man Worfeln. Ein wunderbares Wort. Besonders für Scrabble, denn es hat sieben Buchstaben. Sie erhalten fünfzig Punkte extra, wenn Sie die Kombination WORFELN auf dem Bänkchen haben und als Erster an der Reihe sind. Leider spiele ich kein Scrabble.

Ingolstadt. Frankensteins Heimat
19. Mai 2006

Zu den «Wer-wird-Millionär-Fragen» des Lebens gehört die nach dem Handlungsort des Romans «Frankenstein» von Mary Shelley. Frankenstein spielt a) in Prag, b) in Wien, c) in Ingolstadt oder d) in Nürnberg? Antwort c ist richtig. Nach unserem heutigen Empfinden lägen Prag oder Wien näher, aber Ingolstadt hatte zu Beginn des neunzehnten Jahrhunderts eine ziemlich berühmte Universität mit einer großen medizinischen Fakultät, von der eine beträchtliche Strahlkraft ausging.
Außer für Frankenstein ist Ingolstadt sehr berühmt für die Geschwindigkeitsbegrenzung auf der an ihr nach Nürnberg und München vorbeiführenden Autobahn A9, mehrere Raffinerien und natürlich und vor allem für Audi. Wer zuvor einen Blick auf die Stadtkarte wirft, den beschleicht das ungute Gefühl, hier möglicherweise etwas ähnlich Traumatisierendes zu besuchen wie Wolfsburg. Auch in Ingolstadt nehmen die grau unterlegten Industrieflächen mehr Platz ein als der eigentliche Ort. Das lässt Schlimmes erahnen. Zum Glück sind die Sorgen nicht berechtigt. Ingolstadt ist zwar sehr übersichtlich, im Inneren aber angenehm zu beschreiten. Sogar die Fußgängerzone in der Altstadt verschreckt nicht und findet ihre städtebauliche Krönung in einer Kirche und einem Schloss.

Wenn mein Mobiltelefon klingelt, ist es jetzt öfters ein Anwalt oder Versicherungsmakler. Es gibt gute Nachrichten: Die Rechtsschutzversicherung unterstützt meine Klage gegen die Versicherung und räumt ihr hohe Chancen ein, weil ich bei meinem Aufnahmeantrag sämtliche Ärzte von allen möglichen Schweigepflichten entbunden hatte und die Versicherung davon keinen Gebrauch machte. Es heißt, so etwas wie die Kündigung meiner Krankenversicherung habe man wirklich kaum jemals erlebt. Was soll ich dazu noch sagen? Okay, ich klage auf Fortführung meines Vertrages. Schon im Interesse der vielen tausend verarschten Versicherungsnehmer, die sich nicht wehren können.

Es ist Freitag, die fünfte Lesung der Woche, und ich werde anschließend nicht in ein Hotel gehen, sondern mit der Bahn nach Hause fahren. Mein Zug geht um 22.12 Uhr, ich werde, Umsteigen in München inklusive, um 0.02 mit der S-Bahn ankommen und von dort noch zwanzig Minuten mit dem Auto nach Hause brauchen. Der Hund wird mir entgegenlaufen und wir werden noch einmal kurz rausgehen. Dann in der Küche eine Flasche eiskaltes Bier trinken und die Post öffnen. Um ein Uhr werde ich im eigenen Bett ins Wochenende schlafen. Diese Aussicht motiviert mich für die Lesung in der großen Buchhandlung, die ziemlich in die Hose geht.
Grund ist das hauseigene Mikrophon, das ziemlich genau nach der ersten Manuskriptseite versagt. Es kommen nur noch Störungen und Rückkopplungen aus den Lautsprechern. Fizzelbrizzelbrummtrötquietsch. Die Rettungsmaßnahmen der in technischen Dingen verständlicherweise wenig beschlagenen Buchhändlerin haben nur abermaliges Brummen und Quietschen zur Folge. Also schreie ich zwei Stunden lang das Publikum an, zwischendurch hyperventiliere ich, und mir wird schwindlig. Bin total unzufrieden.
Die Buchhändlerin fährt mich zum Bahnhof, ich komme um 23.12 Uhr in München an, erwische die S-Bahn früher als geplant und bin schon um Mitternacht zu Hause. Ich gehe mit dem Hund raus, sehe die Post durch und lege mich ins Bett. Eine Sache irritiert mich zutiefst. Nachdem ich meine unverstärkte Brüll-Lesung beendet hatte, sagte eine Zuschauerin freundlich, aber bestimmt: «Also, ohne das Mikrophon war es viel besser!»

Passau. Die vielleicht größte Kleinstadt der Welt
23. Mai 2006

In Deutschland ist ein Bär unterwegs. Dies bewegt die Gemüter, denn die Deutschen sind auf eine kindliche Art tierlieb. Zunächst hat der bayerische Umweltminister Schnappauf den Besucher aus Österreich denn auch auf das herzlichste begrüßt, eine Ehre, die man in Bayern den Österreichern sonst eher nicht erweist. Aber erstens ist der Bär zwar aus Österreich eingereist, stammt aber offenbar aus Italien. Und zweitens hat es bei uns in Deutschland seit einhundertsiebzig Jahren keinen Braunbären mehr gegeben, da ist die Freude natürlich groß.

Dann hat jedoch der Bär getan, was ein Bär tun muss, nämlich andere Tiere umgebracht. Und dies auch noch in der Nähe von menschlichen Behausungen. Und das hat den Ministerpräsidenten Stoiber auf den Plan gerufen, der den blutrünstigen Gast einen «Problembären» nennt. Problembär. Das sagt ausgerechnet Stoiber, der eigentlich Verständnis für den Bären haben sollte, denn dessen irrende Reise lässt sich sehr mit der des Problempolitikers Stoiber im Herbst 2005 vergleichen.

Wir erinnern uns: Nach der letzten Bundestagswahl verließ Stoiber sein angestammtes Habit und verlief sich weit in Richtung Norden, durchquerte zwei Bundesländer und tauchte in Berlin auf, wo sein Erscheinen zunächst Erheiterung bei der Bevölkerung und Begeisterung bei der neuen Kanzlerin hervorrief. Stoiber lief unbewacht in der Hauptstadt herum und brach in das Wirtschaftsministerium ein. Dann verlor er aber urplötzlich das Interesse, ließ ab von der Bundespolitik und kehrte zurück nach Bayern. Einen Schießbefehl gab es damals zwar nicht, aber die Bayern waren genauso wenig begeistert über die Rückkehr des Problempolitikers wie die Österreicher über die des Problembären. Man hatte gehofft, er würde für immer im Ausland bleiben. Stoiber setzte sich missmutig in seine Staatskanzlei und war beleidigt. Ob der Bär nun gleichfalls übellaunig im Karwendelgebirge seine nächsten Karriereschritte plant, weiß man nicht. Vielleicht sollte Edmund Stoiber aus Oberaudorf mit dem Bären aus Tirol ein Kompetenzteam bilden.

Ich bin heute in Passau. Lesung in diesem Kleinod von einer Stadt, die ich vollkommen überschätze. Ich habe angenommen, Passau sei mindestens so etwas wie Regensburg. Tatsächlich ist Passau aber ganz winzig. Wie kommt nun dieses Missverständnis zustande? Das liegt sicher an den Superlativen, die sich vergrößernd auf die Stadt auswirken. Die Passauer gebieten beispielsweise über die größte Kirchenorgel der Welt: fünf Orgelwerke, zweihunderteinunddreißig Register und sage und schreibe 17 388 Pfeifen. So eine Stadt kann nicht winzig sein. Ist sie aber. Auf jede Passauer Pfeife kommen 2,9 Passauer Bürger, macht insgesamt ungefähr 50 000. Auch der Umstand, dass hier drei Flüsse zusammenfließen, lässt den Trugschluss zu, dass Passau eine mächtige Handelsstadt ist. Tatsächlich ist das Treffen von Ilz, Inn und Donau zwar recht hübsch anzuschauen, dabei wirkt aber die Passauer Altstadt, die von Donau und Inn umspült wird, eher wie ein schutzbedürftiges Inselchen und nicht wie eine wehrhafte Stadt. Wenn die Flut kommt, versinkt Passau. In den schmalen Gassen in Rathausnähe darf deshalb niemand im Erdgeschoss wohnen. Zu gefährlich. Auf den Hauswänden lässt sich ablesen, wo das Wasser zuletzt gestanden hat. Die Markierungen im Putz ähneln den Strichen, mit denen Eltern das Wachstum ihrer Kinder am Türstock markieren.
Der dritte Irrtum, der mich Passau für groß halten lässt, speist sich aus der politischen Bedeutung der Stadt. Der politische

Aschermittwoch der CSU wird seit vielen tausend Jahren in Passau abgehalten, und man hält ja nicht für möglich, dass die CSU so ein medienwirksames Spektakel in einer Kleinstadt veranstaltet, in der von 1892 bis 1894 übrigens Adolf Hitler gewohnt hat. Wäre Hitlers Vater drei Jahre früher als Zollbeamter nach Passau versetzt worden, müsste Passau damit klarkommen, Hitlers Geburtsort zu sein.
Wer sich daran gewöhnt hat, dass der Ort recht schnell durchmessen ist, kann hier sehr glücklich sein, denn Passau ist bezaubernd. Es hat Flair, wie es in der Tourismussprache heißt. Es geht bald auf und wieder ab, und hinter jeder Biegung blitzt entweder ein Fluss oder die Festung mit dem Namen Veste Oberhaus zwischen den Häusern hervor. Auffallend ist die Vielzahl von Tätowierstuben, oft mit integriertem Piercing-Service. Dies dürfte der Anwesenheit der Studenten geschuldet sein, die die Stadt sehr zum Verdruss der Alteingesessenen in hoher Dichte bevölkern. Immerhin knapp fünfzehn Prozent der Einwohner sind Studenten. Und die möchten auch mal ein Abenteuer erleben und lassen sich zwischen den Vorlesungen tätowieren, auf dass sie am Wochenende zum Wäschewaschen heim nach Treuchtlingen fahren, wo der Vater beim Anblick der Tribal-Symbole am Steiß ausruft: «Und dafür haben wir dich nach Passau zum Studieren geschickt. Hundskrüppel!»
Die Studenten bringen natürlich Leben und Kultur und Schwung in die Stadt. Sie arbeiten als Fremdenführer, und sie stellen mit den «Studenten für Passau» sogar einen Abgeordneten im Stadtrat, sind aber trotzdem nicht sehr beliebt. Nach Auskunft eines Studenten, der mich zu meiner Lesung vom Hotel abholt, gibt es einen Kreis griesgrämiger Passauer, der «Verein zur Verhinderung studentischen Lärms» oder so ähnlich heißt und Stimmung gegen die jungen Einwohner macht.

Lesung in der Aula eines Gymnasiums, das früher ein Jesuitenkolleg war. Ich warte in einem Nebenraum des Saales, wo ich auf einem Schrank ein verstaubtes Juwel entdecke: einen original Braun-Schallplattenspieler von 1970. Top erhalten, astreiner Zustand, natürlich schneeweiß. Ein richtiges Museumsstück. Ob ich den einfach hinterher unters Hemd stecke und mitgehen lasse? Den Verlust würde niemand bemerken, er ist bestimmt seit fünfzehn Jahren nicht mehr benutzt worden. Andererseits: Das tut man nicht. Und es würde unter meinem Hemd sicher auffallen. Okay. Komme ich eben heute Nacht wieder.
Nach der Veranstaltung gehe ich mit einigen der Studenten noch eine Kleinigkeit essen, im Scharfrichterhaus, einer Passauer Kleinkunstkathedrale. Wir unterhalten uns. Es ist sehr angenehm, unter Studenten zu sein. Am liebsten wäre ich jetzt auch ein Student. Aber nur für einen Augeblick. Für einen kurzen schwelgerischen Moment. Dann ist wieder alles okay, und ich kann beruhigt in meinem Zimmer im Hotel «Weißer Hase» einschlafen.

Am nächsten Morgen will ich unbedingt den Dom sehen. Zwar ist der Stephansdom bevölkert von Amerikanern, die in riesigen nummerierten Gruppen durchgeschleust werden, aber das spricht ja nicht gegen den Besuch dieser herrlichen, gotisch-barocken Kirche. Die Amerikaner stehen jeweils um einen Führer, der eine Tafel mit einer Nummer hochhält, damit sich die Gruppen nicht vermischen und zum Beispiel zwei Gäste aus Ohio aus Versehen zwischen Texaner geraten. Um Himmels willen sind Amerikaner lustig – wenn sie nicht gerade Krieg führen.
Danach zur Veste Oberhaus, von wo man einen wunderbaren Blick über das Städtchen hat und die Flussfusion erkennen kann. Dies ist deshalb so eindrucksvoll, weil die drei Ströme unterschiedliche Wasserfarben haben. Der Inn ist grün, die

Donau blau und die Ilz fast schwarz, denn sie kommt aus einem Moorgebiet. Das ergibt ein beinahe mystisches Farbenspiel und wirkt, als schöbe der an dieser Stelle breitere Inn die Donau beiseite.

Landsberg am Lech.
Keine Krampfadern, aber Pips
24. Mai 2006

Heute mal was Leichtes: Landsberg am Lech. Das ist easy, weil ich von zu Hause bloß fünfzig Minuten mit dem Auto dorthin brauche. Ich werde also nicht übernachten. Hinfahren, lesen, zurückfahren. Auf diese Weise habe ich Zeit, mich den halben Tag mit meinem Lieblingsthema zu beschäftigen: der Suche nach einer Versicherung, die mich aufnimmt. Das ist gar nicht so einfach, in meinem Alter. Ich bin nämlich bald vierzig, und da greift das Uli-Stein-Theorem. Uli Stein war mal Torhüter beim Hamburger Sportverein und in der Nationalmannschaft. Und dieser Stein sagte einmal: «Wenn du mit vierzig morgens aufwachst, und dir tut nichts weh, bist du tot.» Das gilt im Besonderen für Torhüter, aber eben auch für mich, und daher entsteht in Versicherungen sofort Unruhe, wenn sie jemanden versichern sollen, der schon fast vierzig ist. Das Risiko ist offenbar enorm. Zudem ärgere ich mich nach wie vor über die Manierenlosigkeit der Versicherung, die mir gekündigt hat. Der durchgängig arrogante Ton des Versicherungsgangsters, der mich rausgeschmissen hat, bringt mich zur Weißglut. Ich will mich nicht streiten. Ich will in Ruhe meine Beiträge zahlen und zum Arzt gehen, wenn ich mich unwohl fühle. Es macht auch keinen Spaß, mit diesem Armleuchter in ein geistiges Duell zu treten, denn er ist unbewaffnet. Ich habe mich entschieden, die Versicherung nur dann zu verklagen, wenn ich keine andere finde.

Nun aber Landsberg am Lech. Die Stadt hat eine intakte mittelalterliche Altstadt mit durchnummerierten Häusern. Man wohnt in dem Gebäude 1 bis 496a. Landsberg am Lech hat al-

lerdings mit der historischen Hypothek zu leben, dass Hitler sein Buch «Mein Kampf» schrieb, als er hier im Gefängnis saß. Das ist bloß eine geschichtliche Randnotiz und fällt gar nicht auf die Stadt zurück. Aber es ist halt das, was einem zu Landsberg als Erstes einfällt. Das Zweite sind die «Displaced Persons», die zu Zehntausenden nach dem Krieg in einem von den Amerikanern zu einem Auffanglager umgebauten Kasernengelände lebten. Es waren Vertriebene darunter, Kriegsheimkehrer ohne Familie, befreite Juden und Zwangsarbeiter. Allein 23 000 Juden verbrachten zwischen 1945 und 1950 im Landsberger DP-Lager mitunter mehrere Monate bis zu ihrer Ausreise nach Israel oder den USA.
Ich war einmal in Landsberg am Lech. Das ist schon sechs oder sieben Jahre her, es war im Sommer. Ich fuhr mit einem Freund zu einem Open-Air-Festival. Es war viel zu nass und zu kalt. Die Band, derentwegen wir uns in den Matsch stellten, betrat die Bühne, und der Sänger begrüßte ganz herzlich das Publikum «hier in Landsberg an der Lech». Das gellende Pfeifkonzert konnte er sich nicht erklären, und während er sich noch über den frostigen Empfang wunderte, zog der liebe Gott den Stöpsel aus seiner Badewanne, und unendlich viel Wasser fiel aus dem Himmel auf das Kasernengelände in Landsberg am Lech. Innerhalb von Minuten stand der Platz furchtbar unter Wasser. Ich wunderte mich, dass man bei so einem Regen noch mit Licht und elektrisch verstärktem Ton auf einer Bühne stehen konnte, und dann machte es mitten in der Musik «krrrck», «knack», «spotz» und «wuck», und das Licht und der Ton waren weg. Kurzschluss oder eine Maßnahme zur Sicherheit. Die Zuschauer nahmen das ganz gelassen hin und verwandelten das überschwemmte Gelände in eine enorme Rutschbahn, wie man das aus dem alten Woodstock-Film kennt.
Leichtbekleidete Oberstufenschüler suhlten sich im Schlamm und standen danach am Schwenkgrill, um sich aufzuwärmen. Die haben sich wahrscheinlich alle den Pips geholt. Meine

Mutter sagt *Pips* zu Erkältung. Das Konzert ging irgendwann weiter. Hinterher waren alle Besucher mindestens bis zur Hüfte voller Schlamm.

Ich lese in einer Schulaula, in der viele Stühle stehen. Heute mal wieder mit Pause, danach beschenke ich die Leute mit Tuc-Keksen und gefüllten Waffelstäbchen. Das ist besser so, sonst muss ich die alle selber essen.
Heimfahrt über Land und ganz langsam, mit offenem Schiebedach. Der Geruch des ersten Heus weht herein. Maigeruch. Wehmut kommt auf. Ich bin gerne durch mein Land gereist. Es gefällt mir. Bald werde ich wieder ausschließlich am Schreibtisch sitzen. Die Menschen, die ich in Deutschland getroffen habe, werden in ihren Städten herumlaufen, in ihren Buchhandlungen stehen, kellnern, Taxis fahren, studieren, Betten beziehen und Fahrkarten kontrollieren. Für ein paar Monate habe ich zu ihnen gehört. Ich war bei ihnen. Bald bin ich nur noch bei mir selber. Früher wollte ich nirgendwo sonst sein, aber ich habe mich ein wenig verändert. Mal sehen, wie das wird.
Am nächsten Tag habe ich einen kleinen Pips.

Regensburg. Reloaded
26. Mai 2006

Jetzt ist Schluss. Die letzten Abende. Beide in Regensburg. Das gibt mir die Chance, gleich zweimal im wunderbaren Hotel «Orphée» zu übernachten. Heute Sintflut. Ich besuche die Buchhandlung, und der Besitzer macht mich in seiner charmanten und leisen Art darauf aufmerksam, dass mir beim ersten Besuch ein Fehler in der Beobachtung des Regensburger Doms unterlaufen sei. Ich habe damals mächtig aufs Blech gehauen, weil dort am Dom auf die Darstellung der sogenannten Judensau hingewiesen wurde. Diese Judensau, so heißt es auf dem an der Außenwand des Doms angebrachten Schild, befände sich gleich neben dem Eingang an einer Säule der Kirche. Ich ging also hinein und suchte überall nach der Judensau. Ich fand sie aber nicht und regte mich darüber auf, auch über den Antisemitismus der Baumeister.
Der Buchhändler erklärt mir, die Judensau sei sehr wohl noch da, allerdings nicht im Dom, sondern am Dom, gleich neben dem Schild. Und das stimmt. Ich habe sie einfach übersehen, wie ich sicher vieles auf dieser Reise übersehen, nicht zur Kenntnis genommen, verpasst habe. Ich könnte noch Jahre durch dieses Land fahren, ohne auch nur annähernd alles gesehen zu haben, was zu sehen ist, sich sehen lässt und lassen kann und sehenswert ist. Unser Land ist so lächerlich klein und dann doch so unendlich vielfältig. Früher wäre mir das nie aufgefallen.

Mein Auftritt in einem großen Gewächshaus macht viel Spaß und wird vom Regen begleitet, der auf das Glasdach trommelt, als wolle er hineingelassen werden.

Am nächsten Morgen langes Frühstück im «Orphée», bisschen schreiben, Spaziergang durch Regensburg.
Zweite Lesung im Gewächshaus des Hesperidengartens. Dabei handelt es sich um eine Art Baumschule für Menschen, die am Ende des Marsches durch die Institutionen nach schönen Blumentöpfen für den Garten ihrer Villa suchen. Zauberhaft. Weil es die letzte Lesung der Reise ist und weil ich mich so wohlfühle und weil ich gar nicht will, dass es die letzte Lesung ist, gebe ich noch eine Zugabe. Und dann, nach zwei Stunden, ist es doch vorbei. Das war's. Lesereise zu Ende.

Im Hotel setze ich mich ins Restaurant und bestelle Rotwein. Ich feiere ganz alleine Abschied von mir als Deutschlandreisendem. Das Personal deckt für das Frühstück ein. Ich könne hier sitzen, solange ich wolle, sagt die Kellnerin. Ich sitze. Trinke meinen Wein, werde sentimental. Ach, du liebes Land. Beinahe fange ich an zu weinen. Bevor es dazu kommt, gehe ich ins Bett.

Danke an

alle, die 2005 und 2006 zu meinen Lesungen gekommen sind, und diejenigen, die mit ihren Beiträgen, Kommentaren und Korrekturen das Weblog «Weilers Wunderwelt» bereichert haben.

Danke für Hilfe und Inspiration an

Barbara Laugwitz, Ulrike Beck, Anne Thiem, Regina Steinicke, Katharina Schlott, Joachim Düster, Ulrike Schwermann und Dirk Moldenhauer; Anette Schweizer und Nico Brünjes bei ZEIT-Online; Patrick Illinger; Florian Weber; Tilman Spengler und Daphne Wagner; Ulrich Dombrowski; Renate Schönbeck und Heike Völker-Sieber vom Hörverlag; Andreas Frege, Andi Meurer, Patrick Orth und Tim Wermeling bei JKP; Roger Willemsen; Hans-Georg und Eva Fischer; Martina Mothwurf; Bertram Job; den WDR; Stefan Hruby; Philipp Köster und Thorsten Schaar von 11 Freunde; Isabelle und Johannes Erler; Bettina Böttinger, Leonhard Koppelmann, Mathias Haase und Cordula Stratmann; Christian Gottwalt; Cornelius Färber; Mirko Borsche; Albrecht Fuchs; Trixie und Dirk Mecky; Andreas Purkhart; Heinz Strunk; Jakob Claussen; Inge und Hans Traxler, Pierre Peters-Arnolds; Sandra, Milla und Tim.

Ein ganz besonderer Dank gilt Tessa Martin vom Rowohlt Verlag. Ohne dich wäre das alles nix geworden.

Wolfgang Büscher
Berlin–Moskau

Eine Reise zu Fuß

«Dieses Buch hat gute Aussichten, einmal zu den Klassikern der Reiseliteratur zu zählen – noch vor Bruce Chatwins Büchern.» (Südd. Zeitung)
«Reiseerfahrungen, die zum Besten gehören, was in den letzten Jahren in deutscher Sprache erschienen ist.» (Der Spiegel) rororo 23677

Reiseliteratur bei rororo:
Der Weg ist das Ziel

Klaus Bednarz
Östlich der Sonne

Vom Baikalsee nach Alaska

Klaus Bednarz ist auf den Spuren der Vorfahren der nordamerikanischen Indianer gereist – mehr als 10 000 Kilometer durch Taiga, Sümpfe und reißende Flüsse. Zu Fuß, per Schiff, Hubschrauber oder Rentierschlitten.
rororo 61656

Klaus Bednarz
Am Ende der Welt

Eine Reise durch Feuerland
und Patagonien

Diese Landschaften haben immer wieder Menschen aus aller Welt in ihren Bann gezogen – mit ihrer endlos weiten Pampa, den Fjorden und Kanälen, Gebirgen und schroffen Küsten.
rororo 61942

Weitere Informationen in der Rowohlt Revue oder unter www.rororo.de

**Stefan Gärtner
Man schreibt deutsh**

Hausputz für genervte Leser
Der Sprachunrat staubt in den Ecken, der Wort- und Satzmist aus Presse, Funk und Literatur stinkt zum Himmel, und die ganzen alten Metaphern gehören auch mal entsorgt. Dieses Büchlein kehrt richtig durch und sorgt für langanhaltende Frische. rororo 62155

Neues für Wortjongleure
Viel zu Wissen, viel Vergnügen

**Bodo Mrozek
Lexikon der bedrohten Wörter**

Brit, Lorke, Zeche: Manche Wörter erklingen ungeachtet ihrer Schönheit immer seltener. Aber warum verschwinden sie? Bodo Mrozek hat in seinem Bestseller einen Wortschatz zusammengetragen, dem das Schicksal des Aussterbens droht.
«Urst geil.» (Der Spiegel)
rororo 62077

**Bodo Mrozek
Lexikon der bedrohten Wörter II**

Bodo Mrozek setzt den Kampf gegen das Vergessen fort – mit neuen unterhaltsamen Wortgeschichten. Freuen sie sich auf die Begegnung mit «Schnitten», die auf der «Schütteltenne» gerne mal «inkommodiert» werden.
rororo 62193

Weitere Informationen in der Rowohlt Revue *oder unter* www.rororo.de

**Rocko Schamoni
Dorfpunks**
Roman
Kühe, Mofas, Bier, Liebeskummer und tödliche Langeweile auf dem flachen Land – die Windstille am Ende der schlimmen Siebziger. Doch dann kam PUNK, und PUNK kam auch nach Schmalenstedt in Schleswig-Holstein.
rororo 24116

Strunk, Schamoni & Zylka: Heiter weiter!

«**Lustiger, als hierzulande erlaubt, und ernster, als hierzulande gewünscht.**» taz zu «Dorfpunks»

**Heinz Strunk
Fleisch ist mein Gemüse**
Eine Landjugend mit Musik
Mitte der 80er ist Heinz volljährig und hat immer noch Akne, immer noch keinen Job, immer noch keinen Sex. Doch dann wird er Bläser bei der hässlichsten Schützenfestkapelle Norddeutschlands ...
rororo 23711

**Jenni Zylka
Beat baby, beat!**
Roman
Fünf junge Damen legen eine glänzende Karriere hin, mit Polen-Tourneen, echten Groupies, jeder Menge geleerter Sektflaschen und mindestens einer heißen Nacht pro Bandmitglied ...
rororo 23619

Weitere Informationen in der Rowohlt Revue *oder unter* www.rororo.de

Gelesen von Jan Weiler

Gesamtlaufzeit ca. 230 Minuten
3 CDs, 24,95 €* / 43,60 sFr*
ISBN 3 89940 955 8

Erscheinungstermin 24. November 2006

* Unverbindliche Preisempfehlung